Horst Rückle

Körpersprache im Verkauf

Horst Rückle

Körpersprache im Verkauf

Vertrauen schaffen
Signale erkennen und richtig nutzen
Kundengespräche positiv beeinflussen

REDLINE WIRTSCHAFT
bei verlag moderne industrie

Bibliografische Information der Deutschen Bibliothek
Die Deutsche Bibliothek verzeichnet diese Publikation in der Deutschen Nationalbibliografie; detaillierte bibliografische Daten sind im Internet über http://dnb.ddb.de abrufbar.

Redaktion: exLibris · Lektoratsdienstleistungen Vera Schneidereit
Umschlaggestaltung: Fahrenholtz-Büro für Gestaltung, Landsberg
Satz: mi, J. Echter
Druck und Bindearbeiten: Himmer, Augsburg
Printed in Germany 25110/050301
ISBN 3-478-25110-9

Inhaltsverzeichnis

Vorwort

Von Anfang an war mein beruflicher Weg vom Verkäufer zum Verkaufstrainer, daraufhin zum Gründer und Leiter eines Beratungs- und Trainingsinstituts und zum Managementtrainer und Coach, bestimmt durch Versuch und Irrtum. Als gelernter Baukaufmann, tätig als kaufmännischer Leiter eines Bauunternehmens, arbeitete ich zunächst neben- und später hauptberuflich als Verkäufer im Außendienst. Um meine verkäuferischen Fähigkeiten zu entwickeln und zu verbessern, zeichnete ich lange Zeit meine Gespräche auf Tonbandgerät auf und schrieb sie Wort für Wort ab. Als ich geschrieben sah, was ich gesagt hatte und las, wie meine Gesprächspartner reagiert hatten, erkannte ich mehr und mehr meine Fehler. So war es mir möglich, meine Ausdrucksweise zu verbessern. Das Resultat zeigte sich deutlich in meinen verkäuferischen Erfolgen.

Als mir angeboten wurde hauptberuflich Verkaufsleiter zu werden und die mir zugeordneten Außendienstkollegen zu trainieren, sagte ich zu. Ich merkte schnell, dass ich meinen Traumberuf gefunden hatte. Alles Weitere kam wie von selbst. Meine Marktanalysen ergaben, weshalb viele auf die Schablone eines Trainers eingeschworene Seminarteilnehmer keine dauerhaft positiven Entwicklungen zeigten. Auch meine Mitarbeiter, die externe Seminare besucht hatten, waren durch diese nicht wirklich besser geworden. Schlimmer noch, es gab mehr Konflikte als vorher. In Gesprächen suchten wir das Problem zu lösen. Es ergab sich deutlich, dass das, was die Teilnehmer übernehmen mussten, oft in deutlichem Widerspruch zu dem stand, was in unserer Kultur gewollt und für den Umgang mit unseren Kunden notwendig war. Dieser Erkenntnis folgend entwickelte ich nach entsprechenden Ist-Analysen zielorientierte, unsere Kultur repräsentierende, teilnehmerbezogene und damit firmenspezifische Maßnahmen, die neben dem verkaufspsychologischen Teil auch Produktwissen und Nutzenargumentation vermittelten.

Die Erfolge, die zunächst meine Mitarbeiter und später meine Kunden mit dieser besonderen Art des Trainings und der entsprechenden Beratungen erzielten, und die Wünsche der Teilnehmer nach weiteren Trainingsmaßnahmen bestätigten die Richtigkeit der Vorgehensweise. Dies festigte den Entschluss zu firmenspezifischer Beratungs- und Trainingsarbeit.

Insbesondere die Übungen, bei denen Gespräche auf Tonband aufgenommen (damals wurden in den Trainings noch keine Videogeräte verwendet) und bei der Wiedergabe unter Beachtung der zu erreichenden Ergebnisse, der Kultur und der Reaktionen der Kunden analysiert und bearbeitet wurden, brachten den Teilnehmern Erkenntnisse, darauf aufbauende Veränderung und Entwicklung und damit den schnellen Erfolg.

Als dann Videoanlagen für Trainingsmaßnahmen nutzbar wurden, stellte sich heraus, dass diese nur Sinn machten, wenn neben der bisher im Vordergrund stehenden Sprache auch die körpersprachlichen Reaktionen des jeweiligen Gesprächspartners betrachtet wurden.

So begann ich 1976 damit, die in den Seminaren produzierten Videoaufnahmen auszuwerten. Ich sammelte Äußerungen der jeweils in der aktiven Rolle Übenden und fotografierte vom Bildschirm die jeweils entstandene Haltung ab. Bei dieser Systematisierung wurde mir klar, dass spezifische Reize sowohl sprachliche als auch körpersprachliche Reaktionen auslösten und dabei die körpersprachlichen Reaktionen einen höheren Wahrheitsgehalt aufwiesen. Während jemand im Übungsgespräch sprachlich neutral bis positiv reagierte, um es seinem übenden Kollegen nicht schwer zu machen, drückte die Körpersprache die wirkliche Empfindung aus.

Ohne die gleichzeitige Betrachtung der körpersprachlichen Reaktionen der jeweiligen Gesprächspartner ist Kommunikation auch im Verkauf und die Gestaltung von Übungen im Seminar auf das Weltbild und Modell des Trainers angewiesen. Erst, wenn die Werte des auftraggebenden Unternehmens, dessen Verkaufsziele, die Probleme und Konflikte der Seminarteilnehmer und insbesondere die einzelnen Reaktionen der potenziellen und tatsächlichen Kunden in das Training einbezogen werden, entsteht jene Entwicklung, die sich unmittelbar im dauerhaften Verkaufserfolg zeigt!

Im Verkaufsgespräch ist es unumgänglich, die Reaktionen des Kunden zu verstehen. Genauso wichtig ist es, die jeweiligen, seine Worte unterstreichenden Handlungen deuten zu können. Und im Rahmen der Kundenbetreuung helfen die Nutzung und die Deutung von körpersprachlichen Botschaften zur Verbesserung und Aufrechterhaltung einer tragfähigen Beziehung. Wer Körpersprache nutzt, lernt die Inhalte und Bedeutungen von Verhaltensweisen zu „sehen". Körpersprache lässt erkennen, wie sich die wirklichen Einstellungen ausdrücken.

Siegmund Freud, der Begründer der Psychoanalyse, schrieb 1901: „Symptomhandlungen kommen bei allen Menschen vor, geben aber nicht immer den Grund zur psychiatrischen Diagnose. Sie erlauben aber Folgerungen über die unbewussten Motive und Gefühle sowie über eventuelle Abwehrmechanismen."

Ein solches Interesse setzt aber ein anderes als das gewöhnlich eingeschaltete „Sehen" voraus. Das Sehen muss zum Betrachten, zum Schauen im wörtlichen Sinne werden: Schauen heißt ganzheitliches Aufnehmen.

Je mehr Informationen zugänglich sind, zum Beispiel die zeitlich parallel verlaufende sprachliche Aussage, Hintergrundwissen über die Person beziehungsweise die handelnden Personen, Kenntnisse über vorangegangene Situationen und Ähnliches, umso treffender wird die Deutung.

Niemand käme auf die Idee, aus einem einzelnen Buchstaben ein ganzes Wort, aus einem Wort einen vollständigen Satz und aus einem Satz eine ganze Geschichte zu folgern. Eines baut auf das andere auf. Je mehr Buchstaben wir kennen, desto sicherer ist die Deutung des jeweiligen Ausdrucks.

Wenn ich von Deutung spreche, meine ich die sinnhafte Auslegung. Sie ist etwas anderes als die Analyse: eine Analyse des Wortes „Körpersprache" ergibt lediglich, dass es aus 13 Buchstaben, neun Konsonanten, drei Vokalen, einem Umlaut, vier Silben etc. besteht – das hilft nur wenig für die Praxis. Genauso wenig würde es nutzen, wenn die Einzelheiten des körpersprachlichen Ausdrucks nur beschrieben würden: „Der Kunde vergrößerte, während er sagte: „Das müssen Sie mir erklären", seine linke Hand mit einer Geschwindigkeit von 4 m/sek. aus einem Abstand von 10 cm zu seinem Körper zu einem Abstand von 30 cm und bewegte dabei seine Handfläche, die vorher zu seinem Körper zeigte, nach oben." Erst die Deutung: eine langsame Bewegung von 4 m/sek. und eine damit auffordernde, hin zum Verkäufer gerichtete und damit Kontakt suchende, mit Bewegung der Handfläche nach oben, in Empfang nehmen wollende Geste, ergibt, dass die Aussage nicht ablehnend, sondern auffordernd-bittend, mit Interesse und dem Wunsch zu verstehen, hinterlegt war.

Das Wissen um Körpersprache und deren Nutzung wird Ihnen als Verkäufer genauso helfen wie den vielen von mir trainierten und gecoachten Verkäufern, Unternehmensführern, Politikern, Künstlern, Moderatoren und Spitzensportlern.

Zunächst erfahren in diesem Buch diejenigen, die sich tiefer mit dem Thema Körpersprache befassen wollen, einige theoretische Grundlagen. Wenn Sie sich dafür zunächst weniger interessieren, können Sie dieses

Kapitel überspringen und in selbst gewählter Reihenfolge die Ausführungen zu den einzelnen Bereichen der Körpersprache lesen. Sie können das vorliegende Werk wie ein Lexikon benutzen. So wird es Ihnen möglich, direkt das spezielle Kapitel aufzuschlagen, wenn Sie Informationen zu einem bestimmten Thema suchen.

Manche körpersprachliche Symbole und Verhaltensweisen sind mehrmals erklärt. Diese Wiederholungen helfen beim „lexikalischen Lesen" und vertiefen das jeweilige Wissen. Die einzelnen Kapitel schließen, sofern dies sinnvoll erscheint, mit Anwendungsbeispielen und Übungen.

Nutzen Sie dieses Wissen und Können verantwortungsbewusst, denn „wer die Seele eines Menschen berühren, betritt heiligen Boden"[1].

Horst Rückle

---

[1] Novalis (Georg Friedrich Philipp Freiherr von Hardenberg, 1772-1801)

Vorbemerkung

In diesem Buch habe ich, Ihr Einverständnis erhoffend, die Berufsbezeichnung ‚Verkäufer' gleichermaßen für alle männlichen und weiblichen Vertreter dieses Berufsstandes gewählt. An den Stellen, an denen ich spezielle Anregungen für Verkäuferinnen geben wollte, habe ich die jeweils übliche Berufsbezeichnung benutzt.

Mit ‚Verkäufer' meine ich alle diejenigen, die Ideen, Produkte, Vorgehensweisen und Ähnliches an Kunden, Nichtkunden oder Kunden, die auch anderswo kaufen, „verkaufen", also positive Ergebnisse erreichen wollen. Dazu gehören auch Servicetechniker, Präsentatoren, Propagandisten, Repräsentanten, Dienstleister, Referenten, manche Berater etc.

‚Kunde' meint, genau genommen, denjenigen, der für den Kauf verantwortlich ist, der für das Gekaufte bezahlt, mit dem also die Geschäftsverbindung besteht. Wenn ich diese Auffassung wortgetreu auf den Verkäuferberuf übertrage, hat der Verkäufer nur selten mit dem Kunden selbst, jedoch fast immer mit dessen Erfüllungsgehilfen (Einkäufern, Produktionsleitern, Fuhrparkleitern usw.) zu tun. Entsprechend hat zum Beispiel deshalb die Leitung des Geschäftbereichs Nutzfahrzeuge der DaimlerChrysler AG formuliert: „Kunde ist, wer über den Kauf des Produkts, die Marke, entscheidet" – und das kann im Zweifelsfall der LKW-Fahrer sein.

Dem besseren Verständnis dienend, habe ich das Wort ‚Kunde', wie umgangssprachlich üblich, auch für Nichtkunden, die zu Kunden werden sollen, und für Mitarbeiter des Kunden verwendet. Unter ‚Verkaufen' verstehe ich den Prozess, bei dem der Verkäufer gegen Widerstand ein für ihn positives, für den Kunden nützliches oder zumindest nicht nachteiliges Ergebnis erreicht. Wenn der Kunde das Produkt oder die Dienstleistung will, heißt der Vorgang ‚bedienen'. Der qualifizierte Verkäufer bietet dem Kunden etwas, was dieser (so) noch nicht kennt, was er aber haben wollte, wenn davon Kenntnis hätte.

Die Begriffe ‚Gefühl' und ‚Emotion' verwende ich entsprechend der lexikalischen Definition und gemäß deren Verwendung in der deutschen Alltagssprache: Gefühl wird verstanden und im Lexikon definiert als Empfindung, Stimmung etc. Schon in der antiken Philosophie wurden Gefühle – im Gegensatz zu den rasch wechselnden Emotionen – mit Dauer und Beständigkeit assoziiert. So sind Heiterkeit, Gelassenheit, Fröhlichkeit,

Trauer, Ruhe und Ähnliches Gefühle, die vorhanden sind und nur entstehen, wenn die Emotionen und Aggressionen schweigen. Dagegen zeigt schon die Definition von ‚Emotion' (von lateinisch *emovere* = herausbewegen), im Wörterbuch als ‚Erregung' beschrieben, die Tendenz zur ‚Unbeherrschbarkeit', sowohl in der Freude als auch im Ärger. Deshalb weiß der Volksmund: „Wenn die Emotion kommt, geht der Verstand". Was beim einen Emotion (und evtl. folgend sogar Aggression) auslöst, muss beim anderen nicht zu den gleichen Verhaltensweisen führen.

Was der Verkäufer über die Hintergründe der Körpersprache wissen sollte

Unter Körpersprache verstehen wir im *hr TEAM* den Ausdruck von Energie und Information in Haltungen, Bewegungen und Symptomen.

Das Wissen um Körpersprache können Sie als Verkäufer nutzen, um erfolgssteigernde Verhaltensmöglichkeiten zu erkennen und bewusst einzusetzen. Weiterhin werden Sie lernen, Verhaltensweisen von Kunden und Geschäftspartnern zu deuten und diese effizient zu nutzen.

Jede körpersprachliche Verhaltensweise ist Ausdruck eines Mitteilungsdrangs und zeigt die hinter dem Ausdruck liegenden Stimmungen, Gefühle und Emotionen. Für diesen Prozess habe ich bereits 1974 den Ausdruck „der Körper ist der Handschuh der Seele" geprägt. Die seelischen Vorgänge sind mit dem Ausdruck unseres Körpers so eng verbunden, dass das eine ohne das andere nicht existieren kann. Gefühle und Emotionen spielen als Antriebe und Gestalter wesentliche Rollen beim Entstehen der Ausdrücke.

Sie als Verkäufer müssen die jeweiligen Bewegungen deuten können! Nur dann wird es Ihnen möglich sein, ihre jeweils folgende Aktion (Aussage oder Bewegung) so zu gestalten, dass Sie weiter kommen.

Wie jemand auf Situationen reagiert, ist abhängig von seiner Fähigkeit Verhaltensweisen seiner Partner zu deuten, seiner momentanen Befindlichkeit und seinen bewusst nutzbaren Reaktionsmustern. So wird sich der eine Verkäufer bei abwehrenden Aussagen seines Kunden bedroht fühlen und mit Dis-Stress, Emotionen und möglicherweise sogar Aggression reagieren. Ein anderer wird dagegen auf Wissen zurückgreifen und die Situation als Herausforderung erleben, die er gerne annimmt.

Wie glauben Sie, würde ein Verkäufer antworten, wenn der Kunde sagt: „Mit Ihren letzten Lieferungen waren wir ja sehr zufrieden und auch die Qualität entsprach unseren Erwartungen" und dabei mit der Handkante über den Tisch wischt, „aber Ihren Preisaufschlag für neue Lieferungen können wir auf keinen Fall akzeptieren" und sich dabei zurücklehnt.

Die Aussage Ihres Kunden könnten Sie negativ („nicht akzeptieren" und das gestische Vom-Tisch-Wischen) oder positiv („sehr zufrieden") verstehen. Positivdenker reagieren überaus häufig auf die negativen Teile der Aussagen. Negativdenker erwarten keine positiven Anteile. Realisten hören beide Wertigkeiten und können entscheiden, worauf sie eingehen wollen. Was hätten Sie geantwortet? Mit der alten, früher dressierten dummen Standardbehauptung: „Qualität hat ihren Preis!“, mit einer Belehrung nach dem Muster: „Auch wir müssen höhere Preise bezahlen“, mit der Frage: „Womit vergleichen Sie den Preis?“ oder haben Sie, was ich vermute, den positiven Teil der Aussage (auch) gehört und diesen genutzt, um zum Beispiel mit einer Interpretation zu antworten: „Sie möchten demnach die positive Geschäftsbeziehung und die Qualität weiterhin zum gleichen Preis haben?“, oder mit der eine Win-Win-Situation ermöglichenden Hilfe „weil wir Ihnen die gleiche Qualität der Belieferung und die passende Qualität auch in Zukunft liefern wollen, suchen wir eine Lösung in einer Preiserhöhung. Wir sind gesprächsbereit, wenn sich beim jeweiligen Kunden andere Möglichkeiten, zum Beispiel größere Mengen und Ähnliches, realisieren lassen?“ Diese Antworten passen nur zu der im Beispiel formulierten Kundenaussage. Da es höchst unwahrscheinlich ist, dass ein weiterer Kunde die wörtlich genau gleiche Aussage mit der gleichen Betonung und der gleichen Körpersprache formulieren wird, wäre es unsinnig, bestimmte Antworten auf Vorrat zu lernen. Der qualifizierte Verkäufer hört emotionsfrei die gesamte Aussage, versteht und deutet jedes Wort, sieht die Bewegungen, zieht daraus Schlüsse und kommt zu einer in dieser Situation positiv weiterführenden Antwort.

Dies sei schwierig, vielmehr unmöglich, sagen Sie? Ich kenne Menschen, die die Flugbahn von Bällen vorausberechnen, rechtzeitig an der richtigen Stelle stehen, bereits ausgeholt haben und den Ball so treffen, dass er an der gewollten Stelle auf der anderen Hälfte des Spielfeldes aufkommt. Tennisspieler – vielleicht sogar Profis nennt man diese Leute – sie haben jahrelang, oft unter Schmerzen, trainiert, um dies zu können. Hobby ist eben, wenn man viel Geld dafür bezahlt, dass man hart arbeiten darf!

Das Aufnehmen, Wahrnehmen und Verstehen von Körpersprache beginnt, indem Wissen um die Bedeutung von Verhaltensweisen erworben und beobachtete Bewegungen mit diesem Wissen gedeutet werden. Beobachten braucht eine neutrale Einstellung und vollkommene innere Bereitschaft. Wer von seinen Emotionen übermannt wird, kann nicht mehr beobachten. Sie erinnern sich: Wenn die Emotion kommt, geht der Verstand! Ärger und Wut trüben den Blick genauso wie Freude und Enthusiasmus. Emotionen sind Zerrspiegel, die die Welt entstellen.

Wer aufmerksam beobachten will, braucht Toleranz, braucht innere Distanz. Für ihn müssen positive Botschaften genauso wichtig, wertvoll und interessant sein wie negative. Er wird, sofern er für seine Rolle professionell ausgebildet ist, seine Werturteile zunächst einmal beiseite lassen. Eigene Prinzipien, Wertmaßstäbe und Vorurteile wirken wie Scheuklappen. Sie engen das Beobachtungsfeld ein und verfälschen die Beobachtungsergebnisse. So schwer es auch sein mag, wer beobachten will, muss einen ‚gleichgültigen' Zustand anstreben. Denken wir an einen Kriminalisten oder Richter, der die Beweisaufnahme weitgehend emotionsfrei und unparteiisch zu gestalten hat. Stellen sich Vorurteile oder Emotionen ein, wird er als „befangen" abgelehnt werden.

Die seitens des Beobachters hilfreiche Passivität hat Konrad Lorenz gut beschrieben: „Der Geist muss sich zurückziehen bis an die Grenze zwischen Traum und Wirklichkeit, aber die gleichsam schwebende Aufmerksamkeit muss sich beim geringsten Alarmzeichen blitzartig regen."

Eine solche wartende, beobachtende, ja gleich-gültige Haltung widerspricht dem herkömmlichen Bild des qualifizierten Verkäufers. Ihm wird leider immer noch Überzeugungskraft und Durchsetzungsvermögen angedichtet. Mit beiden Eigenschaften produziert es Verlierer! Kein Wunder, dass solche „Drücker" negativ erlebt werden. Auch für den Verkäufer gilt das Eulenspiegel-Zitat: „Wenn Du es eilig hast, gehe langsam!" Beobachten Sie so lange wie möglich, bevor Sie Ihre jeweils nächsten Schritte unternehmen.

Verhaltensweisen sind wie Buchstaben. Jede einzelne beobachtbare Verhaltensweise ist deutbar. Je mehr gleichzeitige Verhaltensweisen beobachtet und gedeutet werden können, desto exakter kann die Bedeutung der einzelnen Verhaltensweise bestimmt und desto mehr Informationen können aus der Gesamtheit der beobachteten Verhaltensweisen gewonnen werden. Erinnern Sie sich? Aus Buchstaben wird ein Wort, aus Worten ein Satz, aus Sätzen ein Roman, aus Romanen ein Werk.

Grundsätzliche Verhaltensformen und Auswirkungen von Einstellungen

Bei formenreichem Verhalten drückt sich die Vielfalt des Erlebens direkt im Verhalten aus. Aus dieser Unmittelbarkeit lässt sich auf psychische Elastizität schließen. Formenreiches Verhalten zeigt eine aufgeschlossene Haltung gegenüber Umweltreizen und gefühlsmäßige Ansprechbarkeit. Heiterkeit, gehobene Stimmung und Spontaneität drücken sich dabei unmittelbar in den Verhaltensweisen aus und lassen bei andauerndem Formenreichtum auf frohe Gestimmtheit schließen.

Das sind die positiven Seiten des formreichen Verhaltens. Negativ zeigen sich an formenreichem Verhalten Zerstreuung, Unbeständigkeit und gesteigerte Suggestibilität.

Monotonie äußert sich dagegen in formenarmem Verhalten, oft gekoppelt mit Spannungsarmut. So drücken sich Langeweile, Gleichgültigkeit, Stumpfheit und Gefühlsarmut aus.

Formenarmes und, damit oft gekoppelt, spannungsarmes Verhalten ist beobachtbar bei skeptisch-kühlen Intellektuellen. Sie verarbeiten Reize oft ohne gefühlsmäßige Anteilnahme und deshalb impulsschwach. Formenarme Verhaltensweisen mit Spannung (Versteifung) lassen auf Schwerfälligkeit schließen. Bei diesen Verhaltensweisen fehlt die Elastizität, die zur Durchdringung der reinen Funktionen notwendig ist.

Physiologisch ist die Formenarmut beobachtbar als Gegenwirkung des muskulären Antagonisten (= Gegenspielers), an dem sich die unwillkürlichen Bewegungsimpulse brechen. Ist die Formenarmut zum Beispiel gewollt, weil man sich beherrschen muss, sind die Beherrschungsstrebungen an Spannungssymptomen erkennbar. Die so entstehende einförmige Gelassenheit zeigen oft Diplomaten. Bei überwiegender Gegenwirkung des Antagonisten wird aus der Beherrschung der gegensätzlichen Vorstellungen und Strebungen und den dazu notwendigen Willensspannungen starres und eintöniges Verhalten, zum Beispiel ein eingefrorenes Lächeln.

Die Aktivitäten von kontaktsuchenden Personen erstrecken sich vom scheuen Blick bis zum aktiv-aggressiven Anmachen. Besonders scheue Personen drücken ihre Kontaktwünsche mit symbolischen Verhaltensweisen aus. Wer, besonders als Frau, sich selbst durch die Haare streicht, sagt damit – vorausgesetzt, es gibt keine widersprechenden Verhaltensweisen – körpersprachlich: „Ich mache mich schön für dich“ oder „Ich möchte, dass du *das* tust“ und drückt so seinen Kontaktwunsch aus. Ungeniertes Sich-Umsehen, das Greifen nach fremden Dingen, plumpvertrauliches Auf-die-Schulter-Klopfen und das Verletzen der Intimsphäre sind extreme Ausdrücke des Kontaktwunsches. Solche Verhaltensweisen sind auch als triebhaft unbekümmert anzusehen. Manchmal gehen Kunden so mit Verkäufern um. Sie wollen damit einerseits Vertraulichkeit herstellen und andererseits ihre Dominanz („Ich darf etwas, was Du nicht darfst!“) zeigen. Bis auf wenige Ausnahmen, zum Beispiel wenn der Verkäufer seine Persönlichkeitsrechte wahren will, ist es sinnvoll, solche Verhaltenweisen des Kunden als von ihm gut gemeint zuzulassen.

„Ich will weniger Platz beanspruchen, als mir zusteht, damit man mich leichter übersieht" – dieser Gedanke prägt das kontaktscheue Verhalten.

Kontaktscheue Personen vermeiden es auch, Blickkontakt mit der Umwelt aufzunehmen. Sie blicken lieber zum Boden. Insgesamt sind kontaktscheue Verhaltensweisen durch Einengungsbewegungen wie eng an den Körper anliegende Hände und Arme, eventuell überkreuzte Arme und geschlossene Hände, gekennzeichnet. Die Übertreibung solcher Verhaltensweisen löst oft Hilfsangebote anderer Menschen aus. Mit einer solchen Haltung, echt oder gespielt, kann ein Kunde um bessere Bedingungen nachsuchen.

Betrachten wir die Atmung

Anatomisch sind an der Atmung folgende Körperteile beteiligt: Nase und Mund als Ein- und Austrittskanäle der Luft, die Luftröhre mit dem Kehlkopf, die Lungen, das Zwerchfell und die Bauchmuskulatur als Atemhilfsmuskulatur. Entsprechend der benötigten Luftmenge wird durch Nase oder Mund ein- und ausgeatmet. Stehen körperliche Anstrengungen bevor, reicht die durch die Nase aufnehmbare Luftmenge möglicherweise nicht mehr aus. Dann wird durch den Mund geatmet. Sportler, die eine größere Luftmenge benötigen, aber auch die Vorteile der Atmung durch die Nase nutzen wollen, atmen kombiniert, indem sie durch die Nase ein- und durch den Mund ausatmen. Dadurch können sie die Anzahl der Atmungsvorgänge steigern. Durch die eingesogene Luft blähen sich die Lungen auf. Dies führt dazu, dass sich entweder der Brustkorb hebt oder der Bauch vorwölbt.

Zwischen Ein- und Ausatmung liegt das Stocken des Atems. Wird die Aufmerksamkeit eines Menschen erregt, darf die vorhandene Luft nicht sofort abgegeben werden. In Bruchteilen von Sekunden wird entschieden, ob Aktivität gefordert oder Entspannung erlaubt ist. Bei der Entscheidung für Aktivität, also Angriff oder Flucht, ist ein Atemvorrat notwendig. Zur Entspannung darf die Luft, oft in einem Seufzer der Erleichterung, abfließen. Das Atmungsverhalten des Menschen gibt also wesentliche Aufschlüsse darüber, wie jemand eine Situation erlebt und verarbeitet.

Qualifizierte Verkäufer springen nicht auf emotionale Aussagen der Kunden an. Sie nutzen die darin enthaltenen Chancen. Dies gelingt leichter mit Ausatmen und Schultern fallen lassen!

Beobachtungen und Übungen:	**Bemerkungen und Erfahrungen:**
Deuten Sie einzelne Verhaltensweisen zur Übung und ergänzen Sie Ihre Deutung um die Bedeutung der weiter beobachtbaren Verhaltensweisen!	
Ihr Kunde beschreibt mit raumgreifenden, abgerundeten, schnellen Bewegungen und lächelnder Mimik sein Vorhaben.	
Ihr Kunde beschreibt sein Vorhaben. Dabei liegen seine Hände spannungslos auf dem Tisch und seine Mundwinkel zeigen nach unten.	
Ihr Kunde greift mit einer schnellen Bewegung nach einem auf dem Tisch liegenden Muster. Dabei neigt er auch den Oberkörper nach vorne.	
Ihr Kunde blickt zu Boden, während er Ihnen mitteilt, dass man sich für Ihren Mitbewerber entschieden habe.	
Was löst in mir (noch) Emotionen (Achtung: nicht Gefühle!) aus?	
Welche Anforderungen stellen die Ziele und Werte meines Unternehmens an meine Verkäuferrolle?	
Womit kann ich meine Rolle als Verkäufer am besten ausfüllen?	

Beobachtungen und Übungen:	Bemerkungen und Erfahrungen:
Betrachten Sie ein Bild und versuchen Sie möglichst genau wiederzugeben, was Sie gesehen haben. Wenn sie Ihre Eindrücke aufschreiben oder auf Band sprechen, fällt Ihnen die Kontrolle leichter.	
Prüfen Sie, ob Ihre Atmung auch in Stress-Situationen fließt!	
Beobachten Sie, wie andere atmen, und ziehen Sie daraus Schlüsse!	
Üben Sie in Stress-Situationen „Ausatmen - Schultern fallen lassen!“	
Trainieren Sie Bauchatmung (beim Einatmen wölbt sich der Bauch vor!) und lernen Sie auf der „Stütze“ des Zwerchfells zu sprechen!	
Atmen Sie vollständig aus, damit Sie wieder viel einatmen und das Gehirn mit genügend Sauerstoff versorgen können!	

Die Einstellungen gestalten die Körpersprache

Die jeweilige Einstellung (= Werthaltung) zur Situation und zum Gesprächspartner stellt die möglichen Verhaltensweisen zur Verfügung.

Wozu der eine eine positive Einstellung einnehmen kann, wird ein anderer negativ erleben. Dies beleuchtet das folgende Beispiel:

Was einem Menschen zu bitter oder sauer ist, kann dem anderen schmecken. Gerät jemandem versehentlich etwas zu bitter Schmeckendes in den Mund, führt er unwillkürlich eine Reihe von Mundbewegungen aus, um dieses Bittere aus dem Mund heraus zu befördern. Dieses Herausbefördern soll möglichst ohne Kontakt mit den Geschmacksnerven geschehen.

Entsprechend dieser durch das tatsächlich Bittere hervorgerufenen Reaktion können dieselben Abstoßungsbewegungen auftreten, wenn ein Ereignis als schmerzlich (bitter) erfahren wird. Dann erfüllen die Bewegungen der Gesichtsmuskulatur keinen wirklichen Zweck, sondern drücken lediglich die Bitterkeit, die Unlust aus. Die Symbolik der Körpersprache bildet die Brücke vom bitter Schmeckenden zur gleichen Reaktion bei seelisch bitter Erlebtem.

Das folgende Beispiel zeigt, wie stark die Verhaltensweisen von der jeweiligen Einstellung geprägt werden: Ein Mann will sonntags noch rechtzeitig zu einer Veranstaltung kommen. Er ist in Eile und fährt entsprechend zügig. Auf einer kurvenreichen Strecke nervt ihn ein vor ihm fahrender PKW. Dessen Fahrer scheint den Sonntag zu genießen. Er fährt langsam und unterhält sich mit seiner Beifahrerin. Überholen ist unmöglich. Die Zeit rinnt. Langsam staut sich Wut im hinteren Fahrer auf. Endlich kann er überholen. Mit erhobener Faust will er dem Sonntagsfahrer zeigen, was er von ihm hält. Als er jedoch genauer hinschaut, entpuppt sich der Bummler als sein Onkel, der ebenfalls auf dem Weg zur gleichen Veranstaltung, aber, wie sich später herausstellt, in der Annahme, sie beginne eine Stunde später, absichtlich langsam fährt. Ganz sicher entspannt sich die Faust des Verärgerten zu einer winkenden Hand und sein wütendes Gesicht verändert sich in ein gerade noch mögliches, freundliches Lächeln.

Sie merken: die Einstellung gestaltet Verhaltensweisen. Eine realistische Einstellung wird automatisch eine authentische und zur Situation passende Körpersprache entstehen lassen. Umgekehrt kann eine negative Körpersprache negative Vorstellungen und Stimmungen erzeugen. Zum Beispiel können herabgesunkene Mundwinkel eine „bittere“ Stimmung auslösen.

Dass Bewegungen Gefühle aktivieren, bestätigt auch der Gehirnexperte Detlef Bernhard Linke: „Körperbewegungen können im Hirn Gefühle aktivieren.“ Die Bewegungstherapie nutzt diese Gesetzmäßigkeit.

Der Einstellung entsprechend liefern die zuständigen Speicher des Gehirns Worte, Betonungen und die körpersprachlichen Ausdrucksweisen. Im harmonischen Verhalten sind alle drei Ausdrucksbereiche (Wortwahl, Betonung und Körpersprache) symmetrisch. Bei Konflikten oder unausgereiftem Verhalten können sowohl die Worte als auch deren Betonung oder die Körpersprache dazu einander oder der eigentlichen Einstellung widersprechen. In dieser Weise konträres Verhalten weist fast immer auf individuelle Konflikte hin.

Wenn ein Kunde, während er sagt: „Das ist ein guter Vorschlag!", gleichzeitig mit der Hand über den Tisch wischt, sind die sich anbietenden Interpretationsmöglichkeiten widersprüchlich. Die wörtliche Aussage sollte hier möglicherweise loben und besänftigen, die Bewegung will ein Ende machen, das heißt, über den Vorschlag nicht mehr länger diskutieren.

Sie merken also: Einstellungen produzieren Verhaltensweisen, aber auch umgekehrt können Verhaltensweisen Einstellungen produzieren.

An der Universität Mannheim wurden zwei Studentengruppen mit unterschiedlichen Aufgaben betraut. Die Personen der einen Gruppe mussten mit ihren Zähnen auf einen quer zwischen den Lippen liegenden Bleistift beißen. Dadurch wurden die Lachmuskeln aktiviert. Die zur anderen Gruppe gehörenden Studenten mussten den Bleistift zwischen Oberlippe und Nase halten. Dadurch zogen sich automatisch die Mundwinkel nach unten. Nach einiger Zeit wurden sie befragt. Diejenigen Studenten, die den Bleistift zwischen den Zähnen gehalten hatten, fühlten sich besser und fröhlicher. Dies ist eine wesentliche Erkenntnis für die Arbeit an sich selbst. Wer seine Einstellungen verändert, zum Beispiel mit autogenem Training, Meditation, realistischem Denken etc., verändert auch sein Verhalten. Wer seine Verhaltensweisen, etwa seinen mimischen Ausdruck, seine Atemtechnik und Ähnliches verändert, verändert seine Einstellung. Auch dies scheint der Volksmund zu wissen, wenn er einem traurigen Menschen rät: „Lach doch mal wieder!" oder „Kopf hoch!".

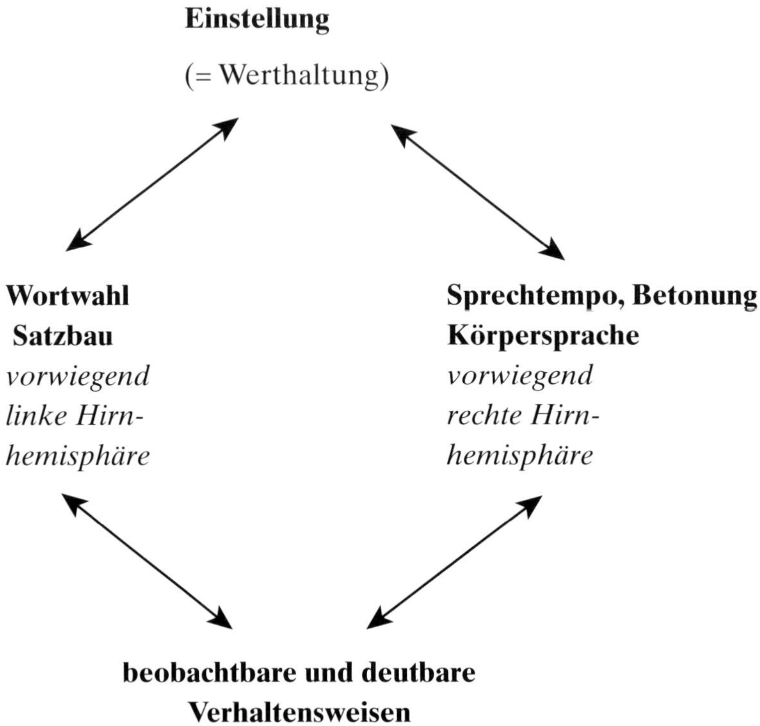

Die stärksten Eindrücke über andere resultieren aus deren Körpersprache. Dies hat der amerikanische Sozialpsychologe Albert Mehrabian in zahlreichen Untersuchungen[2] nachgewiesen. Er fand heraus, dass Eindrücke zu nur etwa acht Prozent aus der Wortwahl, zu 23 Prozent aus der Betonung und zu 69 Prozent aus der jeweiligen Körpersprache resultieren.

Sicher ist auf diese Zusammenhänge auch zurückzuführen, dass als Führungskräfte meist überdurchschnittlich große Personen ausgewählt werden und viele Politiker ihre Karriere nicht zuletzt ihrem Aussehen und ihrem Bewegungsrepertoire verdanken. Der ehemalige amerikanische Präsident Ronald Reagan, der vor seiner Präsidentschaftszeit Schauspieler war, ist hierfür sicher ein Paradebeispiel. Auch der Wahlkampf Kennedy/Nixon lieferte hierfür Indizien: Während sich Kennedy mediengerecht präparieren und schminken ließ, lehnte Nixon dies ab. Folglich sah ihn sein Publikum blass, schwitzend und mit glänzendem Gesicht. Kennedy gewann die Wahl.

---

2 Mehribian, Albert: Measure of emotional empathy, 1972

Diese Ausführungen können für Sie Aufforderung zum Erkennen Ihres eigenen Ausdrucksrepertoires und der aktiven Entwicklung und Gestaltung Ihrer schlummernden Potenziale sein. Meiden Sie aber Ratschläge wie: „Sie müssen Blickkontakt halten" oder „Zeigen Sie mehr Gestik" oder „Bleiben Sie ruhig". Es sind – wie schon das Wort „Rat-Schläge" sagt – Schläge. Sie führen zu schablonenhaftem Klischeeverhalten und verhindern die individuelle Entwicklung der Persönlichkeit. Außerdem gehen solche Rat- und Vor-Schläge davon aus, dass es problemlos möglich sei, die eigenen Verhaltensweisen über den Verstand zu kontrollieren, zu beeinflussen und zu verändern. Dass dies sehr schwer oder gar nicht möglich ist, merkt jeder, der sich vor Augen führt, wie wenig wirklich gute Schauspieler es gibt. Und die wirklich guten sind diejenigen, die nicht eine Rolle spielen, sondern ihre Rolle ‚leben', denen „die Rolle auf den Körper geschneidert ist".

Auch gäbe es keine Traurigen, keine Depressiven, keine Ängstlichen, wenn Sprüche wie „Sie müssen nur wollen", „Sie müssen positiv denken" und andere auch nur den Hauch einer Realisierungsmöglichkeit hätten. Selbstbetrug bringt auf Dauer keinen Erfolg!

Je weiter ein Körperteil vom Kopf entfernt ist, desto weniger werden dessen Bewegungen kontrolliert. Schon als Kinder wurden wir auf Gesichtsausdrücke angesprochen. So haben wir gelernt, „das Gesicht aufzusetzen", mit dem wir bekamen, was wir wollten.

Jede Bewegung ist mit einem bestimmten Erregungsmuster im Gehirn verbunden. Dieses unterliegt einer ständigen Beeinflussung durch eigene und fremde Reize. Diese sind zum Beispiel Rollenerwartung, Umgebung, Gesprächspartner, Leitbilder, die Nähe des anderen, Vorerfahrungen, Tagesform, gesundheitliche oder körperliche Mängel (schlechte Zähne führen beispielsweise oft zu Sprechen oder Lachen hinter vorgehaltener Hand).

Je bewusster und jünger Verhaltensweisen sind, umso leichter sind diese veränderbar. Die Verhaltenseigenheiten und Gewohnheiten, die schon in der Kindheit erlernt wurden, können wesentlich schwerer geändert werden als die Verhaltensweisen, die später bewusst oder unbewusst dazu erworben wurden.

Die Körpersprache ist grundsätzlich verlässlicher als die wörtliche Sprache. Manche Menschen haben (schmerzhaft) gelernt, tabubeladene Themen nur kontrolliert anzusprechen und in kniffligen Situationen Notlügen zu verwenden. Mit Worten gelingt das auch mehr oder weniger gut. Die Körpersprache, auf solch „schauspielerisches" Verhalten nicht trainiert, vollzieht die dem wahrheitslosen Inhalt zugehörigen Bewegungsabläufe nur zögernd oder gar nicht mit und kann so über den tatsächlichen Wahrheitsgehalt aufschlussreiche Informationen liefern. Körpersprache entlarvt Täuscher!

Ebenso interessante Informationen gibt die Körpersprache darüber, wie belastbar ein Gesprächspartner ist. Wenn der Verkäufer seinen Kunden überfordert, zeigen sich in dessen Verhalten zunehmend Fluchttendenzen oder Signale, die die Unfähigkeit oder den Unwillen ausdrücken, dem Gespräch weiter zu folgen: zum Beispiel Herausschieben der Zungenspitze, Barrierezeichen (wie vor der Brust gekreuzte Unterarme oder senkrecht gestellte, gefaltete Hände und Ähnliches).

Mit unserer Körpersprache senden wir also bewusst oder unbewusst Zeichen, die der Umwelt zu verstehen geben sollen, wie wir erlebt werden wollen, oder mit denen wir zeigen oder verraten, was in uns vorgeht. Diese Signale verarbeiten und verstehen die Empfänger unbewusst und mit erstaunlicher Genauigkeit. „Mir ist eine Laus über die Leber gelaufen" will sagen: Ich habe etwas aufgenommen, das mir nicht bewusst wurde, was mich aber störte. Wenn Signale nicht mit den begleitenden Worten harmonieren, stellen sich Misstrauen und Zweifel ein. Je harmonischer die Wirkungsmittel einer Person sind, desto vorurteilsärmer wird sie angenommen.

Es geht beim Erlernen wirkungsvoller körpersprachlicher Signale also nicht vorrangig darum, diese für den bewussten Einsatz in geeigneten Situationen zu trainieren. Das große Ziel muss es vielmehr sein, die Einstellung zur Umwelt so zu gestalten, dass die Körpersprache aus dieser Echtheit entsteht.

Da jeder Kunde ständig körpersprachliche Botschaften sendet, ist es für den Verkäufer erfolgsentscheidend, diese wahrzunehmen und deren Bedeutung, die hinter den Verhaltensweisen vorhandene Einstellung, zu verstehen. Immer wieder kann man beobachten, dass der Gesprächspartner nach verbalen Reizen schon vor seiner wörtlichen Antwort durch seine Körpersprache ‚verrät', ob seine Antwort positiv oder negativ ausfallen wird. Dies bestätigte sich immer wieder in meiner beruflichen Praxis und dieser geringe Informationsvorsprung genügte meist, um mich entsprechend einzustellen. Ich konnte dem Gespräch noch vor der verbalen Antwort des Kunden einen zusätzlichen korrigierenden Impuls geben oder auf die Antwort realistisch reagieren.

Ein Verkaufsleiter eines Unternehmens, welches unter anderem Herzschrittmacher an Krankenhäuser verkauft, berichtet Folgendes: „Ich kam zu einem Chefarzt und formulierte nach der Begrüßung: „Herr Chefarzt, wir haben einen weiterentwickelten, doppelt verschweißten Schrittmacher auf den Markt gebracht, das erspart Komplikationen nach der Implantation“. Der Chefarzt verschränkte die Arme über der Brust. Ich verstand dieses Signal, wie sich gleich herausstellen sollte, richtig, nämlich als unbewusste Abwehr dieser eigentlich positiven Eröffnung des Gespräches und führte mein Gespräch, bevor der Chefarzt antwortete, weiter mit den Worten: „Doch bevor ich Ihnen mehr darüber sage, was gibt es Neues in Ihrer Klinik?“ Der Chefarzt öffnete die verschränkten Arme, bewegte die Hände mit der Handfläche nach oben auf mich zu und sagte: „Sie, ich komme eben von einer hochinteressanten Operation, davon muss ich Ihnen erzählen.“ Nachdem mir der Chefarzt ausgiebig über seinen Erfolg berichtet hatte und ich durch anerkennende Bemerkungen mein Interesse und meine Bewunderung ausgedrückt hatte, bestellte er, ohne dass ein weiteres Gespräch über das Produkt notwendig gewesen wäre, fünf Schrittmacher.“

Was wäre wohl geschehen, wenn der Verkaufsleiter die Reaktion seines Partners übersehen und eifrig weiter von seinem Produkt gesprochen hätte?

In Gesprächssituationen gibt es keine an sich falschen oder richtigen Verhaltensweisen. Was jeweils falsch oder richtig, oder besser gesagt, passend oder unpassend ist, wird bestimmt durch die eigenen Werte beziehungsweise die Werte des Unternehmens und die Ziele in der jeweiligen Rolle, die Situation, die Umgebung und andere Einflussfaktoren. Zum Beispiel kann es in Verhandlungssituationen richtig sein, sich kraftlos unterwerfend und unsicher, zusammengesunken, kompromissbereit und formenarm zu verhalten, wenn es darum geht, einen Angreifer zu besänftigen. Es kann aber auch richtig sein, sich aufzurichten, von oben herab, Luft hörbar einziehend, die Fäuste ballend den Angreifer einzuschüchtern.

Beobachtungen und Übungen:	**Für Sie mögliche Aktivitäten:**	**Bemerkungen und Erfahrungen:**
Beobachten Sie die Körpersprache Ihrer Gesprächspartner und versuchen Sie herauszufinden, welcher Einstellung diese Körpersprache entspricht.		
Beobachten Sie, mit welchen körpersprachlichen Ausdrucksweisen zum Beispiel Schauspieler ihre Einstellungen ausdrücken.		

Woraus sich Verkäuferverhalten bestimmt: Ziele/Werte/Zielgruppen

Wie gesagt: Verhaltensweisen sind nicht an sich richtig oder falsch, auch wenn dies aus Vereinfachungs- oder Schablonisierungsgründen leider oft so dargestellt wird.

„Ohne Gesetz gibt es keine Straftat" lautet ein Rechtsgrundsatz und ohne Vorschrift oder Regel gibt es kein „falsch" oder „richtig"! Und erst die jeweilige Vorschrift oder Regel besagt, welche Verhaltensweise im Rahmen dieser Regel falsch oder richtig ist.

Verhaltensweisen in bestimmten Rollen (Rolle ist die Summe von erwarteten Verhaltensweisen in einer Position), zum Beispiel von Autofahrern, werden zwangsläufig auf der Grundlage der entsprechenden Gesetze und Vorschriften beurteilt.

Gleiches gilt für alle Rollenträger, für Verkäufer, Einkäufer und alle Personen in ihren Rollen – insbesondere für diejenigen, die mit ihren Verhaltensweisen positive Ergebnisse auf der Grundlage akzeptierter Werte bei definierten Zielgruppen erreichen wollen. Wir alle werden durch die Brille der angekündigten oder erwarteten Rolle gesehen.

Wer für ein innovatives, seriöses Unternehmen bei Kunden Aufträge für ein neues Produkt abschließen will, wird sich die aus den Unternehmenswerten entstehenden Anforderungen oder Verhaltensweisen zu Nutze machen und seine zielorientierten Aktivitäten so gestalten, dass er zum Beispiel gegebene oder möglicherweise erst von ihm geweckte Fragen der potenziellen Kunden weiterführend und wahrheitsgemäß beantworten kann. Auch wird er seine Ausführungen nicht (nur) auf die Vergangenheit beziehen, sondern ein entwickelbares Bild der Zukunft zeichnen.

Die wechselseitige Abhängigkeit und Beeinflussung von Zielen, Werten und Zielgruppen lässt sich im folgenden Dreieck erkennen:

Werte
(Eigenschaften, die zum Ziel
menschlichen Strebens werden können)

Ziele
(In Zukunft zu erreichende, messbare
Ergebnisse; bei Unternehmen:
(fast) immer Ertrag oder
dessen Unterziele!)

Zielgruppen
(natürliche oder juristische Personen,
mit denen man zu tun hat oder zu tun haben möchte)

Maßnahmen, die den Verkaufserfolg steigern

Im Spannungsfeld Werte/Ziele/Zielgruppen befinden sich die jeweils richtigen Verhaltensweisen und Maßnahmen.

Dabei können die Maßnahmen, Verhaltensweisen und Sach- und Hilfsmittel einmal mehr die Werte realisieren helfen, ein anderes Mal mehr die Zielerreichung favorisieren. Es kann auch sein, dass die jeweilige Maßnahme nur der Zielgruppe zuträglich ist. Kurzfristig und um gewollte Effekte zu erzielen, ist es akzeptabel, dass eine Ecke des Dreiecks stärker betont wird. Wer aber zum Beispiel im Verkauf *nur* „kunden-orientiert" sein will, verliert, wenn Verkäufer und Mitarbeiter solche Formulierungen wörtlich nehmen, Erträge und bekommt Probleme bei der Realisierung oder Einhaltung seiner Ziele und Werte. Orientiert bedeutet laut Definition im Duden „darauf ausgerichtet sein". Wird dies wörtlich umgesetzt, kann nur noch bedient werden. Wer dagegen ertragsorientiert handelt, wird alle Aktivitäten unter diesem Ziel betrachten und so mittel- oder langfristig zur Ertragssicherung beitragen. So ergaben Beobachtungen in vielen Unternehmen, bei denen Umsätze stagnierten, Kulanzkosten stiegen und Verkäuferleistungen sanken, dass sich die Verhaltensweisen des im Kundenkontakt arbeitenden Personals in Richtung Kunde verändert hatte: Fast immer war vom Unternehmen der Begriff „Kundenorientierung" vorgegeben worden. Das amerikanische – und so richtige! – Prinzip „customer care" (= Kunden pflegen, umsorgen) war missverstanden und als „Kunden-Orientierung" eingeführt worden. Entsprechend passten die Mitarbeiter ihre Verhaltensweisen den Kunden an. Sie vergaßen, die Werte ihres Unternehmens zu repräsentieren und ertragsorientiert zu arbeiten.

Wer *ertrags*orientiert arbeitet, muss sich anstrengen, bei *Kunden*orientierung reicht nachgeben! Eine griechische Gaststätte wird kaum aus Kundenorientierung auch Hamburger anbieten und Schunkelmusik spielen, selbst wenn dies einigen Gästen gefallen würde. Ein „Grieche" profiliert sich als „Grieche", ein „Italiener" als „Italiener" und ein „Chinese" als „Chinese".

Verkaufsziele definieren das WAS und dienen der Planung

Ziele sind in der Zukunft zu erreichende, messbare Ergebnisse. Der Begriff Ziel stammt von althochdeutsch ‚zilên' und bedeutet ‚sich beeilen'. Zweck der Ziele ist es, die Zukunft gedanklich mit der Ist-Situation zu verbinden. Dieser Vorgang heißt ‚Planung'.

Ein vom Verkäufer selbst erarbeitetes, akzeptiertes, zu anderen Zielen und den Werten konfliktfreies Ziel, bei dem die Maßnahmen zur Verwirklichung gegeben und beeinflussbar sind, kann auch Motivation auslösen und erhalten. Der hinter dem Ziel liegende Wunsch gibt die Richtung, die Stetigkeit und Festigkeit und löst erheblichen Sog aus.

Ziele sind Grundlagen für die Planung. Was bei der Realisierung der geplanten Maßnahmen entsteht, heißt ‚Ergebnis'. Sprachlich korrekt, werden nicht Ziele, sondern Ergebnisse erreicht, die mehr oder weniger nach oben oder unten von den Zielen abweichen können.

Werte bestimmen das WIE und dienen der Beziehungsgestaltung

Werte sind „Beschaffenheiten von Dingen oder Sachverhalten, die zum Ziel menschlichen Strebens werden können" (Brockhaus) oder, wie Kant es formuliert: „Eigenschaften, die zur Hochschätzung würdig machen". Deshalb können Werte auch als qualitative Ziele im Unterschied zu den funktionalen, sachbezogenen quantitativen Zielen verstanden werden.

Im Wertewandel wurden tradierte, alte Werte wert-los. Neue Werte drängen an deren Stelle oder alte Werte leben als neue Werte wieder auf. In einer solchen Zeit haben Unternehmen hervorragende Chancen, sich mit ihrem individuellen Wertesystem von ihren Wettbewerbern abzuheben.

Während zum Beispiel Mercedes Qualität verspricht, lockt BMW mit Fahrfreude, Audi mit technischem Vorsprung und Volvo mit Sicherheit. Werte und eine daraus mögliche Unternehmensphilosophie sind inzwischen der meist einzige Unterschied zwischen den Unternehmen der gleichen Branche! Werte müssen für die zu aktivierende Zielgruppe attraktiv und motivierend sein. ALDI hat dies mit seinem Wert „billig" gezeigt.

Automatisch wird aus den Aussehensmerkmalen und Verhaltensweisen auf Wertvorstellungen geschlossen. Ein Beispiel darf dies erläutern: Ein Bewerber um die Position eines Bankkaufmanns mit Kundenkontakt (Verkäufer!) kommt in Lederjacke und verwaschenen Jeans, weißen Socken und Turnschuhen zum Einstellungsgespräch. Der Personalchef wird diese Kleidung wahrscheinlich als Freizeitkleidung, unordentlich und wenig professionell beurteilen und damit den Bewerber als unpassend für die ausgeschriebene Stelle einstufen. Käme derselbe Bewerber mit Anzug, zur Anzugfarbe passenden Socken, Straßenschuhen und Krawatte bekleidet, würde er der Vorstellung eher entsprechen, einen besseren Eindruck machen und seine Chancen erhöhen. Kleidung sagt, als was – in welcher Rolle – und wie wir erlebt werden wollen. Der Kunde soll nicht darüber nachdenken müssen, weshalb der Verkäufer so gekleidet ist oder so aussieht – er soll, ohne dass ihn Reize stören oder ablenken, den Ausführungen folgen können.

Aussehensmerkmale signalisieren Wertvorstellungen. Dies wissen erfolgreiche Menschen und beweisen dies, indem sie sich ihren Werten entsprechend kleiden und verhalten und sich so den Zugang zu jener Zielgruppe erleichtern, die in denselben Wertvorstellungen denkt und handelt. In der Geschäftswelt, wie zum Beispiel bei Banken, Versicherungen, Anwaltsfirmen und anderen, gilt auch heute noch geschäftsbezogene Kleidung als notwendig. Das Aussehen soll dem einzelnen Kunden oder Mandanten signalisieren: Wir nehmen unsere Werte und unseren Beruf ernst. Sie als Kunde können sich darauf verlassen, dass wir halten, was unsere Werbung verspricht! So kann das spezifische Aussehen und Auftreten Sicherheit vermitteln und den Kunden oder Klienten mitteilen, dass der

Gesprächspartner ein solider Fachmann ist und man sich in kompetenten Händen befindet.

Die einzelnen Berufe nutzen spezifische, ihren Wertvorstellungen entsprechende Aussehensmerkmale, um den Eindruck von Kompetenz zu vermitteln. Werbeberater, Musiker und viele künstlerische Berufe wollen positive Resonanz bei ihren Zielgruppen auslösen, indem sie sich locker und leger geben. Sie wollen damit sagen: Wir sind nicht steif, sondern lässig; man kann uns als „Kreative" akzeptieren und davon ausgehen, dass wir Klischees überwinden.

Die Menge verschiedener Kleidungsstücke in den Kleiderschränken mag als ein Indiz dafür gelten, dass die Vielzahl der in verschiedenen Rollen gelebten Werte ausgedrückt werden will.

Ein weiteres Kriterium von Wertebewusstsein (es sei denn „unredlich" und „unwahr" seien die zu repräsentierenden Werte!) ist die Berufsbezeichnung. Der Begriff ‚Repräsentant' oder ‚Reisender' sagt zwar nicht zwingend etwas aus über die wirkliche Tätigkeit und Absicht der Person, wird aber in der Praxis noch im Sinne von „Verkäufer" verstanden. Anders verhält es sich mit der Bezeichnung „Berater". Diese benennt jemanden, der vom Empfänger der Beratungsleistung direkt bezahlt wird und deshalb neutral und ohne Einflussnahme auf die Entscheidung handeln kann. Will er verkaufen, muss er das Beispiel des „trojanischen Pferdes" oder der Unlauterkeit gegen sich gelten lassen. Ein derartiger Anspruch an die Redlichkeit ist auch der Grund dafür, dass seriöse Berater und Trainer ihre Vorträge – es sei denn, es handelt sich um Werbeveranstaltungen – nicht dazu missbrauchen, eigene Produkte zu verkaufen. Damit würde er seine Vorträge zu so genannten „Kaffeefahrten" degradieren!

Wertebestimmte Körpersprache im Umgang mit Kunden

Nachstehend ein Beispiel für aus den Werten abgeleitete Anforderungen für wertebestimmte Verhaltensweisen:

Ebenen:	**Anforderungen aus den Werten zum Beispiel:**		
	kompetent:	**innovativ:**	**qualitativ:**
Körpersprache	stimmig unterstreichend aktiv	hochgezogene Augenbrauen Blickrichtungen nach rechts (bei Rechtshändern) offen Handreichgesten	vollständige Gesten eindeutige Verhaltensweisen in Menge und Qualität passend
Kleidung	Arbeitskleidung	modern	zur Situation passend
Symbole	optimale Sach- und Hilfsmittel	zeitgemäße bis zukunftsweisende Arbeitsmittel	funktionale Hilfsmittel
Stimm-Modulation	klar, nachdrücklich	fragend, auffordernd bis herausfordernd	sachlich
Aussehen	aufgaben- beziehungsweise rollenspezifisch	trendgemäß	sauber, gepflegt

Diese aus den Werten resultierenden Anforderungen müssen zu beobachtbaren Kriterien weiter bearbeitet werden.

Aus den Werten abgeleitete Anforderungen und die konkreten Beobachtungskriterien:				
Werte:	**Anforderungen:**	**beobachtbar an:**	**Ist/Soll:**	**Maßnahmen:**
Laut oberer Tabelle:				
Kompetent	Stimmig	Wort und Gestik stimmen überein Bewegungsdynamik und Lautstärke passen		
	Unterstreichend	Handhaltungen passen zum Wort Sprech- und Bewegungstempo sind harmonisch		
	aktiv	Gestik wird vor dem jeweiligen Wort angesetzt In Sprechpausen bleibt der Gestus erhalten Mimik drückt Empfindungen aus		

Jeder, der sich zugehörig fühlt und in seinem Verhalten und Aussehen wertespezifisch wirken will, bekommt so Verbesserungsmöglichkeiten. Zu welchem Wertesystem wohl das Aussehen des Verkäufers mit Anzug, Krawatte und brustlangen Haaren passt?

Die Zielgruppen bestimmen den Erfolg

Unter Zielgruppen versteht man diejenigen natürlichen oder juristischen Personen, mit denen oder bei denen der Verkäufer Ergebnisse erreichen will. Für den Verkäufer sind dies Kunden, Inhaber, Verwender, Benutzer, Empfehler, Planer, Beurteiler, Projektleiter, Einkäufer, Sachverständige, Meinungsbildner, Endverbraucher, Wiederverkäufer – jeweils mit deren Mitarbeitern, Angehörigen und eigenen Zielgruppen.

Kunde ist der, der für die Ware bezahlt. Das kann bei Einzelunternehmen der Inhaber, bei juristischen Personen der Geschäftsführer oder Vorstand sein. Er muss nicht mit dem Entscheider identisch sein. Das scheint banal. In vielen Firmen erlebe ich jedoch, dass der Begriff ‚Kunde' ungenau und oft unzutreffend verwendet wird. Verkauft ein Unternehmen an den Einzelhandel, so ist der Verantwortliche des Handelsunternehmens der Kunde und nicht der beim Einzelhändler kaufende Endverbraucher.

Beispiel: Kauft ein Bauunternehmen eine Baumaschine, so ist das Bauunternehmen und damit der Inhaber des Bauunternehmens der Kunde und nicht das Personal, das später das Gerät bedienen soll. Zwischen dem Kunden und den möglicherweise über den Erfolg entscheidenden Personen können somit erhebliche Unterschiede bestehen. Der Endverbraucher wird schließlich darüber entscheiden, ob ein Produkt vom Handel (Kunde) weiterhin gekauft wird oder nicht. Das Personal, das mit einer Maschine arbeitet, „entscheidet" in vielen Fällen darüber, welches Fabrikat der Inhaber des Unternehmens kauft. Ausschlaggebend für den Erfolg kann es daher sein, die jeweiligen ‚Entscheidungsbeeinflusser' wie Endverbraucher bzw. Benutzer zu kennen, um auch deren Erwartungen einzubeziehen. Sind diese Gesprächsteilnehmer, sind besonders auch *deren* körpersprachliche Aktionen und Reaktionen zu beachten.

Damit die Zielgruppen „mitspielen", brauchen sie Motivation. Motivation ist die Summe der in der Handlung wirksamen Motive. Diese liefern die Begründung für die Ausführung oder Unterlassung einer Handlung. Verhaltensweisen entstehen dadurch, dass die jeweilige Person auf der Grundlage des im Moment aktiven Motivs mit der jetzigen Situation unzufrieden (gemacht) wird. „Es geht noch weißer ..." macht die um Ansehen bemühte und dadurch motivierte Hausfrau unzufrieden mit dem jetzigen Weiß ihrer Wäsche. Der so unzufrieden gemachten Zielgruppe wird das beworbene Produkt als Zufriedenmacher angeboten. Dass dabei die motivspezifische Nutzenargumentation den Schlüssel zum Erfolg darstellt, versteht sich von selbst.[3]

Fazit: Verkaufen bedeutet unzufrieden machen. Verkaufen geschieht immer gegen Widerstand. Nur wenn der andere nicht will, kann ihm etwas verkauft werden, will der andere, kann man diesen nur noch bedienen! Die Zielgruppe soll darum also dazu gebracht werden, etwas zu wollen, was sie nicht will, es aber wollen würde, wenn sie den Nutzen kennen würde!

Im Ziel-Werte-Zielgruppen-Dreieck sind die genannten Pole nicht gleichwertig. Die Priorität muss festgelegt werden. Während wirtschaftende Unternehmen im Allgemeinen das Ziel (Ertrag) mit seinen Unterzielen als „Priorität 1" bezeichnen, steht bei Vereinen das gemeinsame Wertebewusstsein an erster Stelle. Soziale Hilfsorganisationen wiederum werden die Zielgruppe mit Priorität 1 besetzen.

Bei Wirtschaftsunternehmen werden fast immer dem Ertrag Priorität 1, den Werten Priorität 2 und der Zielgruppe Priorität 3 zugeteilt. So entsteht die Frage: „*Was* will ich *wie* mit *wem* erreichen?" Folgen dem Ertrag die Zielgruppe und dann die Werte, wäre die Fragestellung: „*Was* will ich mit *wem wie* erreichen?" Für viele Menschen klingt die erste Fragestellung seriöser als die zweite. Bei der zweiten Fragestellung werden die Werte Mittel zum Zweck der Zielerreichung, während sie bei der ersten Fragestellung sozusagen einengende Kriterien sind. Der Begriff „Orientierung" darf definitionsgemäß nur für den Pol des Dreiecks verwendet werden, der Priorität Nummer 1 besitzt. So formuliert eine von uns beratene Bank: „Unser Führungsverhalten ist zielorientiert, wertebestimmt und mitarbeiterbezogen". Für den Verkauf heißt die Formulierung: „Unser Verhalten im

---

[3] Weitere Einzelheiten dazu siehe: Rückle, Horst: Nutzen bieten – Kunden gewinnen, Frankfurt 2002

Umgang mit Kunden ist zielorientiert, wertebestimmt und zielgruppenbezogen".
Die hier aufgeworfene Fragestellung muss durch das Top-Management für das Unternehmen oder im Rahmen der Persönlichkeitsentwicklung und der Gestaltung des Ausdruckverhaltens durch jeden einzelnen für sich selbst geklärt werden. Erst wenn klar ist, wie viel jemand bei seinem Kunden zu tun bereit ist, um Geld zu verdienen, ist eine geeignete Strategie möglich.[4]

Die Abfolge von Ziel, Werten und Zielgruppen bestimmt das jeweilige, auch körpersprachliche, Verhalten der Führungskräfte und Mitarbeiter. Die Unterschiede sind später in den Ausführungen über Gespräch und Verhandlung und in den Teilen, die sich mit Beziehungsgestaltung und Problemlösung beschäftigen, ausführlicher dargelegt.

Beobachtungen und Übungen:	**Bemerkungen und Erfahrungen:**
Erarbeiten Sie die aus den Werten Ihres Unternehmens resultierenden Leitsätze für Ihr (richtiges, gewolltes) Verhalten!	
Klären Sie, ob Sie damit Ihre Ziele besser erreichen und den Erwartungen Ihrer Zielgruppen entsprechen oder ob die Werte neu formuliert werden müssen!	
Welche Aussehensmerkmale fordern die Werte Ihres Unternehmens von Ihnen?	
Inwieweit sind Sie konfliktfrei bereit, Ihr Aussehen und Auftreten entsprechend den Werten Ihres Unternehmens zu gestalten?	

[4] Vorgehensweisen und Beispiele finden Sie in Rückle, Horst: Mit Visionen an die Spitze, Wiesbaden 1994

Beobachtungen und Übungen:	Bemerkungen und Erfahrungen:
Welche hilfreichen Verhaltensweisen können Sie aus den Zielen Ihres Unternehmens/Ihren Zielen ableiten?	
Falls Sie bereit sind, Ihre Verhaltensweisen und/oder Aussehensmerkmale zu verändern, um wie viel können Sie dann Ihre Ziele nach oben korrigieren?	
Klären Sie, wer als Entscheider Ihr wichtigster Gesprächspartner ist und wie Sie sich verhalten müssen, um ihm zu ‚gefallen' ohne andere zu brüskieren!	
Klären Sie Prioritäten, damit Sie sich erfolgreich positionieren können! Sollen Sie ziel-, werte- oder kundenorientiert sein?	

Der Weg zum Partner

Meist verläuft der Weg zum Kunden ohne ‚Hindernisse'. Außer der Anmeldung beim Pförtner und/oder dem Empfang ist meist keine weitere Sperre zu überwinden. Je höher aber die Stellung des Kunden ist, desto eher sind richtige ‚Hürdenläufe' zu leisten. Oft sind entsprechend der Hierarchie des Besuchten mehrere aufeinander folgende Sperren zu passieren: Am Eingang des Gebäudes fragt der „Auskunftsbeamte" (Pförtner oder Empfangsdame) nach dem Namen und, wer besucht werden soll. Er fragt telefonisch, ob der Besucher erwartet wird. Wird dies bejaht, leitet er den Besucher weiter. Das gleiche Zeremoniell wiederholt sich möglicherweise beim Etagenpförtner. Dieser bittet den Besucher zu warten. Zum Abschluss des Zeremoniells kommt die Sekretärin oder der Sekretär des ‚hohen Herren', um den Besucher abzuholen und ihn ins Besprechungszimmer oder bei entsprechendem Grad der Akzeptanz ins Arbeitszimmer des Besuchten zu geleiten.

Manche Pförtner, Empfangsdamen und Sekretärinnen melden mit dem Besucher auch ihren Eindruck von diesem. In einem mir bekannten Unternehmen ist ein Sprachcode vereinbart: „Ein Herr/eine Dame von ... möchte Sie sprechen" heißt, der Besucher/die Besucherin ist höflich und macht einen guten Eindruck. „Ein Mann/eine Frau von ..." bedeutet, der Besucher/die Besucherin entspricht gerade noch den Wertvorstellungen des Unternehmens. „Jemand von ..." teilt mit, den/die brauchen Sie eigentlich nicht zu empfangen.

Seine Macht und Bedeutung zeigt mancher Kunde außer mit der Zahl und Qualität der Vorposten auch mit dem Zeremoniell, das sich beim Eintritt seines Gastes ereignet. Daraus und aus der Ausstattung der ‚Vorhalle' (Teppichboden, Bilder, Blumen, Exponate etc.) und des Büros kann der Verkäufer auf die echte oder dargestellte Wichtigkeit seines Kunden und oft auch auf wahrscheinliche Motive schließen.

Distanzzonen beachten

Der körperliche Kampf zur Revierverteidigung ist beim modernen Menschen selten geworden. Nur das Eindringen von Dieben, Einbrechern, das Missachten des Reviers durch Drängler, die einem „auf die Pelle rücken", und das Wegschnappen einer Parklücke, die bereits als persönliches Revier ausersehen war, kann dazu führen, dass Hemmungen versagen und körperliche Verteidigungsmaßnahmen einsetzen. Im Menschen kämpfen in solchen Situationen viele Antriebe und Hemmungen mit- und gegeneinander.

Wer durch die Räume eines anderen Menschen, also durch ein fremdes Revier geht, sich als Eindringling fühlt oder fühlen muss, verhält sich deshalb oft anders als sonst:

- Kopf und Schultern werden gesenkt, lassen die Brust nicht vortreten.
- Die Arme sind nah am Körper.
- Die Augen blicken auf den Boden.

Diese Verhaltensweisen signalisieren Unterwerfung, sollen sagen: „Ich bin kein Eindringling, der kämpfen, sondern jemand, der nur passieren will."

Neben dem Familienterritorium, dem ältesten Revier des Menschen, das als Aufzuchtstätte und Nest dient, kennen moderne Menschen viele Reviere: das Büro, den Ausstellungsraum, den Messestand, den Arbeitsplatz, das Auto und Ähnliches. Wie beim Einzäunen des Familienterritoriums werden auch für andere Reviere Zäune genutzt, um den beanspruchten Raum abzustecken. Der Verkäufer tut gut daran, diese Grenzen zu respektieren und Pförtner, Werkschutz und Sekretärinnen, aber auch die Distanzzonen ernst zu nehmen.

Im Büro zeigt der Kunde mit eigenen Markierungen – zum Beispiel persönlichen Gegenständen auf dem Tisch – dem Besucher dessen Grenzen.

Dass sich manche Akquisiteure durch solche revierschützenden Maßnahmen einschüchtern lassen und unsicher werden, ist verständlich. Sie sollen in fremde Reviere eindringen und dort positive Ergebnisse erreichen. Früher wurde Akquisiteuren geraten, wenn nötig sogar den Schuh zwischen Türe und Rahmen zu stellen, um durch den Spalt ihre hoffentlich kaufwillensbildende Botschaft verkünden zu können. Schon damals war ein solches Verhalten natürlich unhöflich. Heute, in der Zeit des Käufermarktes, in der der Kunde mündig geworden und sich seiner Macht bewusst ist, lösen solche Unverschämtheiten mit Recht revierverteidigende Maßnahmen der Belästigten aus. Wer das Revier eines anderen betreten will, muss mit Abwehr oder Verteidigung rechnen. Deshalb ist es hilfreich, wenn der Verkäufer im Gegensatz zum oben Gesagten, zum Beispiel nachdem die Türe geöffnet wurde, einen Schritt zurücktritt. So signalisiert er, dass er das Revier achtet und keine Brutalität plant. Meist öffnet der Kunde die Tür dann, wenn Gefahr nicht zu erwarten ist, weiter.

Hilfreich ist es, die Prozedur zu kennen, die zu beachten ist, beziehungsweise die normalerweise abläuft:

- Nach dem Anklopfen wartet der Verkäufer auf das „Herein“, die Erlaubnis zum Öffnen der Tür und Betreten des Raumes.
- Ist dem Kunden der Status des Besuchers (erwarteter Problemlöser, Führungskraft des Lieferanten oder Inhaber der Lieferfirma) bekannt, wird er bei hohem Status des Besuchers diesem entgegengehen, selbst die Türe öffnen und diesen hereinbitten.
- Mindestens wird das „Herein“ kurzfristig erfolgen.
- Der Besucher wird dann empfangen.

- Dazu verlässt der Besuchte spätestens jetzt seinen Platz hinter dem Schreibtisch (sein Revier) und kommt, dem Status entsprechend, dem Besucher mehr oder weniger weit entgegen, zeigt sein Entgegenkommen.

Erwartet der Kunde einen Besucher mit niedrigem Status, wird er länger mit dem „Herein“ warten. Betritt der Besucher dann den Raum, muss er möglicherweise nahe der Türe stehen bleiben und warten, bis er näher gebeten wird. Der Besuchte bleibt hinter seinem Schreibtisch sitzen und blickt unter Umständen nicht einmal auf. So lässt er deutlich spüren, ‚wer Herr im Hause ist‘.

Dem Status entsprechend wird Platz angeboten. Der Stehplatz des Statusniederen ist unmittelbar an der Tür. Besucher mit mittlerem Status dürfen den Raum bis zur Mitte betreten. Besucher mit höherem Status dürfen sich bis zum Schreibtisch nähern und eventuell auch gegenüber dem Besuchten Platz nehmen. Besucher mit hohem Status haben die Erlaubnis, sogar hinter den Schreibtisch neben den Besuchten zu treten.

Wer merkt, dass er auf die Stufe von niedrigem Status gesetzt ist, wird auch während des Aufenthalts im Revier alles vermeiden, was den Status des Besuchten angreifen könnte. Telefoniert dieser, wird der Besucher den Raum verlassen, um nicht persönliche Informationen aufzunehmen. Dies würde einem Eindringen in die Intimsphäre gleichkommen.

Die Distanzzonen, die die Menschen umgeben, sind in der jeweiligen Kultur, aber auch bei der jeweiligen Person unterschiedlich groß. Erfahrungswerte und Beobachtungen haben beim Menschen vier Distanzzonen erkennen lassen:

die intime Distanz 0 – 80 cm die private/persönliche Distanz 80 – 150 cm	Nahbereich
die gesellschaftlich-kommerzielle Distanz 150 – 300 cm die öffentliche/allgemeine Distanz 300 cm – unendlich	Fernbereich

Die Intimdistanz

Die intime Distanz entspricht etwa der Länge des ausgestreckten Armes. So können eventuelle Angreifer auf Mindestdistanz gehalten werden. Der Raum innerhalb dieser Distanz ist dem Austausch intimer Körpersprache vorbehalten. Jedes Eindringen in diese Zone wirft die Frage auf: „Werde ich akzeptiert oder zurückgewiesen?“ Merkt der Eindringende Abwehrverhalten (Verschlusssignale, Rückzugssignale), kann er diese Distanzzone verlassen und so erreichen, dass sich der Partner wieder öffnet.

Werden Gegenstände ungebeten so nahe zum Partner gelegt, dass diese in seiner Intimzone zu liegen kommen, wird ähnliches Verhalten beobachtbar, wie wenn die Intimzone körperlich verletzt worden wäre. Der Bedrängte schiebt diese Gegenstände mehr oder weniger merkbar von sich oder zieht sich zurück, damit diese Gegenstände an der sich jetzt neu ergebenden Reviergrenze oder außerhalb dieser liegen.

Kommt es in überfüllten Verkehrsmitteln zu unvermeidbar engem Kontakt, wird derjenige, der diesen Kontakt eingehen musste mit ausdruckslosem Wegschauen ignoriert. Die eigenen Körperbewegungen werden auf ein Minimum reduziert. Es werden möglichst wenig soziale Signale ausgesendet. So wird der Eindringling zur Nichtperson.

Veranstalter von Vorträgen oder Massenveranstaltungen wissen, dass bei gut besuchten Veranstaltungen zirka 0,5 Quadratmeter pro Person eingeplant werden müssen. Bei weniger gut besuchten Veranstaltungen wird bis zu einem Quadratmeter eingeplant. Zusammendrängen von Menschen verändert deren Gemütsverfassung. Eng konzentriert wird der Mensch zum Teil der Masse und damit leichter emotionalisierbar und aggressiver. Dies nutzen viele so genannte Motivationstrainer, wenn sie Teilnehmer eng zusammensetzen und zum gegenseitigen Berühren auffordern. Wer von der Autorität weisungsgemäß in die Intimsphäre anderer eindringen darf oder in der Rolle des Bedrängten zulassen muss, dass andere ihm nahe kommen, braucht sich nicht zu wehren. Er darf sich gleichsam gehen lassen – ein Erlebnis, das sich in allen Massenphänomenen zeigt: bei Zuschauern von Fußballspielen genauso wie bei Open-Air-Konzerten.

Für gesunde Menschen ist es unschädlich, sich in der Masse gehen zu lassen. Sie können auch mit ihrem Alleinsein wieder umgehen. Problematisch, ja süchtig machend, wird es für diejenigen, die dann nur noch in der Masse, gleichgeschaltet, leben wollen. Sie werden Opfer von Motivationsgurus und Sekten. Als Teil der Masse verlieren sie ihre eigene natürliche Begrenzung und fühlen sich nur noch im gemeinsamen Erleben wohl.

Die private/persönliche Distanz

Die persönliche Distanz reicht von zirka 80 – 150 cm. In der persönlichen Distanz wickeln Menschen ihre normalen Kommunikationsvorgänge ab. Erst aus dieser Distanz darf in die Intimdistanz eingetreten werden. Man kommt sich langsam näher. Ein zu schnelles Vordringen und das Überspringen einzelner Zonen führt meist zu Abwehrsignalen.

Übergeht der Verkäufer diese persönliche Distanz und nähert er sich vorschnell der intimen Distanz seines Kunden oder dringt er gar ohne für den Kunden nützlichen Grund in diese ein, zeigt er damit, dass es ihm am nötigen Takt und der richtigen Einschätzung der Rolle des anderen fehlt. Er wirkt dann im Wortsinne ‚auf-dringlich' und ‚be-drängend'. Solche Verkäufer werden schnell als „Drücker" erlebt.

Die gesellschaftlich-kommerzielle Distanz

Diese Distanz zwischen 150 und 300 cm ergibt sich automatisch, wenn zwischen dem Verkäufer und seinem Kunden ein Tisch oder Schreibtisch steht. In dieser Entfernung finden üblicherweise die Gespräche, Besprechungen und Verhandlungen statt, bei denen man sich nicht persönlich näher kommen will, bei denen es mehr um die Sache geht. Auch Gespräche, bei denen von den mittelbaren Problemen des Gesprächspartners gesprochen, diese aber abstrahiert (mit Distanz) betrachtet werden wollen, verlaufen in dieser Entfernung.

Die öffentliche/allgemeine Distanz

Die allgemeine Distanz reicht von 300 cm bis unendlich. Sie bezeichnet den Abstand, den im allgemeinen Redner zu ihren Zuhörern, Verkäufer bei Präsentationen vor mehreren Interessenten und Schauspieler zu ihrem Publikum halten.

Abwehrsignale

Werden Distanzzonen verletzt oder Tabus gebrochen, ist mit Abwehrsignalen zu rechnen. Generell können Barrieresignale, die der Abwehr dienen, auch als Angst-, Emotions- oder Aggressionssignale erklärt werden. Versagen die Drohsignale, folgt die Flucht.

Verkäufer, die das Revier, insbesondere die Intimdistanz ihres Kunden ohne dessen Erlaubnis verletzen, haben mit einzelnen oder mehreren der folgenden Reaktionen zu rechnen:

- Unruhiges Hin-und-Her-Rutschen, welches den Willen, sich zu entfernen, signalisiert.
- Übereinanderschlagen der Beine, weg vom Eindringling, Abwenden und Vorbereitung zur Flucht.
- Trommelnde Finger, die innere Unruhe signalisieren.
- Aufsteh-Stützgriff, der die Absicht aufzustehen und wegzugehen verrät.
- Schließen der Augen: „Ich will nicht sehen, dass Sie mir so nahe kommen".
- Senken des Kopfes und Kinn-auf-die-Brust-Legen: „Ich unterwerfe mich ja, lass mich in Ruhe".
- Anheben der Schultern zum Schutz des Halses: „Dein Eindringen empfinde ich als Angriff und schütze meinen Hals".
- Greifen nach Gegenständen, insbesondere Stiften, welche dann meist mit der Spitze zum Eindringling gehalten werden: „Ich halte mich fest oder bewaffne mich, um dich abzuwehren."
- Aufstehen: „Das lasse ich mir nicht gefallen, ich ziehe die Konsequenz und gehe."

Lediglich in Verbindung mit Belohnung wird ein Eindringen in die Intimsphäre toleriert, wenn die positive Absicht vorher aus der Körpersprache erkennbar wurde.

Zum Beispiel darf der Verkäufer sich einem Messebesucher bis in die Intimsphäre nähern, wenn er vertrauliche Informationen geben, oder etwas erklären will. Seine positive Absicht wird er mit einem Lächeln und einer ‚Zu-neigung' vor der Ansprache zum Ausdruck bringen.

Andere Reaktionen sind beobachtbar, wenn der Verkäufer sich seinem Kunden ohne dessen Einverständnis aus der öffentlichen Distanz nähert. Damit sagt der Kunde „ich bin im Moment nicht ansprechbar":

- Kreuzen der Arme vor dem Körper;
- Ein Unterarm (so wie im nebenstehenden Bild) vor dem Bauch mit Festhalten an der Jacke oder Weste (lediglich der etwas abgespreizte kleine Finger lässt die Beziehungsbereitschaft erkennen, die aber durch den abgewinkelt angehobenen Daumen weitgehend aufgehoben wird.)
- Gesten, die einer vorgetäuschten Korrektur dienen: Griff zu den Manschetten oder zur Handtasche. Oft werden derartige vorgetäuschte Korrekturen dann vorgenommen, wenn ein freier Platz überquert werden soll oder wenn man sich beobachtet fühlt.
- Die Hände berühren sich oder werden vorgestreckt. Selbstkontakte (Spitzdach, Falten der Hände) dienen gleichsam als Bug, Pflug oder Puffer, der den Eindringling abhalten soll.
- Übereinander geschlagene Beine, bei denen der Knöchel des einen Beines auf dem Oberschenkel des anderen Beines liegt und sich eine Querbarriere ergibt.
- Vor sich aufgebaute (Schreib-)Tische, hinter denen man sich verschanzen kann.
- In Gruppen: die Stellung frontal zueinander. Diese Stellung der vollen Zuwendung zum Gesprächspartner signalisiert, dass man sich allein unterhalten will und wehrt so die Annäherung weiterer Gesprächspartner ab.

Man kommt sich näher

Der erste Eindruck

Signalisiert ein Verkäufer oder weiß der Kunde, dass der Verkäufer für ihn nützlich ist, werden die Distanzzonen für ihn keine Begrenzungen darstellen.

Ob ein Verkäufer diesen bzw. ob er generell einen eher positiven oder negativen ersten Eindruck auslöst, ist zum einen von den Reizen abhängig, die er aussendet, zweitens von der Erwartungshaltung des Kunden, aber auch von der Situation, in der sich der Kunde befindet.

Weil Situationen nicht voraussehbar sind, kann das **Verkaufsgespräch** nicht vorbereitet werden. Sicher, Zahlen, Daten und Fakten aus früheren Gesprächen sind hilfreich. Ob diese und andere Erinnerungen aber genutzt werden, ist von der sich ergebenden Situation abhängig. Trotzdem ist die Vorbereitung des Gesprächs notwendig. Und noch eine andere Art der Vorbereitung ist wichtig und hilfreich: der Verkäufer kann **sich** vorbereiten.

Einige Forschungsergebnisse können in diesem Zusammenhang erklären, welche Reize einen mehr oder weniger positiven ersten Eindruck auslösen: Viele Forscher glauben, dass Schönheit universellen Regeln unterworfen und sogar messbar ist. In einer Testreihe legten 97 Prozent der Testpersonen weltweit die gleiche Reihenfolge für vorgelegte Gesichter fest, als sie diese nach ihrem Empfinden von Schönheit ordnen sollten. Es zeigte sich: Vollkommenheit wirkt positiv – auch wenn nachgeholfen wurde. Um zum Beispiel der amerikanischen Präsidenten zurückzukommen: Radiohörer hielten Nixon für besser, die Fernsehzuschauer Kennedy. Nixon hatte auf Schminke verzichtet, weil er glaubte, das sei nur etwas für Schwache.

Was sind nun die Merkmale eines positiv erlebbaren Gesichts? Grundsätzlich entspricht es immer archetypischen Strukturen: pralle Wangen, ein voller, roter Mund und große Augen gelten als attraktiv. Evolutionsbiologen belegen: Symmetrie wurde hierbei schon immer als Vollkommenheit erlebt und mit Leistungsfähigkeit assoziiert. Symmetrische Ohren sind ein Zeichen für einen symmetrischen Körper und symmetrische Körper leisten mehr. Und tatsächlich ist ein Zusammenhang zwischen läuferischer Leistung und Aussehen nachweisbar. Die Symmetrie der Gesichtshälften sagt etwas über die sportliche Stärke aus. Tests bewiesen: Läufer mit asymmetrischen Ohren laufen langsamer.

Das Gesicht stellt Gesundheit zur Schau. Deshalb schauen Ärzte bei der Untersuchung zunächst ins Gesicht. In Hollywood spielen Typen mit makellosem Aussehen die Helden. Die anderen die Verbrecher.

Glücklicherweise sind rein physiognomische Merkmale mit der körpersprachlichen Gestaltung von Verhaltensweisen und der Tongebung der Stimme, sowie auch mit der Wortwahl kompensierbar. „Man empfängt die Menschen nach deren Aussehen und entlässt sie nach ihrem Verstand", sagt ein altes Sprichwort.

Ein Verkaufsleiter verglich die ersten zehn Sekunden eines Verkaufsgespräches mit jenen, die ein Schauspieler oder Moderator erlebt, wenn er die Bühne betritt: Wie der Verkäufer kommt gegangen, so wird er empfangen. Und es gibt keine zweite Chance für den ersten Eindruck. Gehen Sie deshalb so, dass der Kunde Ihr Kommen sehen dürfte.

Harmonieren Auftreten, Aussehen, Kleidung und Accessoires mit den Informationen, die ein potenzieller Kunde von diesem Unternehmen hatte? Passen die beobachtbaren Verhaltensweisen zum Berufsbild? Verhält der Verkäufer sich so, dass der Kunde erkennen kann, dass der Verkäufer den Werten seines Unternehmens entspricht und sich darauf eingestellt hat? Werden diese Fragen mit „ja" beantwortet, ergibt sich mit großer Wahrscheinlichkeit ein positiver erster Eindruck. Entsprechend wird auch der Kunde reagieren.

Jetzt beginnt für den Verkäufer eine der wichtigsten Phasen im Gespräch: Die Gesprächseröffnung. ‚Aufmachen', ‚auf den anderen zugehen', ‚sich öffnen' und ‚offen sein', assoziiert dieser Begriff. Als Schlüsselfragen erwiesen sich hierbei: Kann der Verkäufer die Erwartungshaltung seines Kunden richtig einschätzen? Kann er auf positiven Vorinformationen aufbauen? Oder hat er mit negativen Ereignissen zu rechnen?

Bei der Beantwortung gerade dieser Fragen hilft dem Verkäufer nur die Deutung der Körpersprache seines Kunden: Kommt dieser lächelnd, mit ausgestreckter Hand auf ihn zu oder bleibt er mit unbewegtem Gesicht, gerade noch höflich grüßend, hinter seinem Schreibtisch sitzen? Ist sein Kopf schräg nach rechts oder links geneigt? Hebt oder senkt er den Kopf?

Ausgelöst werden diese Verhaltensweisen durch die vom Verkäufer gesendeten Reize im Verhältnis zur Situation des Kunden. Die Betonung ist hier wichtiger als die Wortwahl. Ein Beispiel: Während eines Fernsehinterviews behauptet ein Politiker: „Ich habe den aufrichtigen Wunsch, in einen Dialog mit der studierenden Jugend einzutreten.“ Dabei klang seine Stimme geradezu überschwänglich. Er sprach mit starker Betonung. Den Satz unterstrich er, indem er mit beiden geschlossenen Fäusten heftig auf die Kante des Tisches hämmerte. Dadurch wurde der verbale Gehalt seiner Aussage vollkommen unglaubwürdig und unwahrscheinlich. Betrachtete man seine von Herrschsucht diktierte Vortragsart und die drohenden Gesten, die seine herrische Persönlichkeit und seine aggressive Wesensart enthüllten, bildeten sie eine denkbar schlechte Voraussetzung für den Dialog und die Verständigung.

Mit dem Kontakt beginnt oder endet die Beziehung

Menschen sind soziale Wesen. Mit ihren Aktionen wollen sie für sich positive Reaktionen in der Umwelt auslösen. In unserer Zeit könnte sich der Kunde Zeit lassen, um den Verkäufer erst einmal anzuhören. Aber auch beim Kunden haben Vorurteile oft die Macht über die Offenheit erlangt. Es ist einfacher, diejenigen, die sich ihm gegenüber fremd verhalten oder für ihn fremd aussehen, in ein Vorurteil zu pressen und dieses mit selektiver Wahrnehmung nachträglich zu bestätigen, als sich selbst ein unvoreingenommenes Urteil zu bilden. Dass erste Eindrücke bei späterer Beobachtung zu stimmen scheinen, führte zu einem ganz speziellen Vorurteil: „Der erste Eindruck stimmt immer.“ Wer das glaubt, weiß nicht, dass die selektive Wahrnehmung des Beobachters von demjenigen, der ihm unsympathisch ist, vorwiegend negative, von dem, der sympathisch wirkte, fast nur positive Eigenschaften und Verhaltensweisen zulässt. Unterläuft beispielsweise einem Verkäufer, von dem ein positiver Eindruck besteht, ein Fehler, wird der Kunde diesen Fehler oft rationalisieren mit: „Es kann ja jedem mal was passieren.“ Unterläuft der gleiche Fehler aber jemandem, der auf ihn von Anfang an unsympathisch wirkte, festigt sich die Aussage: „Das habe ich doch gleich geahnt ...“.

Der Kontakt dauert nur Zehntelsekunden. So schnell bildet sich ein Eindruck, der dann entsprechend beantwortet wird. Ist der Eindruck negativ, wird das Entstehen einer Beziehung verhindert. Bei positivem Eindruck leitet der Kontakt fließend in die Beziehung über. Menschen, die:

- zeigen, dass sie einen mögen,
- einem selbst ähnlich sind,
- gleiche Accessoires tragen oder benutzen,
- sich gleich oder ähnlich wie der Beobachter verhalten,
- der eigenen Erwartungshaltung entsprechen,
- mit Kleidung und Verhaltensweisen zeigen, dass sie ihren Beruf ernst nehmen,

wirken automatisch angenehm.

Welche Rituale ablaufen, wenn Menschen zusammenkommen, hat unter anderen das Ludwig-Bolzmann-Institut für Verhaltensforschung in Wien erkundet. Es wurden Versuche mit 48 Paaren unterschiedlichen Geschlechts durchgeführt. Keine der Personen kannte vorher die andere. Jeweils ein Mann und eine Frau wurden in einen leeren Raum gebeten und, ohne dass sie es bemerkten, mit einer Videokamera gefilmt. Tatsächlich liefen immer die gleichen Rituale ab: Zunächst entstand Blickkontakt. Dann lehnte sich der Mann zurück. Die Frau berührte ihr Haar, der Mann schaute hin, worauf die Frau ihr Gesicht berührte. Nach einigen Minuten wurde die Videokamera abgeschaltet. Die Auswertung der Aufnahmen mit Hilfe von Computern ergab, dass sich die Paare, ohne es zu wissen, an ein strenges Zeitmuster und kulturell definierte Verhaltensweisen hielten. Die Bewegungen der Partner nach dem Kontakt waren im Drei-Sekunden-Takt aufeinander abgestimmt. Forscher beobachteten, dass dieser Takt auch bei den Yanomami-Indianern, den Buschleuten aus der afrikanischen Kalahari-Wüste und den Trobriandern, einem Inselvolk in der Südsee (Papua-Neuguinea, Trobriand-Inseln, Kiriwina), eingehalten wurde.

Kontaktaufnahme

Doch nun zur Praxis. Der Verkäufer nimmt zunächst aus einer Entfernung von drei bis fünf Metern (entspricht der öffentlichen Distanz) Fernkontakt auf. Dies ist besonders auf Messen und Ausstellungen zu beobachten. Der aufgenommene Blickkontakt dauert bis zu drei Sekunden. In einem Bruchteil dieser Zeit prüft das Gehirn des Angeschauten, ob es den Kontaktsuchenden kennt. Der Regel entsprechend wird derjenige, der den Blickkontakt aufgenommen hat, diesen auch zuerst wieder beenden. Kommen keine oder abwehrende Reaktionen vom Angeschauten und soll der

Kontakt nicht in eine Beziehung übergeleitet werden, wird bei der Annäherung der Blick zu Boden gesenkt oder schweift weiter. So wird der Eindruck der Gleichgültigkeit erweckt.

Signalisiert das Gehirn „bekannt", entspringen dem ausgelösten Interesse und der eventuellen positiven Reaktion des Angeschauten die weiteren Handlungen: man kommt sich näher. Trifft der Verkäufer Bekannte, wird er ebenfalls zunächst Fernkontakt aufnehmen, aber zusätzlich lächeln und winken.

Ein Teilnehmer des Seminars „Körpersprache für Verkäufer" klagte über zu wenig Erfolg bei Erstkontakten mit potenziellen Kunden. Als er mich zur Übung in einem Rollenspiel ansprach, war der Grund dafür schnell identifiziert: Ich konnte erkennen, dass der Mann, als er mich ansprach, seine Augenbrauen etwas zusammenpresste und im Bereich der Nasenwurzel hochzog. So wirkte er angespannt, konzentriert und zweifelnd zugleich. Wie er mir später berichtete, hatte der Verkäufer, um seine Wirkung zu verbessern, zunächst ausprobiert, seine Mimik direkt zu beeinflussen, gewann aber den Eindruck, dass ihm dies nur unvollständig gelang und ihn von der Wortwahl ablenkte. Auf Anregung des Seminars veränderte er in der Folgezeit statt seiner Mimik seine Einstellung zu Beruf und Kunden, indem er sich bewusst machte, dass seine Aufgabe darin bestand, seinem Kunden Nutzen zu bringen. Von da an war das Problem, wie der Vertriebsbeauftragte mir später berichtete, verschwunden. Zudem erinnerte er sich jetzt auch, woher seine frühere Verspannung möglicherweise gerührt hatte: in einem zurückliegenden Training war er auf Kampf und Aggression im Verkauf trainiert worden. Der Verkäufer war angeleitet worden, Widerstände zu überwinden, Einwände zu widerlegen und Kunden zu ‚über-zeugen'. So hatte er potenzielle Kunden, ohne es zu wissen und zu merken, immer als Gegner erlebt, die es zu besiegen galt. Seit ihm dies nun bewusst geworden war und er Kontakte offener und mit Vorfreude gestalte, erlebte er im beruflichen wie auch im privaten Bereich eine erfreuliche Verbesserung.

So werden wichtige Verkäufer empfangen

Ein Kunde, der einen für ihn wichtigen Verkäufer empfängt, verlässt sein ‚Reich'. Er geht dem Ankömmling entgegen und wirkt so im wörtlichen Sinne ‚entgegenkommend'. Je wichtiger sein Gast für ihn ist, desto weiter verlässt er sein Revier. Der Empfang auf dem Flugplatz, am Bahnhof, am Auto, an der Haustüre, an der Bürotüre oder erst im Raum zeigt in dieser Abstufung, wie viel oder wenig der Kunde vom Verkäufer erwartet. Das der Höflichkeit entsprechende Mindestmaß fordert, dass er zur Begrüßung aufsteht. Sollte dies wegen einer Behinderung nicht möglich sein, entschuldigt er sich. Sitzen zu bleiben wird sonst als unhöflich empfunden und ist nur bei großem sozialem, hierarchischem oder altersmäßigem Abstand tolerierbar.

Das Gleiche gilt umgekehrt für den Verkäufer, wenn er Kunden in seinem Unternehmen oder auf einer Messe empfängt.

Die Begrüßung

Japaner verneigen sich zum Gruß. Auch Europäer verneigen sich. Dabei soll die Verneigung nur so weit gehen, dass der Partner noch angeschaut werden kann. Zu tiefes Verneigen wirkt unterwürfig.
Hindus falten zusätzlich zum Verneigen die Hände. Eskimos reiben die Nasen aneinander. Europäer begrüßen sich üblicherweise mit gegenseitigem Händeschütteln. Wird ein Handschuh getragen, wird dieser vor dem Handreichen ausgezogen. Wer dem anderen die Hand – in der Regel die rechte – reicht, signalisiert: „Ich will dir nichts Böses". Schon in der Antike war der Handschlag bei den Griechen und Römern Ausdruck innerer Verbundenheit.

In der Begrüßung wird ausgedrückt, dass es der Ankommende oder Empfangene mit dem Partner gut meint, dass er in freundschaftlicher Absicht kommt.

Vor, während und/oder nach der Begrüßung wird die Distanz geregelt. Sie entspricht der Vertrautheit, der Herkunft, dem sozialen Status, den bisherigen Beziehungen, dem Vorhaben und den räumlichen Bedingungen. Oft entsteht ein regelrechtes Hin und Her bis die Entfernung stimmt.

Mit der Begrüßung, gegebenenfalls Vorstellung und einem ersten Satz, leitet der Verkäufer vom Kontakt in die Beziehung über. Die Art der Begrüßung und die dabei eingesetzten Verhaltensweisen sind davon abhängig, wie gut sich die Partner zum einen kennen und mögen und zweitens von der im Moment gegebenen Erwartungshaltung des jeweils Angesprochenen.

Begrüßende steigern ihre Intensität vorsichtig, um Reaktionen des Partners zu erkennen. So können sie bei positiven Signalen hilfreiche weitere Aktivitäten gestalten. Für verschiedene Anlässe haben sich regelrechte Grußzeremonien entwickelt. Je offizieller der Anlass, desto formeller und institutionalisierter wird die ablaufende Prozedur.

Kennt man sich näher, entwickelt sich Routineverhalten. Dabei läuft das einmal für beide als gültig übernommene Verhaltensmuster bei jeder Zusammenkunft mit nur geringen Abweichungen ab. Die eingesetzten Verhaltensweisen sind auch hier abhängig von:

- der Tiefe der vorangegangenen Beziehungen;
- der Dauer, die seit dem letzten Treffen verging;
- der momentanen Umgebung;
- den anwesenden Personen;
- den lokalen oder kulturellen Gegebenheiten, Regeln und Traditionen;
- der Veränderung während der Trennungszeit, infolge persönlicher, wirtschaftlicher und anderer Ereignisse.

Entsprechend der Begrüßung Bekannter verläuft die Begrüßung Fremder. Blickkontakt wird aufgenommen und damit Aufmerksamkeit erweckt. Eine leichte Verbeugung wird angedeutet und so signalisiert, dass die Annäherung in friedlicher Absicht erfolgt und dass Bereitschaft besteht, sich zu unterwerfen. Vorstellungs- und Begrüßungsformeln werden ausgetauscht. Der Gastgeber, der sozial Höhergestellte oder die Frau bietet dem sich bekannt Machenden die Hand zur Unterstreichung der Begrüßungszeremonie an. Wichtig ist, dass beide Partner nach der Begrüßung und Vorstellung kurze Pausen einlegen, damit der Partner sich äußern kann. Nur so entsteht ein Dialog. Ein Duett, bei dem beide gleichzeitig sprechen, zeigt nur Ungeduld, Unsicherheit oder Unhöflichkeit, unter Umständen aber auch überschwängliche Begeisterung und Freude.

Der Händedruck

Der Händedruck beginnt mit einer Bewegung des Unterarms. Diese Bewegung wird entweder vom Verkäufer und vom Kunden gleichzeitig oder von einem der Partner ausgeführt und vom anderen mit kurzer Verzögerung nachvollzogen. Verwendet wird der Händedruck in unserer Kultur, wenn zwei Personen, die sich nicht kennen, einander vorgestellt werden oder wenn zwei Personen, die sich kennen, sich zum ersten Mal im Laufe des Tages treffen. Streckt jemand seine Hand aus, zieht sie zurück und streckt sie erneut aus, zeigt er damit entweder Widerwillen gegen den Kontakt mit der Hand des anderen oder er befürchtet, dass sein Händedruck unerwünscht ist und seine ausgestreckte Hand ins Leere stößt. Auch kann es sein, dass er befürchtet, eine Hand zu ergreifen, die ihm nur widerwillig überlassen wird.

Wird die ausgestreckte Hand mit einem sparsam vorgestreckten Arm, der nah am Körper bleibt, beantwortet, und wird damit der Partner gezwungen, den Rest der Entfernung zu überwinden, wird dieser in die Lage des Bittstellers gezwungen.

Streckt derjenige, der die Initiative ergreift, seinen Arm mit einer schnellen Bewegung in ganzer Länge aus, markiert er damit die Grenze. Er reicht zwar die Hand, will aber gleichzeitig damit zu große Nähe und Vertraulichkeit verhindern.

Wird dem Partner nicht die ganze Hand, sondern werden nur Finger gereicht, wirkt dies geringschätzig. Wird die Hand sofort nach dem Händedruck geöffnet und zurückgezogen und der Händedruck dadurch relativ kurz gehalten, signalisiert der Händedruck Pflichtübung, Antipathie oder Ablehnung.

Als gültig wird betrachtet: Ein fester, kräftiger Händedruck signalisiert das zielbewusste, energische Streben. Bei einem laschen Händedruck wird mangelnde Zielstrebigkeit und geringe Energie angenommen. Dieser Eindruck kann kompensiert werden, wenn zwei Hände, die eine als Handreichgeste, die andere zusätzlich zum Ausdruck der gewollt positiven Beziehung, gereicht werden.

Verhalten im Revier des Kunden

Der moderne Mensch ist ein Jäger ohne Jagdrevier, ein Treiber ohne Wild, ein Nachsteller ohne Opfer. Viele seiner Statussymbole und Verhaltensweisen weisen ihn aber trotzdem auch heute noch als „Jäger" aus:

Er plant Geschäftszüge, entwickelt Strategien, Taktiken und hält Manöver ab. Er stellt Fallen, hakt nach und kreist ein. Manche Verkaufsleiter halten sich Männer an der Front, bereiten Kundenbesuche generalstabsmäßig vor und fühlen sich als Strategen. Welche Rollen dann die Kunden einnehmen sollen oder dürfen kann leicht aus der Wortwahl gefolgert werden: Feinde und jagdbares Wild!

Haben sich Erfolge eingestellt, gibt es meist ein ‚großes (Fr-)essen'. Die Pauseneinteilung entspricht noch immer den Pausen der Jäger. Die Futterteilung, vom ‚Oberhäuptling' vorgenommen, ist auch heute noch ein gesellschaftliches Ereignis (auch dann, wenn er die Futterteilung vom Bedienungspersonal in einem Restaurant vornehmen lässt und nur die Rechnung bezahlt). Die Kellner arbeiten mit sparsamen Bewegungen, um Signalreize zu vermeiden. Offene Feuerstellen wecken den Eindruck eines Lagerfeuers. Manchmal wird flambiert. Die Gäste essen langsam und genießerisch. Wer in das Revier eines anderen eingelassen werden will, muss sich würdig erweisen und den dortigen Gepflogenheiten Rechnung tragen. Oft ist zu bemerken, wie Unsichere in diesem Umfeld zunächst beobachten, um dann durch Nachahmung der Erwartungshaltung zu entsprechen. Unklarheit in den Benimmregeln führt zunächst zu Verspannung, macht unsicher. Mit zunehmender Klarheit wird die Steifheit abgelegt, die erwünschten Verhaltensweisen werden erlernt und Sicherheit entsteht.

Können Sie als Verkäufer nicht von solchen Ritualen für Ihren Umgang mit Kunden lernen?

Der Kunde, der zu entscheiden hat, ob er den fremden Verkäufer in seine Nähe lässt, nimmt, ohne die Eindrücke bewusst zu registrieren, sehr genau wahr, wie sich dieser verhält. Kleinigkeiten, geringfügige Zusatzbotschaften der Mimik und der übrigen Körpersprache lassen den Beobachter merken, ob die vom Verkäufer ausgesandten Hauptbotschaften glaubwürdig sind. Der Kunde soll nicht darüber nachdenken müssen, weshalb der Verkäufer so aussieht, er soll sich leicht tun, den Kontaktwunsch zu bejahen. Den Wahrnehmungen entsprechend sind die Reaktionen: Hereinlassen, noch abwarten oder ablehnen.

Jeder Verkäufer muss lernen, sich auf seine Umwelt einzustellen und weitestgehend die jeweils gültigen gemeinsamen Regeln zu beachten. Nur dann verdient er auch den Schutz innerhalb seines oder des gemeinsamen Reviers beziehungsweise seines Unternehmens.

Wichtiger Unterschied: Einstellen bedeutet nicht anpassen! Wer sich anpasst, gibt sich auf. Wer sich dagegen einstellt, nutzt die Erfolg versprechenden Verhaltensweisen authentisch.

Verhaltensweisen, die die Beziehung gefährden

„Wenn Du nicht lächeln kannst, halte Deinen Laden geschlossen“, sagt ein chinesisches Sprichwort. Der professionelle Verkäufer verhält sich differenzierter. Er repräsentiert sein Unternehmen mit dessen Werten entsprechenden Verhaltensweisen. Ist einer der Werte ‚freundlich‘, lächelt er freundlich, wo diese passt. Ist der Wert dagegen ‚professionell‘, wird er sich höflich verhalten. Ein Oberkellner eines vornehmen Top-Restaurants wird sich, je höflicher und distanzierter er wirkt, desto richtiger verhalten. Beim Bedienungspersonal eines Gartenrestaurants wird Freundlichkeit richtig sein und zur Bardame eines Nightclubs werden eher kesse Verhaltensweisen passen.

Entsprechend der Werte seines Unternehmens, seiner Absichten und der Situation gestaltet der Verkäufer die Sachebene und die Beziehungsebene des Verkaufsgesprächs: Das A und O erfolgreichen Verkaufens ist es, eine tragfähige Beziehung zu gestalten, die vorhandenen Bedürfnisse als Mangelerlebnisse zu erkennen oder nützliche Bedürfnisse, wie zum Beispiel Unsicherheit oder Unzufriedenheit zu aktivieren, so dass daraus Wünsche, wie zum Beispiel Sicherheit oder Zufriedenheit, entstehen können. Seine Aktionen wird der qualifizierte Verkäufer so gestalten, dass dem Kunden positive Entscheidungen leicht werden.

Entscheidungen werden zu einem großen Teil durch Signale beeinflusst, die der Entscheider nicht bewusst wahrnimmt. Den meisten Menschen fällt es leichter, Vertrauen zu entwickeln, wenn sie am anderen etwas wahrnehmen, was auch ihnen eigen ist, zum Beispiel: Mundart, gleiche Werte, Kleidung, Accessoires, Haltung, Hobbys usw.

Kunden wollen grundsätzlich ernst genommen und mit Wertschätzung behandelt werden. Dies widerspricht wohl nie den Werten des Verkäufers. Kein Unternehmen (außer vielleicht Kabarett-Theater oder Einzelunternehmer aus der Comedy-Branche) wird Werte haben, die zur Geringschätzigkeit und Verhöhnung des Kunden auffordern. Deshalb beeinflusst es die meisten Kunden negativ, wenn der Verkäufer die Regeln der Höflichkeit oder des Anstandes verletzt und:

- entgegen der Erwartungshaltung gekleidet ist (zum Beispiel grelle Kleidung und Krawatte bei einem Verkäufer von Finanzdienstleistungen);
- bei der Begrüßung die Hand entgegenstreckt, ohne auf die Hand des Kunden oder entsprechende Signale zu warten;
- sich setzt, bevor der Kunde Platz angeboten hat;
- seinen Koffer auf den Tisch des Kunden stellt (erst kürzlich berichtete mir ein Verkäufer, dass er das Herauspolieren eines von seinem Koffer verursachten Kratzers aus dem Besprechungstisch seines Kunden teuer bezahlen musste);
- den Kunden (nur) über die Schulter anschaut;
- wartet bis der Kunde auf ihn zukommt, statt ihm entgegenzukommen;
- den Kunden fast nur über den Brillenrand ansieht;
- beim Herausholen von Unterlagen aus dem Aktenkoffer weiter spricht;
- während des Sprechens den Kopf erhoben hat und so „von oben herab" redet;

- mit den Händen auf dem Rücken dasteht oder die Hand beziehungsweise die Hände in den Taschen vergraben oder in die Hüfte eingestützt hat und so signalisiert, dass er nicht handlungsbereit oder dominant ist;
- bei Informationen ständig das Standbein wechselt.

Unbewusst rechnen Gesprächspartner positive gegen negative Eindrücke auf: Bleibt etwas Positives übrig, erleichtert dies eine positive Entscheidung. Ebenso verhält es sich im Negativen. Diese Vorgänge werden nicht bewusst, weil der Gedanke, dass man von Kleinigkeiten so stark beeinflussbar ist, gerne beiseite geschoben wird. Um das trügerische „Selbst" aufrechtzuerhalten, wird der Eindruck, man habe sich manipulieren lassen, verdrängt. Ein weiterer Grund ist, dass die meisten Menschen zu wenig darin geschult sind, Kleinigkeiten bewusst zu verarbeiten. Auch die selektive Wahrnehmung, bei der nur klar wird, worauf man achtet, wirkt mit. Aus einem Gespräch sind einzelne Aussagen erinnerbar, aber meist nicht, wie der Partner gekleidet war, wie er sich bewegte, was er wie unterstrich etc. Entscheidungen werden meist nachträglich gerechtfertigt. Selbst noch so problematische Kaufentscheidungen werden hinterher oft als richtig dargestellt. Für viele Verkäufer ist dies gut, denn wären Kunden ausschließlich zu bewussten und rationalen Entscheidungen fähig, wären viele Verkäufer arbeitslos. Qualifizierte Verkäufer sind mit ihrer Wachheit dem „normalen" Kunden überlegen. Qualifizierte Verkäufer sind in drei Wachheitsbereichen aktiv: Sie hören, sehen und fühlen! Wie ein Künstler sind sie so in der Lage, das Wahrgenommene für die individuelle Gestaltung der jeweiligen Aktivitäten intuitiv zu nutzen.

So wird die Beziehung gepflegt

Erkennen die Partner, dass der andere ebenfalls beziehungsbereit ist, entscheiden sie sich für die Ausweitung des Kontaktes in eine Beziehung. Einer oder beide Gesprächspartner bewegen sich aufeinander zu. Der für die Beziehung stärker motivierte wird zuerst aktiv. Die beginnende ‚wechselseitige Bedürfnisbefriedigung' kann mit Freundschaftsgesten verbunden sein, wie zum Beispiel: Lächeln, Hochziehen der Augenbrauen als Überraschungsmimik, den Kopf heben und damit zum näher Kommen auffordern. Fast immer reagiert der Partner ebenso. Die so entstehende Qualität der Beziehung ist erkennbar an der/den:

- Häufigkeit des Anschauens,
- Stärke und Häufigkeit des Lächelns,
- Qualität der verbalsprachlichen Äußerungen,
- Berührungen,
- Handgesten einer Hand oder beider Hände mit Darbieten der Handfläche(n),
- Handreichgesten,
- Begrüßungsritualen: Hände schütteln, angedeutete Umarmung, freundschaftlicher Wortwechsel etc.,
- dem ‚Pflegegeplauder' und den pflegenden Handlungen,
- Gestik vorwiegend mit der linken Hand (bei Rechtshändern),
- häufiges Abspreizen des oder der kleinen Finger,
- kaum oder keine Zeigefingergesten,
- häufiges, mit Lächeln gekoppeltes Nicken,
- dem Verkäufer zugeneigte Sitzhaltung,
- übergeschlagenes Bein zum Verkäufer hin,
- Zulassen von Seiten des Kunden, dass sich der Verkäufer zu ihm oder neben ihn setzt oder stellt,

- Angebot von (aufwändigen) Getränken,
- Signalisierung von persönlichem Interesse mit Smalltalk wie „Wie geht es Ihnen?“, „Hatten Sie eine gute Reise?“.

Insbesondere pflegende Handlungen und Pflegegeplauder sind als ritualisierte Verhaltensweisen (Smalltalk zwischen den Sachaussagen) üblich und hilfreich. Sie zeigen das Interesse an der Person und die Zuwendung, die dieser entgegengebracht wird. Bei Smalltalk in dieser Form sind die Bedeutung des Gesagten und die Gestaltung der Aussagen weniger wichtig. Wichtig ist nur, dass der Partner das Ritual als gut gemeinte Zuwendung erleben kann.

Die „körperliche Pflege“ wird gestaltet durch helfende Handlungen wie beispielsweise Hilfestellung beim Ablegen von Kleidungsstücken und Anbieten eines Sitzplatzes. Sie zeigen, wie sehr sich der Besuchte um das Wohlbefinden seines Besuchers bemüht. Der höfliche Gastgeber wartet, nachdem er das Platzangebot ausgesprochen hat, so lange bis der Gast sitzt und setzt sich erst dann selbst.

Jetzt oder oft auch schon vor dem Platzangebot läuft eine Geschenkzeremonie ab. Visitenkarten oder Informationen, aber auch eventuelle mitgebrachte Geschenke werden übergeben, Grüße übermittelt.

Resonanz als Mittel der Beziehungsgestaltung

Resonanz ist Mitschwingen. Je größer die Übereinstimmung zwischen den Gesprächspartnern, je ähnlicher die Wellenlänge, je mehr Sympathie der eine dem anderen entgegenbringen kann, desto eher gleichen sich auch die Haltungen an.

Ein Blick durch das Mikroskop macht das ebenfalls deutlich: Eine dem Herzmuskel entnommene Einzelzelle, schlägt ziemlich unregelmäßig, weil jede Herzzelle als ihr eigener Schrittmacher fungieren kann. Führt man nun eine zweite, ebenfalls isolierte Zelle an die erste heran, so heftet sie sich an diese und beide schlagen im gleichen Rhythmus. Auch weitere Zellen, die man heranführt, heften sich an und synchronisieren sich. In diesem ‚Mitgezogenwerden‘, lässt sich das Streben nach Gleichklang, aber auch die Urform der Massenpsychologie erkennen.

Übereinstimmung der Gedanken, der Ansichten und Meinungen verschiedener Personen führt fast immer zu einer Übereinstimmung des körpersprachlichen und körperlichen Ausdrucks.

Werden Versuchspersonen gefühlsbetonte Filme vorgeführt, zeigt sich ein erstaunliches Ergebnis: Sehen Menschen den Film allein, verziehen sie keine Miene. Anders bei der Vorführung vor einer Gruppe. Dort reagiert jeder Teilnehmer mit ausgeprägter Körpersprache. Dies beweist, dass körpersprachliche Signale nicht personal, sondern sozial bedingt sind. In den Versuchen drückte die Körpersprache nicht zuerst das Empfundene aus, sondern suchte den Gleichklang mit den anderen.

Diese Haltungsgleichheit geschieht unbewusst. Kommt sie nicht von selbst zustande, kann der eine Partner sich dem anderen auch bewusst anpassen. Dabei übernimmt oder produziert er Verhaltensweisen, die denen des Partners entsprechen. Anstelle solcher Anpassung, bei der der sich Anpassende eigenes Ausdrucksverhalten aufgibt, kann sich derjenige, der den anderen beeinflussen will, auf diesen einstellen, indem er sich der Haltung des Partners nähert. Wer sich einstellt, produziert eigenes, entsprechendes (nicht aber gleiches) Verhalten. Zwar sind Anpassung und Einstellung möglicherweise manipulativ, dies muss aber nicht ausschließen, dass sie die Grundlage für eine offene, faire Beziehung bilden können.

Der Vorgang, dass ein Gesprächspartner die Haltung des anderen übernimmt oder nachvollzieht, hat viele Namen. Sie reichen von Bewegungssynchronisation, Bewegungsansteckung, Carpenter-Effekt, Pacing und am treffendsten: Resonanz. Sollten Sie die genaueren Vorgänge, die dabei im Gehirn ablaufen interessieren, können Sie zu diesem Thema gerne einen ausführlichen Aufsatz mit dem Thema „Spiegelneuronen" unter www.hrTEAM.de anfordern.

„Der ist wie ich!" Diese Aussage wird im allgemeinen so verstanden, dass jemand einen anderen, der seinem Eigenbild gleicht, gleiche Marken benutzt, gleiche Interessen zeigt, eher akzeptiert, als jemanden, der von diesem Eigenbild abweicht. Verkäufer, die in diesem Sinne mit dem Verhalten ihrer Kunden in Resonanz gehen, sich in ‚gleicher' Haltung zu ihnen setzen, in der ‚gleichen' Sprachmelodie sprechen, die ‚gleichen' Worte gebrauchen, geben den Kunden das Gefühl der Gleichheit. Erfolgreiche Therapeuten entspannen ihre Patienten auch dadurch, dass sie deren Haltung, Sprachmuster und Wortwahl kopieren, und so signalisieren: „Du kannst Vertrauen zu mir haben, ich bin wie du."

Oft besteht zu Beginn des Gesprächs bei sich noch fremden Dialogpartnern negative Haltungsgleichheit. Meist bauen beide Barrieren auf, indem sie die Arme gekreuzt auf den Tisch legen. Öffnet der eine Gesprächspartner die Arme, springt diese Bewegung oft über, und der andere Gesprächspartner öffnet sich ebenfalls. Dies kann der qualifizierte Verkäufer nutzen, um seinem Gesprächspartner das Öffnen zu erleichtern.

Kommunikation gestaltet Beziehungen

Die Beziehung zur Umwelt ist eine der wichtigsten Grundbedingungen für die psychische Gesundheit eines Menschen. Die Qualität der sprachlichen und körpersprachlichen Botschaften gestaltet die Kommunikation und diese die Qualität der Beziehung. Kommunikation ist Austausch von Information. Zur Kommunikation gehört die soziale Interaktion unter Verwendung von angeborenen, übernommenen, selbst entdeckten oder erlernten Verhaltensweisen. Im Prozess der Kommunikation werden verbale (wörtliche) und nonverbale (nicht wörtliche) Zeichen, bewusst oder unbewusst, gesandt und aufgenommen. Kommunikation ist kein linearer Ursachen-Wirkungs-Ablauf, sondern eher ein kreisförmiger Prozess mit wechselseitiger Rückkopplung (Feedback). Bringt man die jeweiligen Anteile der Kommunikation, die Botschaften, auf eine einfache Formel, lautet diese:

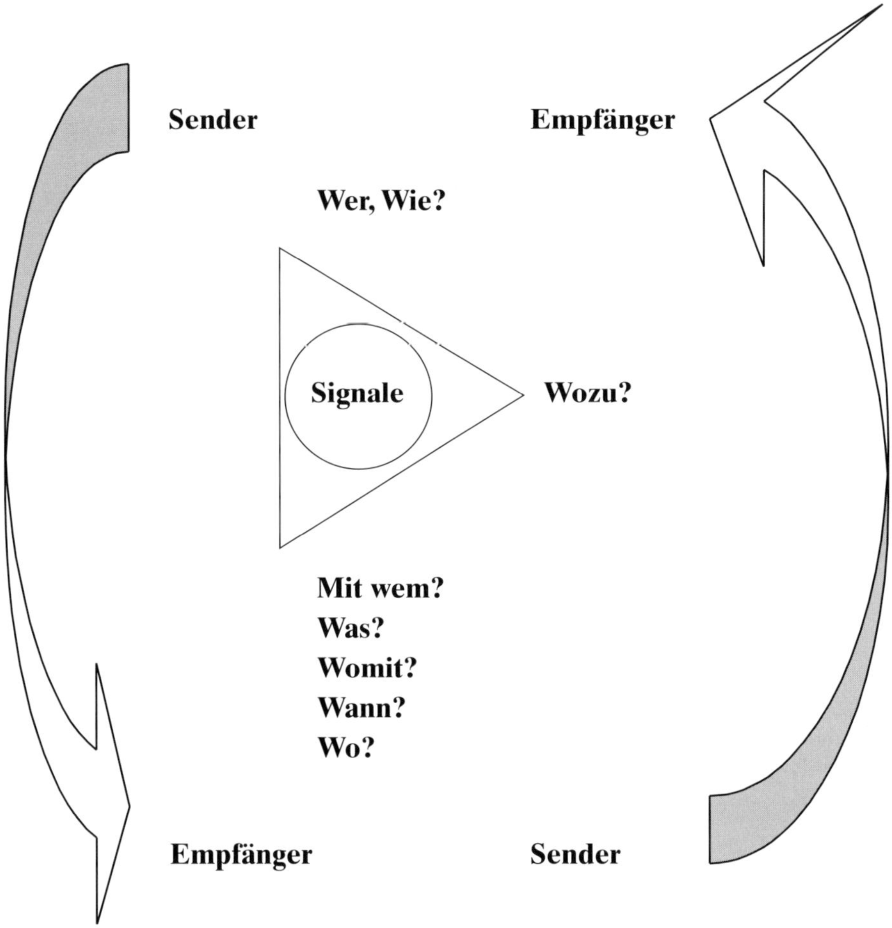

Die Frage „Wer“ fragt nach dem Kommunikator – wer also kommuniziert mit „wem“ (Kommunikant)? Das „Was“ fragt nach dem Kommuniqué, und das „Wie“ entspricht den Werten. Das „Womit“ klärt den Informationsinhalt, der in Form von verbalen oder nicht verbalen Zeichen ausgedrückt werden kann. Das „Wann“ klärt den Zeitpunkt, das „Wo“ bestimmt den Ort, und mit dem „Wozu“ ist der Zweck, die erwünschte Wirkung gemeint.

Kommunikationsprozesse besitzen Beziehungs- und Inhaltsaspekte. Während der formale Inhalt vorwiegend digital über abstrakte Zeichen, zum Beispiel Worte vermittelt wird, wird der Beziehungsaspekt durch analoge Kommunikationsweisen, zum Beispiel Ähnlichkeitsbeziehungen, Symbole, Betonung, Ausdrucksgebärden und Ähnliches hergestellt. Widersprüchliche Informationen durch die gleiche Person, die innerhalb der digitalen (zum Beispiel Worte) und analogen (zum Beispiel Körpersprache) Kommunikation liegen, können zu erheblichen Beziehungskonflikten führen:

Botschaft:		**Bedeutung und Folge für die Informationsaufnahme und -verarbeitung:**
Digital/Worte:	**Analog/Zeichen:**	
Das ist aber nett,	schaut dabei weg	durch gegensätzlichen Inhalt nicht verständlich
dass Sie kommen!	Handflächen nach vorne = abwehrende Hände	Sie wären besser fortgeblieben!
Schauen Sie mal, dort links …	Kopfrichtung nach rechts	Verwirrung

Es ist unmöglich, nicht zu kommunizieren. Selbst „nicht wollen oder nicht können" und Widersprüche in sich selbst drücken sich aus. Es gibt keine ruhende Energie! Unterdrückte Äußerungen können zu psychischen Störungen und psychosomatischen Prozessen führen.

Entsprechend der individuellen Fähigkeit und Notwendigkeit werden zur Kommunikation Sprache und/oder Körpersprache genutzt.

Warnsignale wegen Regelverletzungen oder wegen Missbilligung können oft nicht sprachlich übermittelt werden. Dann erhält die Körpersprache den Vorrang. Oft wird Tadel nur mit Körpersprache ausgedrückt. Dann sagt ein Blick mehr als tausend Worte oder „kann töten".

Bei der Analyse von Kommunikationsprozessen kann die Wirkung der Botschaften aus der Qualität der Reaktion ermittelt und bewertet werden. Zur Übung können die jeweiligen Reiz- und Reaktionsqualitäten in einem Verlaufsprotokoll wie folgt erfasst werden:

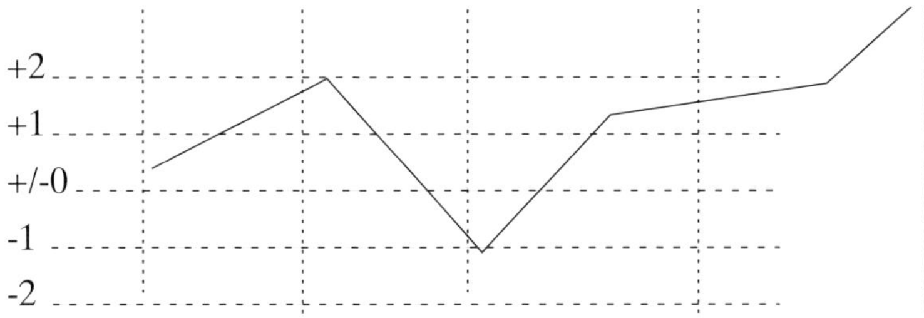

Verkäufer:

„Sie haben um meinen Besuch gebeten.“

„Das ist bei uns selbstverständlich!“

Kunde:

„Ja, ich freue mich, dass Sie so schnell kommen konnten.“ Bei diesen Worten lächelt er.

„Das ist leider nicht überall so.“ Dabei winkt er ab.

„Wissen Sie, ich habe ein Problem …“ Sein Gesicht wird ernst

… gerade noch einmal gut gegangen! Statt der bestrafenden Aussage „selbstverständlich“ hätte der Verkäufer auch mit zum Kunden gestreckter Hand und nach oben gerichteter Handfläche antworten können: „Wir halten unser Serviceversprechen, weil nur begeisterte Kunden Kunden bleiben!“ Damit hätte er den „Absturz“ vermieden.

In einem solchen Verlaufsprotokoll kann jede Aktion des Verkäufers und jede Reaktion des Kunden in Bezug auf gesendete Belohnung oder Bestrafung zugeordnet werden. Sowohl die Belohnungen als auch die Bestrafungen werden qualitätsentsprechend erfasst. Auf der Linie 0, „Neutral“ (meist Fragen, Feststellungen und Ähnliches), bei + positive Aktivitäten (Signale des Verstehens, gleiche Wortwahl und Ähnliches), ++ (aktives Zuhören, Anerkennung und Ähnliches), bei – bestrafende Reize (Unterbrechungen und Signale des Missverstehens), – – (Abwertungen, Schneiden, „Du-Depp-Formulierungen“ und andere Bestrafungen) erfasst.

Derjenige, der auf dieses „Sparbuch der Sympathie“ durch entsprechende Kommunikation mit der Umwelt, insbesondere auch, indem er neutrale oder notwendige negative Botschaften körpersprachlich positiv unterstreicht, immer wieder Belohnungen ‚einzahlt‘, kann es sich auch einmal erlauben, auf ‚Bestrafung‘ abzuheben. Ist jedoch keine Vertrauensgrundlage gegeben, führt ein solches Abheben zu Repressalien des Gesprächspartners.

Das Trainieren von positiv wirksamen Botschaften soll keine ‚weiche Welle' erreichen. Auch konkrete Absagen können so formuliert werden, dass sie der positiven Körpersprache wegen im positiven Wertungsbereich angesiedelt sind. Dazu ein Beispiel: Affektfreie Zustimmung wird mit dem neutral betonten Wort „ja" ausgedrückt. Positiv aufgeladen sagt man statt dessen: „gern", „prima", „hervorragend", „genau" und/oder unterstreicht die Aussage mit nach oben gerichteten Handflächen, Lächeln und ähnlichen körpersprachlichen Signalen. Affektfreie Ablehnung wird mit „nein" ausgedrückt. Negativ aufgeladen sagt man: „niemals", „unmöglich", „so nicht" und unterstreicht dies mit herabgezogenen Mundwinkeln, nach unten gerichteten Handflächen usw. Soll eine negative Aussage wie „unmöglich" mit positiver Körpersprache unterstrichen werden, eignen sich Lächeln, seitlich vom Körper abgespreizte Arme und nach oben gerichtete Handflächen, das Schräglegen des Kopfes nach rechts und hochgezogene Schultern oder Ähnliches. Missverständnisse können im:

- falschen Zeitpunkt der Sendung,
- in Störungen bei der Übermittlung,
- im falschen Code,
- in körpersprachlich widersprüchlichen Signalen,
- anderem Bedeutungsgehalt in der Erfahrungswelt des Empfängers

begründet sein. Um klar und unmissverständlich zu kommunizieren, ist es notwendig, eine genaue Ausgangsdefinition in Bezug auf Ort, Anlass, Verhalten der Beteiligten und Art der Beziehung sowie Stil und Form des Umgangs miteinander festzulegen. Bei gut geführten Organisationen resultieren diese Kriterien aus den Werten, Leitsätzen, der Philosophie oder wie auch immer die Prinzipien für die Regelung des Miteinanders genannt werden.

Da Kunden nicht immer genau das sagen, was sie meinen, hört der dialogfähige Verkäufer sehr aufmerksam zu und liest „hinter den Worten", indem er Wortwahl, Betonung und vor allem die körpersprachlichen Botschaften aufnimmt und so seine Wahrnehmung und seine Antworten optimiert.

Emotionen und Aggressivität schaden der Beziehung

Das Wörterbuch der Psychologie definiert ‚Gefühl' als ‚Empfindung', ‚Emotion' als ‚Erregung', ‚Aggression' als ‚Angriffslust'. Emotionen entstehen, wenn zur Bearbeitung der jeweiligen Situation keine Programme zur Verfügung stehen. Kennt die vorwiegend für Struktur zuständige linke Hirnhemisphäre keine Antwort, wird idealerweise das kreative Potenzial insbesondere der rechten Hirnhemisphäre aktiviert. Jetzt besteht der Zugriff auf eine Vielfalt von kreativen Möglichkeiten, beispielsweise das Bilden von Analogien, Umdeuten und andere Werkzeuge der Schlagfertigkeit. Hat sich vor der Aktivierung der rechten Hirnhemisphäre bereits ein Erregungszustand eingestellt oder entsteht dieser jetzt, weil auch die rechte Gehirnhälfte keine Lösung beisteuern kann, werden tiefere, ältere und damit primitivere Bereiche des Gehirns verstärkt aktiviert. In Teilen des limbischen Systems, im Zwischenhirn, entsteht dann Emotion. Im positiven Falle entsteht Freude, im negativen Ärger.

Die bei Ärger negative Erregung führt zum Beispiel zu Drohverhalten, Andeutungen von Angriff oder Unterwerfung/Unterdrückung. Reicht die aus der Emotion resultierende Drohhaltung (mit Spannung gestreckter Zeigefinger, geballte Faust und Ähnliches) aus, um der negativ erlebten Situation zu entgehen, beruhigt sich das System. Ein Lernprozess hat stattgefunden und führt dazu, dass das Gelernte später in gleichen oder ähnlichen Situationen genutzt wird. Reicht die der Emotion entsprungene Drohhaltung nicht aus, entsteht in einem noch älteren Bereich des Gehirns, dem Stammhirn, Aggression. Diese kann zum möglichen tätlichen Angriff führen. Führt der Angriff zum Sieg, wird dieser Lernprozess ebenfalls gespeichert. Dasselbe geschieht, wenn die als Problem erlebte Situation mit kreativen Antworten bearbeitet wird.

Um nicht in den Teufelskreis von Emotion-Aggression-Tätlichkeit zu geraten, wird Emotion oft unterdrückt, der Ärger „in sich hineingefressen". Dann wird Ausgleich (zum Beispiel Ausgleichs-Sport statt Sport!) zur Symptomverhinderung gesucht. So leidet der Kompensierende freiwillig! Oft wird auch die ‚weinende Seele' mit Konsum befriedigt. Beim Essen kann dies buchstäblich zu ‚Kummerspeck' führen.

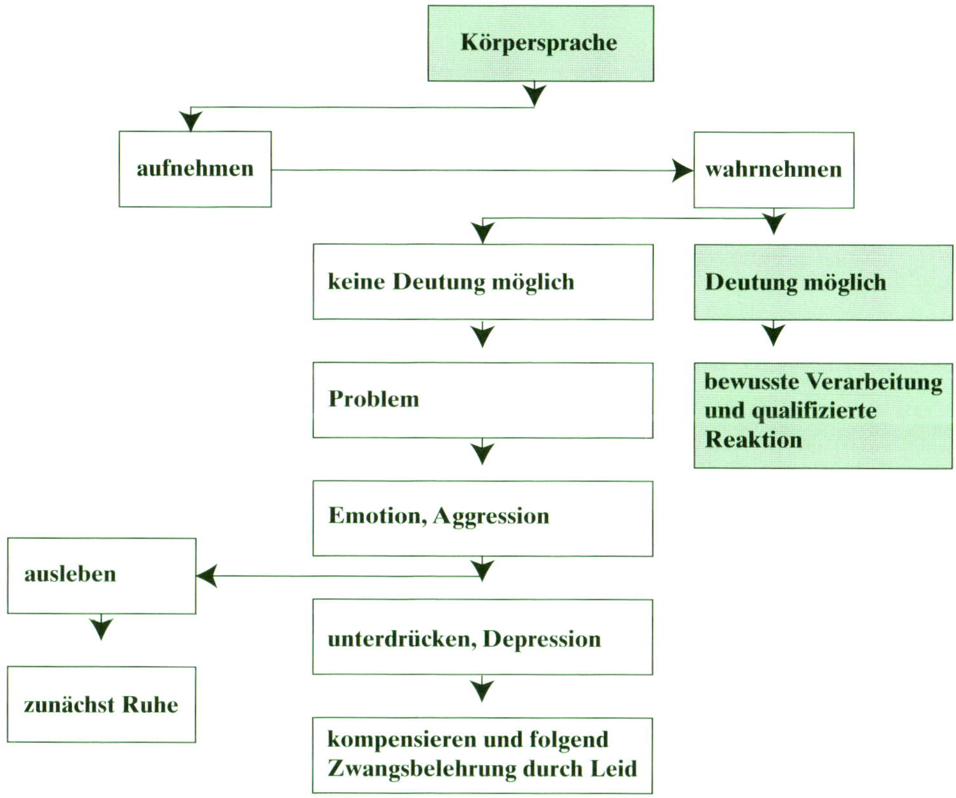

Da es unsinnig wäre, von Natur aus ‚aggressive' Verkäufer anzuwerben, ist anzunehmen, dass in Stellenangeboten das Wort „Aggression" im Sinne einer Steigerung des Wortes „Dynamik" gemeint ist. Während Dynamik eine kontrollierte Kraftentfaltung bedeutet, wird Aggression eher negativ, eben im Sinne von Wut und tätlichem Angriff, verstanden. Niemand würde über einen Kampfhund sagen, er sei dynamisch. Aggressiv dagegen stimmt hier. Wie Sie bereits in einem früher erwähnten Beispiel sahen, wirken verwendete Wörter prägend auf das Verhalten. Mit den Worten kommen die Bilder und die Einstellungen und diese wiederum lösen entsprechende Verhaltensweisen aus.

Verhaltensweisen von Kunden bei:

Gefühl:	Runde, weiche, langsame bis schnelle Bewegungen, Handflächen oben, Oberkörper zugeneigt, Kopf evtl. nach rechts schräg gelegt.
Emotion:	Getaktete, schnelle Bewegungen, Finger eingerollt, Oberkörper aufgerichtet, Kopf aufgerichtet, Zeigefinger als „Waffe" exponiert.
Aggression:	Schlagbewegungen, schnell und scharf getaktet, Faust oder Fäuste, vom Sitz erhoben oder aufgestanden und Ähnliches.

Beispiel:

Herr S., Vertriebsleiter eines namhaften Markenartikelherstellers, verwendete in einer Motivationsrede sinngemäß folgende Formulierungen: „Sie sind täglich an der Verkaufsfront [Zeigefingergesten in Richtung der Mitarbeiter]. Aggressives und durchsetzungsstarkes Verkaufen ist heute ausschlaggebend, um die Konkurrenz aus dem Feld zu schlagen [Faustgesten in die Luft]. Den Kampf am Kriegsschauplatz um Verkaufsfläche und Regalmeter können wir nur gewinnen und unsere Feinde nur dann besiegen, wenn Sie aggressiv vorgehen und die Gegner vernichtend schlagen [Zeigefinger in Richtung Boden]. Ziehen Sie alle Register, wenn Sie mit Ihrem Gegenspieler verhandeln, damit wir im Markt siegreich bleiben."

Welchen Eindruck lässt diese Rede entstehen? Partnerschaft, Problemlösungsbereitschaft, Hilfe beim Abverkauf, Mehren von Kundennutzen oder eher Feindschaft? Wer zu einem bestimmten Verhalten auffordern will, muss sich der Wörter und der Gesten bedienen, die den erwünschten Eindrücken und den vom Partner gewollten Verhaltensweisen entsprechen. Es entstehen sonst Widersprüche zwischen Inhalts- und Beziehungsaspekten.

Wer Neukontakte aufbauen (akquirieren) will, muss verstehen, dass er mit seinem Erscheinen möglicherweise negative Gefühle und Emotionen auslöst. Durch entsprechende Verhaltensweisen (Wörter und körpersprachliche Botschaften) kann er die Gefahrlosigkeit seiner Anwesenheit signalisieren. Ein Beispiel aus dem Tierverhalten mag dies verdeutlichen: Graureiher verteidigen ihren Nistbereich erbittert gegen jeden Eindringling, auch gegen Menschen. Wird aber Nestbaumaterial (Schilfhalme, Zweige) dargeboten, entsteht friedliches Verhalten. So ‚bestechlich' wie die Graureiher sind auch Menschen. Wird Nutzen geboten und Hilfestellung zuteil und ist zudem die Körpersprache eindeutig und versöhnlich, verhindert dies Abwehrmechanismen.

Ein Autoverkäufer sagt zu seinem Kunden: „Ich sah eben Ihren alten Wagen, da ist bald ein neuer fällig". Den ersten Teil der Äußerung unterstreicht er richtigerweise mit nach unten gerichteten, den zweiten Teil ebenfalls richtig mit nach oben gerichteten Handflächen.

Lediglich die Bezeichnung „alter Wagen" und die folgende Belehrung wären in unserem ‚Sparbuch der Sympathie' Minusbotschaften. Kein Wunder, dass dem Kunden die Antwort „Das müssen Sie schon mir überlassen, wann ich mir einen neuen Wagen kaufe", einfällt. Druck erzeugt Gegendruck. So ist die Antwort des Kunden verständlich. Wer will schon, dass sein Auto als „alt" bezeichnet und ein Neukauf befohlen wird. Ein Kollege des erwähnten Autoverkäufers verzichtet dagegen auf solche Aggression. Er hat gelernt, dass Sachlichkeit, Nutzenargumentation und Planung zu positiven Reaktionen führt. Er sagt: „Ich sah eben Ihr Auto. Das sieht aber noch gut aus." Wenn er diese Äußerung auch noch mit Lächeln und Zuwendung unterstreicht (also positiv punktet!), ist es sehr wahrscheinlich, dass der Kunde antwortet: „Na ja, wenn man den Wagen pflegt." Jetzt kann der Verkäufer leichter analysieren, nach dem Kilometerstand usw. fragen und hat gute Chancen, zu einem Neukauf überzuleiten.

Nicht nur die Wortwahl und Betonung, sondern auch die körpersprachlichen Botschaften können Aggressionen auslösen. Wer zur Aufnahme eines sozialen Kontaktes schnell und mit fahrigen, schnell getakteten Bewegungen das Revier eines anderen betritt und sich ihm, ohne entsprechende Erlaubnisbotschaften abzuwarten, bis auf wenige Zentimeter nähert, braucht sich nicht zu wundern, wenn er damit Reaktionen auslöst, die noch aus der Frühzeit unserer Entwicklung zur Abwehr von Eindringlingen einprogrammiert sind. Auch heute noch können in dicht besiedelten Revieren und wenn Menschen eng beieinander leben, öfter aggressive Verhaltensweisen beobachtet werden als dort, wo dem einzelnen Individuum genügend Lebensraum zur Verfügung steht.

Verhaltensweisen, die Emotionen oder Aggression auslösen können

Zum falschen Zeitpunkt oder in einer unpassenden Situation und bei problematischer Einstellung des Kunden kann fast jede Ihrer Verhaltensweisen als verletzend erlebt werden. Folgende Verhaltensweisen sollten Verkäufer vermeiden. Sie gelten generell als verletzend:

- Geringere Intensität der Verhaltensweisen als üblich und dadurch gezeigtes Desinteresse oder Ignoranz;
- seltenere Zustimmungssignale und häufigeres Abwenden des Blicks, das „Schneiden";
- das Übersehen der zum Gruß dargebotenen Hand;
- wiederholte Blicke auf die Uhr (können Langeweile und Desinteresse an den Ausführungen des Gesprächspartners mitteilen);
- Signalisieren von Ungeduld durch Fingertrommeln;
- Bewegungen des Fußes oder der Füße, die denen eines rasch Davonlaufenden entsprechen. Solche Signale teilen die Absicht, die Situation zu verlassen, direkt mit;
- Zurückwerfen des Kopfes, oft gekoppelt mit halbgeschlossenen Augen und dem daraus resultierenden Höhertragen der Nase und dem Von-oben-herab-Blicken, gibt der eigenen Überlegenheit und damit Abwertung des anderen Ausdruck;
- Hochnehmen des Kopfes, um damit zu signalisieren, dass man sich vor dem Gesprächspartner nicht fürchtet;
- gekünsteltes oder gepresstes Lächeln, bei dem nur ein Mundwinkel angehoben wird, während der andere Mundwinkel in Normalstellung oder nach unten gezogen verharrt. So wird nur halb gelächelt. Solche deformierte Freundlichkeit stellt eine Kränkungsabsicht dar;
- vorgespielte Verhaltensweisen (zum Beispiel verbales oder nonverbales Lob und Komplimente) stellen schon deshalb Verletzungen dar, weil der Sender davon ausgeht, dass der Empfänger die Täuschung nicht merkt, er also unterschätzt (oder für dumm verkauft) wird. Meist werden bei gespieltem Unbehagen übertriebene Signale gesendet: Das melodramatische „Faust-an-die-Stirn-Schlagen", das Bedecken des Gesichts mit beiden Händen und der Märtyrerausdruck gehören in diesen Bereich.

Was tun, wenn der Kunde ablenken will?

Auch wenn im Kunden (noch) keine Emotion oder Aggression, sondern nur ein ungutes Gefühl entstanden ist, kann die Beziehung gestört sein. Um sich nicht selbst zu schaden – meistens braucht der Kunde den Verkäufer auch – kann der Kunde von unangenehm erlebten Situationen ablenken.

Ablenkungsmanöver werden meist bewusst eingesetzt. Dabei wird die unerwünschte Reaktion mit einer entgegenwirkenden Stimmung unterdrückt.

Zum Beschwichtigen von Ängsten wird oft gesungen oder gepfiffen, zum Beschwichtigen von Konfliktzuständen kann umtriebige Aktivität entfaltet werden. Um vom Konditionskonflikt abzulenken, kann der Kunde oft Berührungsgesten ausführen, um dem Verkäufer Nähe und Verständnis zu signalisieren.

Der Kunde, dem eine Preisverhandlung mit Ihnen unangenehm ist, weil er Sie persönlich mag, kann Sie oder sich ablenken wollen. Die Grundlage der Ablenkungsmanöver findet sich im Konstruktionsprinzip. Dabei unterdrücken sich konkurrierende Triebe bei hohem Intensitätsgrad gegenseitig. Durch die Vorstellung von angenehmen Zuständen dringen unangenehme Zustände nicht mehr ins Bewusstsein. Dies ist vergleichbar mit dem Erlebnis beim Hören fesselnder Musik. Probleme und sogar Zahnschmerzen werden dabei vergessen. Auch das oft propagierte „positive Denken“ gehört in diese Kategorie. Übersehen wird dabei, dass Negatives verdrängt oder umgedeutet werden muss, wenn das Gewollte im Bewusstsein sein darf. So muss das Ungewollte, Verdrängte im Unterbewussten seine destruktive und oft krankmachende Wirkung entfalten.

Auch Ihr Kunde kann damit, dass er von einem Thema ablenkt, dieses Thema nicht endgültig vermeiden. Es dringt immer wieder ins Bewusstsein. Ein Preiskonflikt ist nicht damit gelöst, dass der Kunde „um den heißen Brei herumredet“ oder das Thema offen lässt. Irgendwann muss er zum Thema kommen. Qualifizierte Verkäufer helfen Kunden bei solchen Konflikten, indem Sie das unangenehme Thema furchtlos ansprechen.

Nehmen wir an, ein Kunde sagt: „Wir haben auch andere Angebote eingeholt und müssen diese noch prüfen. Schließlich müssen auch wir mit jedem Cent rechnen.“ Diese Aussage unterstreicht er – er ist Rechtshänder – mit nach rechts schräg gelegtem Kopf, Lächeln und Zuneigung zum Verkäufer.

Über sich selbst sagt er damit, dass ihm dieses Thema unangenehm ist. Bezüglich des Verkäufers teilt er mit, dass er diesen angenehm erlebt, vielleicht sogar mag. Seine Absicht ist, dem Verkäufer nicht weh zu tun. Zahlen, Daten und Fakten umschreibt er.

Mutige, konfliktstabile Verkäufer könnten zum Beispiel antworten: „Darf ich das so verstehen, dass wir danach ein weiteres Gespräch führen werden?“

In unserem Beispiel teilte der Kunde Unterschiedliches mit:

- über sich,
- seine Meinung über den Verkäufer,
- seine Absicht und
- Zahlen, Daten oder Fakten betreffend.

Qualifizierte Verkäufer hören und sehen alle vier Aspekte der Botschaft aus der Wortwahl, der Betonung und dem Satzbau sowie der Körpersprache und antworten entsprechend.

Auch die Antwort: „Wahrscheinlich wird dann ein erneutes Gespräch Klarheit über die weitere Vorgehensweise bringen.“ Mit einer solchen Hilfestellung wird der Kunde jetzt oder später das ihm unangenehme Thema leichter aufgreifen können. Der Vorteil für die Beziehung: Er erlebt die Aktionen des Verkäufers als Hilfe. Der Vorteil für den Verkäufer: Er bleibt im Gespräch.

„Es reicht!“ – Signale, mit denen Ihr Kunde ein Vorhaben verrät

Aufstehstützgriff

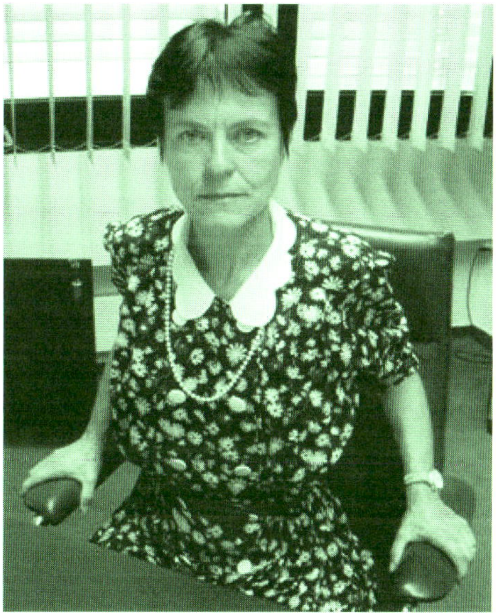

Beim Aufstehstützgriff umfasst eine Hand oder umfassen beide Hände die Stuhl- oder Sessellehne oder die Oberschenkel so, als wollte man sich zum Aufstehen hochstemmen. Der Aufstehstützgriff leitet dann entweder das Aufstehen ein und stemmt den Körper aus der Sitzhaltung, oder er bleibt als verräterisches Körpersignal ohne die sinngemäß folgenden Bewegungen. Bedeutungsgleich kann auch die nur auf der Lehne aufgelegte Hand (die Hände) bei angehobenen Ellbogen interpretiert werden.
Versteht der Verkäufer dieses Signal, kann er das Thema oder die Situation ändern. Fast immer nimmt der Partner dann seinen Aufstehstützgriff wieder zurück. Wird das gesendete Signal nicht verstanden und durch falsches Vorgehen der Wunsch aufzustehen verstärkt, bleibt auch der Aufstehstützgriff und führt häufig zum Hochstemmen des (Ober)-Körpers.

Weitere Intentionsbewegungen

Sakko zuknöpfen	Der Kunde fühlt sich angegriffen und schützt sich („zieht sich warm an“) oder bereitet sich zum Gehen vor.
Zurückgehen	Der Kunde ‚distanziert‘ sich vom Verhalten des Verkäufers oder seinen eigenen Worten und leitet sein Weggehen ein.
Abwenden/Wegschauen	So wird ein Weg zum Gehen (Ausweg!) gesucht.

Hand nach vorne, Handflächen nach unten ausgestreckt	Der Kunde will den Verkäufer oder dessen Botschaften mit nach vorne gerichteter Handfläche abwehren.
Beine übereinander geschlagen in Richtung Ausgang	Insbesondere mit gekoppeltem Aufstehstützgriff leitet dieses Verhalten das Aufstehen- und Weggehen-Wollen ein.
Veränderung der Fußstellung in Richtung Ausgang	Der Kunde zeigt, in welche Richtung er gehen will, richtet sich zum Weggehen.
Schnelles und eventuell lautes Zurücklegen eines betrachteten Gegenstands	Dieses Zurücklegen kann ein Unterbrechungssignal zum Verkäufer sein, dass der Kunde jetzt handeln (kaufen) will. Es kann aber auch sein, dass der Kunde sich entschieden hat, den Gegenstand beziehungsweise das damit repräsentierte Produkt, zumindest im Moment, nicht zu kaufen. Die genaue Bedeutung ergibt sich aus den weiteren gleichzeitigen Verhaltensweisen.
Zuschlagen des Notizblocks durch den Verhandlungspartner	Er möchte die Verhandlung beenden oder droht damit.

Wie Sie verbal auf körpersprachliche Reize Ihres Kunden reagieren können

Im Folgenden sind die körpersprachlichen Verhaltensweisen von Kunden und die entsprechenden Reaktionsmöglichkeiten des Verkäufers beschrieben. Ich habe bewusst auch Kommunikationsmittel und Vorgehensweisen einbezogen, die nicht unmittelbar mit Körpersprache zu tun haben. So ist es dem Verkäufer möglich, auf beobachtete Körpersprache ziel-, werte- oder partnerbezogen zu reagieren und seine Wirksamkeit zu steigern.

Körpersprachliche Verhaltensweisen:	**Verbale Reaktionsmöglichkeiten:**
Der Kunde nickt.	weitere Fragen
Der Kunde lehnt sich zurück.	Zusammenfassungen; Meta-Kommunikation (Ebenenwechsel)
Der Kunde wischt (Argumente) vom Tisch.	Verbalisieren (Formulieren, was nach Ihrer Meinung der Kunde fühlt); Hinterfragen (zeitlich Zurückliegendes erkunden)
Der Kunde ‚sticht' mit dem Zeigefinger in Ihre Richtung.	Meta-Kommunikation
Der Kunde steht auf und wendet sich zum Ausgang.	Ich-Aussagen (eigene Befindlichkeit, Gefühle oder Folgerungen formulieren); Meta-Kommunikation
Der Kunde unterstreicht seine Aussage, indem er mit dem Mittelfinger auf den Tisch tippt.	Paraphrasieren (wörtlich wiederholen, was der Kunde sagte); Entlastungstechnik (vor einem „aber" oder „und" eine positive Aussage formulieren)
Der Kunde spreizt während des Zuhörens den kleinen Finger der linken Hand ab.	Weitersprechen, die Ausführungen scheinen die Beziehung zu fördern

Die genannten Reaktionsmöglichkeiten sollen nicht als Rezepte verstanden werden, sondern als Anregungen, aus denen Sie zielorientierte, wertebestimmte und zielgruppenadäquate Verhaltensweisen entwickeln können. So bleiben Sie in Ihrer Rolle authentisch. Aus der jeweiligen Reaktion Ihres Kunden können Sie erkennen, wie er Ihre Antwort verarbeitet hat und weitere Aktionen gestalten.

Beobachtungen und Übungen:	**Bemerkungen und Erfahrungen:**
Klären Sie jeweils, WAS Sie WIE, WEM sagen.	
Hören Sie heraus, WAS WER WIE sagt.	
Fertigen Sie aus Ihren auf Tonträger aufgenommenen Gesprächen Verlaufsprotokolle.	
Hören Sie aus den Botschaften Ihres Kunden die vier Aspekte „ich", „Sie", Absicht und Zahlen, Daten und Fakten heraus.	
Trainieren Sie Antworten, mit denen Sie im Gespräch bleiben können.	
Üben Sie, den Unterschied zwischen Gefühl und Emotion in Ihrem eigenen Erleben zu erkennen.	
Finden Sie heraus, wie Sie verhindern können, dass Sie Situationen emotional statt gefühlsbeteiligt erleben.	
Sammeln Sie Situationen oder Äußerungen, auf die Sie emotional reagieren. Erarbeiten und trainieren Sie alternative Verhaltensmöglichkeiten.	
Bedenken Sie: Druck erzeugt Gegendruck! Stiften Sie stattdessen Nutzen.	
Überprüfen Sie Ihre Verhaltensweisen und meiden Sie verletzende Botschaften.	

Beobachtungen und Übungen:	**Bemerkungen und Erfahrungen:**
Beobachten Sie, inwieweit Ihr Kunde mit Ablenkungsmanövern von einer für ihn unangenehmen Situation ablenken möchte.	
Nutzen Sie selbst Ablenkungsmanöver in für Sie ungünstigen Situationen.	
Beziehen Sie den positiven und negativen Teil von Situationen in Ihre Wahrnehmung ein! Wandeln Sie sich vom Optimisten oder Pessimisten zum Realisten.	

Der sachliche Teil des Verkaufsprozesses

Der sachliche Teil des Verkaufsprozesses gleicht im Prinzip dem logisch strukturierten Problemlösungsweg:

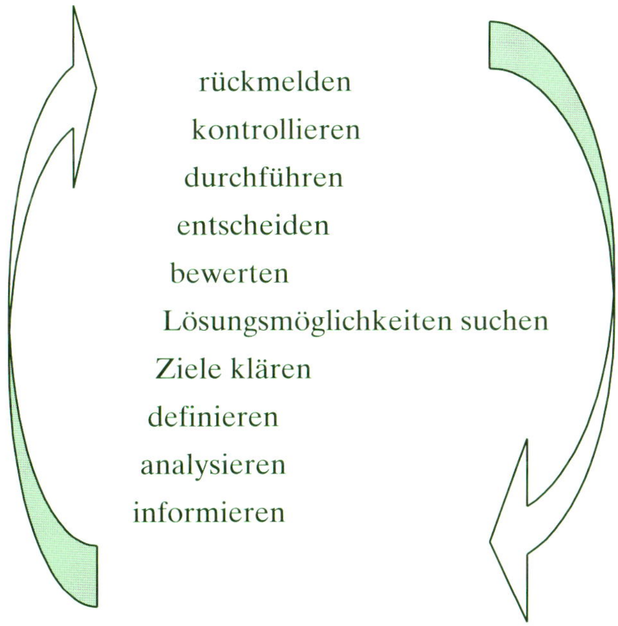

Die **Information**
erzeugt das Problem. Der Kunde muss durch die Information idealerweise den Nutzen erkennen, den der Verkäufer signalisiert oder formuliert, und daraufhin interessiert oder, besser noch, unzufrieden werden mit seiner jetzigen Situation.

Die **Analyse**
hilft dem Verkäufer die Situation des Kunden zu erkennen. Er erfährt Gründe (Motive), weshalb der Kunde was, wie, bei wem, wann, seit wann, für wen usw. gekauft hat.

Die **Definition** der Situation
hilft dem Verkäufer zu entscheiden, ob und gegebenenfalls wie er weiter verfahren will. Ergibt die Definition Chancen für eine Zusammenarbeit und

bestätigt sich die Bonität des Kunden, wird der Verkäufer aus seiner Absicht – bis jetzt hatte er noch kein Verkaufsziel – ein konkretes Ziel erarbeiten.

Die Erarbeitung des **Ziels**
ist möglich, nachdem Verkäufer möglichst alle relevanten Zahlen, Daten, Fakten und Soft-Facts berücksichtigt hat. Dies ist ein in der Zukunft liegendes, messbares Ergebnis, das erreichbar sein, und für den Kunden und den Verkäufer Nutzen bringen muss.

Lösungsmöglichkeiten werden **entwickelt**,
indem allein oder gemeinsam mit dem Kunden Maßnahmen und Aktivitäten gesammelt werden, die das Ziel erreichen helfen oder weitere Schritte auf dem Weg zum Ziel ermöglichen.

Lösungsmöglichkeiten werden **bewertet**,
indem der Verkäufer zusammen mit seinem Kunden abwägt, welche der Lösungsmöglichkeiten dem gewollten Zweck am ehesten entspricht. Selbstverständlich hat der Verkäufer berücksichtigt, dass die in die engere Wahl kommenden Lösungsmöglichkeiten für sein Unternehmen rentabel sind, dessen Werten entsprechen und dem Kunden Nutzen bieten.

Mit der **Entscheidung**
wird die Lösungsmöglichkeit ausgewählt, die dem erwarteten Nutzen am ehesten entspricht oder den Weg dorthin ebnet.

Indem die Maßnahme **durchgeführt** wird,
entsteht eine neue Wirklichkeit.

Der nächste Schritt ist das **Kontrollieren**:
Der Verkäufer ist dafür verantwortlich, dass der Kunde zufrieden, besser noch, von den Leistungen des Unternehmens und von der Lösung begeistert ist.

Indem der Verkäufer schließlich **rückmeldet**,
gibt er seinem Unternehmen Feedback und erreicht damit, dass Entwicklungen möglich werden.

Auf dieser Sachebene, dem Weg vom Ausgangspunkt zum Ziel, wirken vorwiegend sprachliche, logische und mechanische Strukturen. Die Körpersprache gibt jeweils Informationen über die hinter der Vernunft ablaufenden Gefühle und Emotionen. Die einzelnen Zeichen sind jeweils deutbar und nutzbar. Nur wenn eine tragfähige, konfliktfreie Beziehung gegeben ist, verläuft das Verkaufsgespräch erfolgreich.

Informationen erzeugen Interesse

Informationen werden aktiv und passiv aufgenommen und aktiv weitergegeben. In diesem Kapitel soll vorwiegend behandelt sein, wie der Verkäufer mit Informationen Interesse wecken kann.

Mit ihren Verhaltensweisen, mit Körpersprache und Lauten senden Lebewesen ständig Botschaften. Aus diesen Botschaften entstehen im Prozess der Verarbeitung beim Empfänger Informationen (= nicht vorhersagbare Teile von Botschaften). Informationen können Anstöße zum Handeln sein. Welche Information angekommen ist, zeigt sich in der Funktion: der Reaktion.

Wortwahl ist wichtig, um sich zu verständigen – damit der Verkäufer von Verstand zu Verstand mit dem Kunden sprechen kann. Zwangsläufig entstehen Missverständnisse dann, wenn die Worte unterschiedlich besetzt sind. Eine Wurzel ist für einen Botaniker etwas anderes als für einen Mathematiker und was eine Wurzel wirklich ist, erfährt dieser dann schmerzhaft beim Zahnarzt! Mit speziellen Begriffen und Verhaltensweisen kann eine geschlossene Gemeinschaft sogar für andere unzugänglich gemacht werden. Offene Gemeinschaften dagegen, besonders solche die positive Reaktionen der Umwelt wollen oder darauf angewiesen sind, sollten Begriffe so verwenden, dass sie von der Zielgruppe verstanden werden können, also so, wie die jeweiligen Begriffe lexikalisch definiert sind. Dies wird besonders dann notwendig, wenn qualifizierte Einkäufer den bereits erwähnten Begriff ‚kundenorientiert' gegen den Verkäufer verwenden, um etwa in einer Preisdiskussion Nachlässe zu erreichen mit dem ironisch betonten Argument: „… Sie arbeiten am Ende doch nicht etwa rein ertragsorientiert und wollen mir mit Ihrer vordergründigen Kundenorientierung Sand in die Augen streuen?“

Es macht ein (Verkaufs-)Gespräch schwierig, wenn erst im Kontext, im Zusammenhang mit anderen Zeichen, deutlich wird, was mit dem jeweiligen Wort gemeint ist oder wenn erst die Betonung den wirklichen Sachverhalt nahe bringt. „Der Ton macht die Musik" hat seine Berechtigung. Oft ist nämlich das ‚Wie' wichtiger als das ‚Was'. Gleiches gilt für die Körpersprache. Oft ist es wichtiger, *wie* etwas *unterstrichen* wird, als *was* gesagt wird.

Grundsätzlich ist der Sender dafür verantwortlich, was letztlich beim Empfänger ankommt. Dem gemäß muss er die Anzeichen deuten können, die ihm zeigen, wie etwas beim Empfänger angekommen ist. Neben der Wiederholung und Nachfrage besteht eine weitere Möglichkeit im Erkennen und Deuten der Körpersprache. Die einzelnen körpersprachlichen Reaktionen des Empfängers lassen schließen, welche Information bei ihm entstanden ist. Sagt der Verkäufer zum Beispiel: „Wenn Sie heute entscheiden, können wir diese Woche noch liefern", und legt der Kunde als Reaktion darauf ein Bein mit dem Knöchel auf den Oberschenkel des anderen Beins, kann dies als Barriere verstanden werden. Der Verkäufer kann folgern, dass beim Kunden die Information „du musst dich jetzt entscheiden" angekommen ist und nachbessern, indem er zum Beispiel die Körpersprache des Kunden ‚übersetzt': „Die Entscheidung muss nicht über das Knie gebrochen werden."

Oft zeigt erst die begleitende Körpersprache, welche Information transportiert werden soll. Begrüßt der Kunde den Verkäufer, indem er dessen zum Gruß dargereichte rechte Hand mit beiden Händen umfasst, ist in dieser Handlung die Information ‚Herzlichkeit und Behalten-Wollen' ausgedrückt, auch wenn die Worte und die Betonung lediglich der Höflichkeit entsprechen.

Interesse hat der Kunde nur für seinen Nutzen. Zwar gilt dies nicht nur für die Kundenrolle, sondern für Menschen generell. Was aber jeweils als Nutzen verstanden wird, ist vom einzelnen Motiv abhängig.

So wird je nach Motiv und dynamischer oder bewahrender Ausprägung, unterschiedlicher Nutzen erwartet.

Motive	**dynamisch:**	**bewahrend:**
Bequemlichkeit	bequemer arbeiten	Mehrarbeit vermeiden
Ansehen	mehr Ansehen erwerben	kein Ansehen verlieren

Motive	**dynamisch:**	**bewahrend:**
Sicherheit	Sicherheit steigern	Risiko mindern
Fürsorge	Positives für Andere tun	Negatives von Anderen abwenden
Wohlbefinden	fit sein	Einbußen reduzieren
Entdeckung	mehr erleben	nichts versäumen
Gewinn	Einkommen steigern	Kosten senken

Erst die Information, was der Kunde davon hat, weckt sein Interesse. Dabei ist wichtig, dass der Verkäufer weiß, dass das, was er sagt, wahr ist, sonst könnten körpersprachliche Zeichen den Kunden verunsichern. Mit Nutzenargumentation, einer Form der Information kann der Verkäufer dann so informieren, dass er das Motiv des Kunden aktiviert und dessen Interesse und Wunsch auslöst.

Im folgenden Beispiel ist ein Angebot mit Nutzen für alle sieben Motive beschrieben:

Motive/ Merkmale:	**Bequemlichkeit:**	**Ansehen:**	**Sicherheit:**	**Fürsorge:**	**Wohlbefinden:**	**Entdeckung:**	**Gewinn:**
erfahrener Coach	vereinfacht Lernen	macht stolz	sichert Praxisnähe	vermittelt Anregungen	verhindert Dis-Stress	fördert Erfahrungsaustausch	reduziert Trainingszeit
Systematik der Gespräche mit Ihrem Coach	entlastet Sie	qualifiziert besser	vermeidet Missverständnisse	macht Weitergeben leichter	schließt Konflikte aus	erschließt Hintergründe	verkürzt Entwicklungszeit
Training als Teil der Coachingmaßnahme	erleichtert Arbeit	bringt Bewunderung	minimiert Risiko	erlaubt Hilfe	bringt Erfolgserlebnisse	weitet Horizont	steigert Einkommen

Die in dieser Matrix verwendete, von mir entwickelte „3-Wort-Technik“ (eigenes *Merkmal* – überleitendes *Verb* – abnehmerbezogenes *Merkmal*) eignet sich als Kurzform in idealer Weise zum Lernen der jeweiligen Argumentationen. In der Praxis werden längere Aussagen richtig unterstrichen verwendet. Beispiel: „Diese „3-Wort-Technik“ (der Erklärende zeigt drei Finger der rechten Hand) bei der vom System, Produkt, Merkmal, Vorteil und der Eigenschaft (zählt diese fünf Schritte mit den Fingern der rechten Hand auf) unter Verwendung eines Verbs oder eines Satzteils, der ein Verb enthält (beschreibt mit dem gekrümmten Zeigefinger der rechten Hand einen nach oben gekrümmten Bogen), zum motivbezogenen Nutzen argumentiert wird, erleichtert in dieser Kurzform das Lernen (zeigt mit jeder Hand eine nach oben gerichtete Schale).“ So wird Information zur individuell motivierenden Nutzenargumentation.[5]

Beobachtungen und Übungen:	Bemerkungen und Erfahrungen:
Überlegen Sie: Mit welchen körpersprachlichen Unterstreichungen können Sie Ihr Produkt aufwerten?	
Prüfen Sie, ob Ihre körpersprachlichen Signale die Informationen unterstreichen und verdeutlichen.	
Beobachten Sie, wie Ihr Gesprächspartner nach Ihren Aussagen reagiert. Haben Sie den Eindruck, er hat die von Ihnen gewollte Information aufgenommen, oder schaut er fragend?	
Erarbeiten Sie für die Merkmale Ihres Unternehmens, Ihres Produkts und für die Merkmale Ihrer Verkäuferrolle motivspezifischen Nutzen und üben Sie deren unterstreichende oder verdeutlichende Körpersprache.	

[5] mehr über Nutzenargumentation in: Rückle, Horst: Nutzen bieten – Kunden gewinnen, Frankfurt 2002

„Ja", „Vielleicht" oder „Nein" – Entscheidungssignale

Eines der bekanntesten Signale, die einen Entscheidungsprozess unterstreichen, ist die Geste, das Kinn zu streicheln. Sie drückt das „Soll ich oder soll ich nicht" aus. Wahrscheinlich geht diese Geste auf die Zeit zurück, in der der Bart ein Symbol der Weisheit war. Die den Bart streichelnde oder sich durch den Bart bewegende Hand sollte zeigen, dass man nachdachte.

Vor einiger Zeit ließ eine amerikanische Versicherungsgesellschaft untersuchen, in welchen Haltungen Kunden am wenigsten zu positiven Entscheidungen bereit waren. Die Studie zeigte, wann es für einen der Verkäufer günstig bzw. ungünstig war, den Abschluss einzuleiten. Es ergaben sich folgende Negativhaltungen:

- Der Kunde legt ein Bein mit dem Knöchel auf das Knie des anderen Beins (Barriere).
- Der Kunde hat sein Bein weg vom Verkäufer über das andere geschlagen.
- Der Kunde hält seine Arme vor der Brust gekreuzt.
- Der Kunde hat den dem Verkäufer zugewandten Unterarm zwischen sich und dem Verkäufer auf dem Tisch liegen.
- Die Augen des Kunden blicken noch (häufiger) nach links (meistens Erinnerungen).

Ausklingen der Beziehung und Verabschiedung

Soll die Aktivität mit einzelnen oder mit einer Gruppe beendet werden, wird der Haltungsrahmen aufgegeben. Körpersprachliche (und sprachliche) Kontakte versiegen und brechen ab. Die Distanz wird durch Zurücklehnen oder -treten vergrößert. Der Blick wandert öfter zum Boden oder sucht außerhalb liegende Ziele.

Bei der Verabschiedung verlaufen die Bemühungen umgekehrt wie beim Empfang. Die Wirkungsmittel, die den Gästen zukommen, reichen vom Begleiten zur Büro- beziehungsweise Wohnungstür, zum Aufzug, bis vor das Haus und zum Fahrzeug oder bis zum „Du findest ja raus..." – jeweils deren Wertigkeit entsprechend.

Wenn Ihr Kunde Körpersprache zur Täuschung benutzt

Ehrlich zu sein ist deshalb oft so schwierig, weil Ehrlichkeit unangenehm, hart, kostspielig, schmerzhaft oder kompromittierend sein kann. Deshalb wird Ihr Kunde manchmal, statt ehrlich zu sein, wahrheitsgemäße Aussagen bevorzugen. Selbst vor Gericht wird lediglich Wahrheit, nicht Ehrlichkeit gefordert. Was gesagt wird, muss wahr sein, es kann und muss aber nicht alles gesagt werden, was wahr ist.

Dass er sein Produkt anderswo generell oder gerade im Rahmen einer Aktion billiger gekauft hat, oder dass er sein Problem mit einer günstigeren Lösung des Mitbewerbers gelöst hat, wird Ihr Kunde Ihnen möglicherweise, aus Angst, Sie zu verärgern, nicht sagen wollen. Das Zusammenleben und die Höflichkeit verlangen oft, die wahren Gefühle und Meinungen zu verbergen. Selbst wenn Täuschungsmanöver bemerkt werden, bleiben diese meist ungestraft. Es könnte peinlich werden, diese zu entlarven. So entstehen dann kooperative Not- oder Schonungs-Lügen.

Merkt ein Verkäufer, dass sein Kunde seine Aufmerksamkeit nur noch spielt, hilft ihm die Aussage: „So, jetzt habe ich genug geredet." Dieses indirekte Bewusstmachen der fehlenden Aufmerksamkeit bringt ihm entweder erneut Interesse für seine Ausführungen, oder erschließt ein neues Thema.

Wenn eine körpersprachliche Verhaltensweise der anderen oder den Worten widerspricht, verrät dies einen Konflikt zwischen dem inneren Erleben und dem gezeigten Ausdruck. In so einem Fall zeigt der Kunde:

- Beherrschte Gestik, weil er vermeiden will, dass seine wahren Gefühle erkannt werden;
- weniger Bewegung, weil eine stärkere Konzentration auf die verbale Lüge notwendig wird;
- Verstecken der Hände, weil sie nichts verraten sollen;
- mehr Hand-Gesichts-Gesten (beispielsweise Griff zur Nase, Kinn streicheln, Lippen zusammendrücken, Mund bedecken, Nasenberührung, Wangen reiben, Ohrläppchen ziehen, Augenbrauen kratzen, durch die Haare streichen);

- Zuhalten des Mundes, um die Lüge zurückzuhalten, oder weil man sich nicht ‚hinter die Worte' sehen lassen will (dabei können die Finger gespreizt vor die Lippen, der Zeigefinger auf die Oberlippe oder die Hand über oder neben den Mund gelegt sein);
- seitliche Körperbewegungen und verhaltene Fluchtbewegungen nehmen zu;
- veränderte Pupillen: sie werden größer oder kleiner;
- veränderte Mimik: sie zeigt bei widersprüchlichen oder unwahren Aussagcn oft inadäquate Ausdrücke;
- zu geringer, zu kurzer oder in Zeitlupe aufscheinender körperlicher Ausdruck, wenn die Stimmung, die ausgedrückt werden soll, nicht oder noch nicht vorhanden ist;
- Zucken im Gesicht, das darauf zurückzuführen ist, dass die Gesichtsmuskeln auf die Stimmungsänderung, die ausgedrückt werden will, ansprechen und der Gegenbefehl „Nicht merken lassen!" zu spät kommt;
- eine kleine senkrechte Falte oberhalb der Nasenwurzel, weil jetzt Konzentration auf die Aussage notwendig wird;
- unvollständiges Lächeln, wie es oft auf ‚gestellten' Porträtaufnahmen zu sehen ist: gekünstelter Eindruck, da es den meisten Menschen schwer fällt, auf Befehl zu lächeln. Nur, wenn echte Freude hinter dem Lächeln steht, wirkt dieses echt.

Ein Beispiel aus der Verkaufspraxis: Ein Verkäufer sollte den Beschluss des Vertriebsvorstandes, die Preise für ein bestimmtes Produktprogramm zu erhöhen, seinen Kunden mitteilen. Diesen hatte er allerdings versprochen, dass die Preise stabil bleiben würden. Die Kunden wussten also, dass der Verkäufer gegen eine Preiserhöhung war. Als der Verkäufer den Beschluss seiner Geschäftsführung kundtat, ging er gleichzeitig einen halben Schritt zurück, distanzierte sich so von dieser Entscheidung und griff sich an die Nase, wobei er diese kurz zuhielt. Am liebsten wäre er wohl von der ‚ihm stinkenden' Situation davongelaufen. Sicher, ein sehr ehrlicher Verkäufer, der seinen Kunden seine wahren Gefühle merken ließ, aber half ihm das? Hätte er nicht, aus Loyalität seinem Unternehmen gegenüber, Gründe für die Preiserhöhung suchen und glaubwürdig für diese argumentieren müssen?

Obwohl die Mimik noch am ehesten beherrschbar ist, zeigen kleine Veränderungen, wenn jemand die Unwahrheit sagt. Die nachfolgende

Aufstellung zeigt die zum Vortäuschen von Gefühlen leicht bis schwer einsetzbaren Verhaltensweisen:

- wörtliche Formulierungen;
- Gesichtsausdrücke;
- klar verständliche Handgesten;
- nicht identifizierbares Gestikulieren;
- Körpersignale;
- Bein- und Fuß-Signale;
- autonome Signale.

Mit wörtlichen Formulierungen kann Ihr Kunde am leichtesten wahrheitswidrig berichten. Im Gesichtsausdruck kann sorgfältig geplante Mimik aufgesetzt sein. Aber vorgetäuschtes Lächeln, gespannte oder verzerrte Mimik lassen fast immer auf Differenzen zwischen Gesagtem und Erlebtem schließen.

Noch deutlicher sind autonome Signale: Das sind körperliche Veränderungen, die nicht bewusst kontrollierbar sind. Schwitzen, Blasswerden, Erröten, Steigerung des Atemtempos etc. verraten Widersprüche. Nicht immer werden dem Angesprochenen die verräterischen Körpersignale lügender Gesprächspartner bewusst. Wenn er aber die beschriebenen Einzelheiten sieht, werden diese trotzdem von ihm verarbeitet, selbst wenn sie nicht bewusst wahrgenommen werden. Als Reaktion entwickeln sich Gefühle wie Vertrauen beziehungsweise Misstrauen, Geborgenheit oder Angst. Interessant ist in diesem Zusammenhang das Verhältnis von Perzeption (Aufnahme) und Apperzeption (Wiedergabe/Bewusstwerdung): Es beträgt 1 : 1 000 000! Von einer Million Eindrücken wird lediglich einer bewusst. Die anderen Eindrücke bewirken je nach Qualität Stimmungen.

Körpersprache in Gespräch und Verhandlung

Durchsetzungsvermögen, Überzeugungsfähigkeit und Aggressionspotenzial werden im Berufsleben leider noch immer als positive Eigenschaften oder Verhaltensmöglichkeiten genannt. Wer *über*-zeugt, siegt für den Moment. Später rasten die Denkstrukturen des *Über*-zeugten ein, es entstehen neue Erkenntnisse und Argumente und der scheinbare Gewinn verwandelt sich in einen Pyrrhussieg (Scheinsieg). Unsere Untersuchungen im Direktvertrieb zeigen: Je *über*-zeugungsfähiger ein Verkäufer war, desto höher ist seine Storno-Quote. Wer *über*-redet, *über*-zeugt, sich *durch*-setzt, übt Macht über andere aus, unterdrückt sie. Aggression, also Angriffslust, schüchtert ein, fordert ein „ja" heraus, auch wenn die innere Bereitschaft fehlt.

Genau gegenteiliges Verhalten ist in schwierigen Situationen sinnvoll: Statt (gegnerisch) zu verhandeln, ist es besser, mit dem Kunden zu sprechen. Statt zu *über*-zeugen eignet sich *er*-zeugen. Statt sich durchzusetzen, den Kunden zu begeistern. Statt Aggression, Möglichkeiten zu nutzen, die die Bereitschaft zur Einigung fördern. Statt den anderen frontal zu konfrontieren, setzt sich der Gesprächsführer besser entspannt auf dem Stuhl und lehnt sich zurück. Statt kampfbereit zeigt er sich dadurch gesprächsbereit. Nur so vertraut sich der Gesprächspartner an und nur so wird es möglich, miteinander zu reden und zu erreichen, dass der Kunde aus Einsicht und Motivation kauft. Schließlich heißt ein Verkaufsgespräch Verkaufs-*gespräch* und nicht Verkaufs-*verhandlung*! Und eine Preisverhandlung wird erst dann zu einer Win-Win-Situation, wenn über Konditionen *gesprochen* wird.

Zur Begriffsklärung: zu einem Gespräch treffen sich Partner. Dabei steht der Austausch von Information im Vordergrund. Es entsteht ein Ergebnis. Zu einer Verhandlung treffen sich Gegner. Im Vordergrund steht deren jeweils eigenes Ziel. Während im Gespräch die Partner einen der gerade freien Plätze einnehmen, ist bei der Verhandlung die vorteilhafte Nutzung (Besetzung) eines Raumes wichtiges strategisches Mittel.

Folgendes Beispiel verdeutlicht dies: Ein Geschäftsmann versucht, die Übernahme einer Konkurrenzfirma anzubahnen. Die andere Firma wird von einem Geschäftsführer geleitet, der sich in der Verwendung von Symbolen auszukennen scheint. Er beschließt, dem übernahmewilligen Unternehmer, nennen wir ihn Herrn Müller, von Anfang an zu zeigen, wer der Stärkere ist. Er demonstriert seine Unabhängigkeit und Wichtigkeit dadurch, dass er seine Mitarbeiter anweist, fünfzehn Minuten nach dem vereinbarten Termin zur Konferenz zu erscheinen. Zeit sei eine starke Waffe, erklärt er ihnen: „Unsere Verspätung wird sie fünfzehn Minuten lang schwitzen lassen. Die Nervosität werden wir ausnutzen, um unsere Verhandlungsgegner aus dem Konzept zu bringen." Ein schlauer Trick, jedoch war Her Müller noch besser. Er kam mit seiner Verhandlungsdelegation ein paar Minuten früher als vereinbart in den Konferenzraum. Er besetzte das „Schlachtfeld", einen langen ovalen Konferenztisch, indem er wie jeder gute Stratege aus der Abwesenheit des Gegners Vorteile zog: Er selbst nahm den strategisch wichtigsten Sitz am Ende des Tisches, gegenüber der Tür, ein. Dies würde aber, so wusste er, nur dann die beherrschende Position bleiben, wenn er verhindern konnte, dass sein Gegner den anderen Platz am Ende des Tisches einnahm. Dieses Problem löste er, indem er seinen Stellvertreter ihm gegenüber an das andere Ende des Tisches setzte und ihn mit zwei Mitarbeitern seiner Mannschaft flankierte. Zwei weitere Mitarbeiter platzierte er zu beiden Seiten seines Stuhles. Als dann die gegnerische Verhandlungsmannschaft eintrat, errang er einen weiteren Vorteil, indem er aufstand und die Hand zum Gruß ausstreckte. So zwang er seinen Rivalen, den ganzen Weg um den Tisch herum auf ihn zuzugehen, um ihm die Hand zu schütteln. So irritiert, war der zur Begrüßung gezwungene Gegner nicht mehr in der Lage, um das Freigeben des Herrn Müller gegenüberliegenden Stuhles zu bitten. Er und die Mitglieder seiner Delegation setzten sich aus der entstandenen Unsicherheit auf die noch freien Plätze, die ihnen zusätzliche Nachteile brachten.

Die folgende Tabelle zeigt, etwas ‚schwarz-weiß' gezeichnet, wie die Unterschiede zwischen Gespräch und Verhandlung im Hinblick auf die Körpersprache aussehen:

Körpersprache im Gespräch:	**Körpersprache in der Verhandlung:**
Auf der Grundlage einer wertschätzenden Einstellung:	*Auf der Grundlage einer zielfixierten Einstellung:*
Partner sind pünktlich	Gegner lassen warten
Lächeln	‚Pokerface'
Körpersprache ist echt	Körpersprache ist oft gespielt

Körpersprache im Gespräch:	**Körpersprache in der Verhandlung:**
Augenbrauen oft hochgezogen	Augenbrauen oft zusammengekniffen
waagrechte Stirnfalten	senkrechte Stirnfalten
häufiges Nicken	wenig Zustimmung, eher verwundertes Heben des Kopfes
formenreich	formenarm
rhythmisch	getaktet
ausdrucksstark	ausdruckslos
räumlich nah	distanziert
Handreichgesten	Faust- und Zeigefingergesten
Handflächen werden gezeigt	Hände sind möglichst verborgen (nicht auf die Finger sehen lassen)
Gesten mit nach oben gerichteten Handflächen	Gesten mit nach unten gerichteten Handflächen
alle Finger liegen nebeneinander	der Zeigefinger wird besonders oft als ‚Waffe' benutzt
Unterstreichungen erfolgen mit gekrümmtem Zeigefinger	Unterstreichungen erfolgen mit gestrecktem Zeigefinger
der kleine Finger ist öfter abgespreizt	der kleine Finger ist an die anderen Finger angelegt oder unter die Hand zurückgezogen
Kopf nach rechts geneigt (linkes Ohr hört)	Kopf nach links geneigt (rechtes Ohr hört)
mit dem Gesicht zum Fenster/Licht	mit dem Rücken zum Fenster/Licht
keine oder klare Brille	dunkle Brille
echte Bewegungen	unechte, vorgespielte, zur Täuschung benutzte Bewegungen

Körpersprache im Gespräch:	**Körpersprache in der Verhandlung:**
Gesprächspartner sitzen nebeneinander (zusammensitzen)	Verhandlungsgegner sitzen sich frontal gegenüber („ sich auseinandersetzen“)
Distanzzonen dürfen durchbrochen werden	Distanzzonen werden zur Verunsicherung durchbrochen
Partner haben gleiche Stühle	Gegner muten dem anderen niedrigere, unbequemere oder Stühle mit niedrigeren Rückenlehnen zu
Gesprächsteilnehmer setzen sich ohne Überlegung auf die freien Stühle	Verhandlungsteilnehmer suchen die taktisch besten Plätze und bilden Blöcke
Partner bleiben auch bei unterschiedlichen Meinungen sitzen	wütende Gegner stehen auf, gehen auf und ab und rücken bis dicht an den Gegner heran
Wenn möglich, außer wenn der Gegner getäuscht werden soll, vermeiden: • zusammensinken • Kopf senken • wegschauen • Haltungswechsel • aufstehen	

Wer seine Macht sichtbar zeigen kann, braucht sie in den meisten Fällen nicht anzuwenden. Deshalb nutzen Gegner Macht- und Statussymbole zur Einschüchterung.

Verkaufssituationen können Gesprächs- und Verhandlungsaspekte aufweisen. Wird aus dem Gespräch eine Verhandlung, ohne dass einer der Partner dies will, werden beide versuchen, wieder in ein Gespräch überzuleiten. Das dafür geeignete Werkzeug heißt ‚Meta-Kommunikation‘: „Sind Sie in diesem Punkt noch gesprächsbereit?“, „Ich will keinen Streit in dieser Sache“ und Ähnliches sind Formulierungsbeispiele für diese Technik, die auch der Verkäufer nutzen kann. Sie ist deshalb wichtig, weil es sonst in *Verhandlungen* nur Sieger und Verlierer gibt. Win-Win-Techniken gibt es nur in *Gesprächen*! Um also solche Gewinner-Gewinner-Situationen zu ermöglichen, wird der qualifizierte Verkäufer aus der Verhandlungs- in die Gesprächssituation wechseln.

Ein Beispiel: Ein Zahnarzt (Verkäufer) bietet seinem Patienten (Kunden!) eine Instandsetzung mit Implantaten an. Der Kostenvoranschlag weist eine Investition von 12.600 € aus. Der Patient reagiert mit: „Das ist aber teuer!“ Richtigerweise erkennt der Zahnarzt aus dieser Antwort ein Interessenssignal und antwortet: „Wenn ich Sie richtig verstehe, erkennen Sie die Notwendigkeit der Versorgung mit Implantaten, sind aber von der Größenordnung der Investition überrascht?“ Das „Ja“ des Patienten dürfte nicht verwundern. Jetzt verwendet der Zahnarzt die „Umdeutung des Problems“, indem er sagt: „Da es sich also nicht um die Kosten, sondern, wenn ich das richtig verstehe, eher um eine Frage der Finanzierung handelt, empfehle ich Ihnen die Behandlung in Teilbeträgen zu bezahlen.“ Mit dem Nicken und damit dem Einverständnis des Patienten ist aus einem bei Verhandlungen zwangläufigen Kompromiss in Bezug auf die Investition eine Lösung in Bezug auf die Finanzierung gefunden worden. Nur wer vom gegnerischen „so und nicht anders“ zum partnerschaftlichen „wenn ja, dann wie“ kommt, kann Beziehungen dauerhaft und erfolgreich gestalten.

Manchmal brauchen Sie einen langen Atem

Ein wichtiges Wirkungsmittel, nicht nur für Verkäufer, ist die Atmung. Nur mit richtiger Atmung kann man auch längere Sätze ‚in einem Atemzug' formulieren, die verschiedenen körpereigenen Resonanzräume nutzen, geräuschlos ein- und ausatmen, die Sauerstoffaufnahme sowie die Kohlendioxidabgabe positiv gestalten und nicht zuletzt seine Stimme modulieren.

Hebt sich beim Einatmen der Brustkorb, dann lastet sein Gewicht auf den Lungen. Dadurch fließt beispielsweise beim Sprechen mehr Luft zwischen den Stimmbändern hindurch, als für die Lautgebung notwendig wäre. So können Heiserkeit, Austrocknen der Stimmbänder und Durstgefühl, Luftmangel, Verschlucken von Endsilben und falsche Betonungen zustande kommen.

Diese Schwierigkeiten verschwinden bei der Zwerchfellatmung. Dabei kann die Bauchmuskulatur als Atemhilfsmuskulatur die Ausdehnung halten, den Luftfluss steuern und die Luft kontrolliert und dosiert abgeben. Das Zwerchfell ist ein breiter, flacher Muskel, der sich kuppelförmig in den Brustraum hochwölbt. Beim tiefen Einatmen wird das Zwerchfell abgeflacht und verdrängt dabei die darunter liegenden Eingeweide. Dadurch wölbt sich die Bauchwand nach vorn. Diese Atmung wird besonders für Ruhezustände, aber auch für Redner und Sänger empfohlen, weil die Zwerchfellmuskulatur als Stütze dienen kann.

Wenn Sie kontrollieren wollen, ob Sie die Zwerchfellatmung nutzen, legen Sie die Hände an Ihre Körpermitte. Atmen Sie nun ein, und prüfen Sie, ob sich beim Einatmen der Bauch etwas vor- und die Seiten etwas nach außen wölben, ohne dass sich dabei der Brustkorb hebt bzw. senkt.

Zur Stärkung der Atemhilfsmuskulatur können Sie die Luft anhalten und die Bauchmuskulatur während des Sprechens leicht gespannt lassen. Sie werden anfangs eine Anstrengung der Bauchmuskulatur verspüren. Es kann auch sein, dass die Bauchmuskulatur, weil untrainiert, leicht zu zittern beginnt und in Ihrer Stimme dadurch ein feines Zittern auftritt. Mit längerer Übung verschwindet diese Erscheinung, und Sie können nun die Atmung mit der Bauch- und Zwerchfellmuskulatur durchführen. Dadurch wird es Ihnen möglich, voluminöser, klarer und klingender zu sprechen, das Verschlucken der Endsilben wird vermieden, Überanstrengung der Sprechorgane verhindert, und Ihre Stimme wird tragfähiger.

Die richtige Körpersprache bei Vortrag oder Präsentation

Der Vortrag hat die Aufgabe zu informieren, zu klären und zu belehren. Die Präsentation unterstreicht mit optischen Mitteln. Gekoppelt mit der freien Rede und entsprechendem Bild- beziehungsweise Demonstrationsmaterial zielt letztere unter Umständen mehr auf das Gefühl und die Emotionen, der Vortrag dagegen mehr auf den Verstand. Entsprechend werden Mimik, Gestik und übrige Körpersprache eingesetzt.

Bei der ersten Rede, beim ersten Vortrag ist es schwierig, sich ‚richtig' zu verhalten. Lampenfieber zum Beispiel reduziert die Mimik, Gestik und Körpermotorik. Der innere Zwiespalt wirkt sich aus, wenn der Vortragende vor sein Publikum tritt. Er möchte ruhig stehen und hat gleichzeitig den Drang, vor dem Publikum zu fliehen.

Ein Referent ist kein Schauspieler. Er ist, besonders wenn er frei spricht, schöpferisch tätig. Der Schauspieler arbeitet nach-schöpferisch: Er spricht etwas vom Dichter oder Schriftsteller Vorgedachtes nach. Ein Redner spricht Eigengedachtes! Ein Schauspieler verwandelt sich, der Redner stellt in seiner Rolle als Verkäufer, Fachmann, Repräsentant, Kollege etc. sich selbst mit den von ihm repräsentierten Werten und dem angestrebten Ergebnis dar.

„Er steht wie ein Baum" meint die stabile, aufrechte Haltung eines Vortragenden. Wer „schwankt wie ein Halm im Wind", führt mit dem Oberkörper pendelnde Bewegungen aus und wirkt dadurch unsicher. Der Eindruck: „Er distanziert sich von seinen eigenen Worten" entsteht, wenn der Redner während des Vortrags immer wieder vor und zurückgeht. „Steht er dagegen zu seinen Worten", wird er nicht hin- und hergehen. Für das Publikum kann ein unmotiviert vor- und zurück- oder hin- und hergehender Redner sehr irritierend sein. Deshalb gibt es im Fernsehstudio (fast) keine Drehstühle beziehungsweise Drehsessel mehr.

Für das Verhalten vor Massen seien deshalb folgende, generell bei Rede und Vortrag beachtenswerte Empfehlungen formuliert:

- Leiten Sie aus Ihren oder den von Ihnen zu repräsentierenden Werten, Ihrem Ziel und den wahrscheinlichen Erwartungen Ihres Publikums die Maßnahmen ab, mit denen Sie das positive Ergebnis erreichen wollen.

- Ihre Kleidung passt zu Ihren Werten, dem Redeanlass und -thema und den wahrscheinlichen Erwartungen des Publikums. Das Publikum soll sich über den Inhalt der Rede Gedanken machen, nicht über Ihr Aussehen.
- Gehen Sie entsprechend Ihrer Werte, Ziele und Situation langsam und ruhig oder behände und schnell zum Rednerpult oder Standort.
- Treten Sie entsprechend Ihrer Werte, Ziele und Situation hinter oder neben das Rednerpult.
- Schauen Sie Ihr Publikum an und beginnen Sie erst dann mit Ihren Ausführungen, wenn Sie und Ihr Publikum bereit sind.
- Für Ihre Armhaltung können Sie aus drei Grundstellungen wählen:
  - beide Arme und Hände locker am Körper herabhängend; aber Vorsicht, dass sie so nicht wie Bremsklötze auf die Gedanken wirken,
  - einen Arm etwas oberhalb der Gürtellinie angewinkelt;
  - beide Arme angewinkelt und die Hände oberhalb der Gürtellinie locker ineinander gelegt.
- Mit Ihrer Gestik unterstreichen Sie den Inhalt. Sie wird in einer Pause (dramaturgische Pause) vor der zu unterstreichenden Aussage ausgeführt und in der Pause (Wirkungspause) nach der Aussage zurückgenommen oder in den nächsten Gestus verwandelt.
- Faust und lang gestreckte Finger sind ungünstige Grundgesten. Besser ist die leicht gebogene Hand mit leicht gespreizten Fingern (Annahme und Darreichung).
- Bejahende Gesten werden nach oben oder zum Körper hin ausgeführt.
- Verneinende Gesten führen nach unten oder vom Körper weg.
- Für ermüdungsfreies Stehen: stehen Sie auf beiden Füssen, auf Fersen und Ballen mit offenen Knien. Ihr Becken ist nach vorne gekippt. Ihr Körper hängt locker im Skelett.
- Wollen Sie sicher wirken, stellen Sie die Füße in einem Abstand von etwa 10 bis 15 cm nebeneinander, so dass von der Hüfte ab bis zu den Füßen eine senkrechte Linie entsteht.
- Den Oberkörper halten Sie aufrecht und bewegen ihn in Harmonie mit Ihren Aussagen. Zu- und Abneigung und Zu- und Abwendung drücken Sie mit entsprechenden Bewegungen aus.
- Wollen Sie unsicher und/oder gehorsam wirken, nehmen Sie die Fersen zusammen. So entsteht durch diese Verengungsstellung der Eindruck der Unsicherheit. Würden Sie die Füße zu weit auseinander stellen, entstün-

de der Eindruck des Platz-besitzen-Wollens, des Revier-erweitern-Wollens und damit ein überheblicher, autoritärer Eindruck.

- Wollen Sie zeigen, dass sie weiter sprechen wollen, können Sie in Sprechpausen Ausdrücke der Mimik und Gestik beibehalten und Ihre Absicht zum Beispiel auch durch hochgezogene Augenbrauen signalisieren.
- Wollen Sie, dass Ihr Publikum Ihr Interesse an ihm erkennt, halten Sie den Kopf gerade oder der Situation entsprechend immer so, dass Sie Ihre Zuhörer immer wieder anschauen können.
- Kompetent wirken Sie, wenn Sie während Ihrer Sprechpausen ruhig und tief atmen.
- Wollen Sie übertreibend und überredend wirken, dann reden Sie viel und gestikulieren Sie mit großen, weiten Bewegungen. Außerdem können Sie mit dem Kugelschreiber oder der Brille Takt schlagen.
- Bescheiden wirken Sie, wenn Sie sehr kleine Gesten gestalten und diese mit wenig Kraft und Tempo ausführen.

Mit Gestik gestalten Sie Ihren Vortrag

Gesten sind Ausdrucksbewegungen von Kopf, Arm oder Hand zum Zwecke der Kommunikation oder als Begleiterscheinung individueller Überlegungen beziehungsweise Zustände. Als Verkäufer nutzen Sie solche Ausdrucksbewegungen des Körpers, besonders der Arme und Hände, um Ihre Ausführungen lebendig zu gestalten. Mit Bewegungen können Sie Ihre verbalen Ausführungen unterstreichen, abschwächen, verdeutlichen, ersetzen, ihnen aber auch widersprechen. In der Gestik summieren sich die einzelnen Ausdrucksmöglichkeiten der Arme, Hände und Finger.

Gestik soll dem Sprechrhythmus (oder als suggestiv-befehlende Ausführung dem Takt) entspringen. Ist dies nicht der Fall, wirkt Gestik lächerlich, fremd und unbeholfen.

Wichtig ist dabei, wie auch bei der Wortwahl und Betonung von Aussagen, nicht, was mitgeteilt werden soll, sondern was beim Empfänger ankommt, was er versteht. „Wie soll ich wissen, was du willst, wenn ich sehe, was du tust", könnte unterstreichen, wie wichtig es ist, dass Verbal- und Körpersprache zusammenpassen. Lediglich der Komiker nutzt Widersprüchlichkeiten zwischen Körpersprache und Verbalsprache, um komisch zu wirken.

Als Aussageergänzung kann die Geste die verbale Weiterführung des Gedankens ersetzen. Fehlen die Worte, mit denen etwas sehr Negatives ausgesagt werden soll, wird das nicht in Worte Gekleidete oft mit Gestik ausgedrückt. Dabei kann es sich um ein abruptes Abwinken ebenso handeln, wie um ein ‚Vogelzeigen‘, bei dem der Zeigefinger an die Schläfe tippt. Nicht nur Negatives, auch Positives kann so verdeutlicht werden, zum Beispiel, indem die flache Hand mit der Handfläche nach oben gezeigt wird: „Sie sagen es ...“.

Wortlos können Sie so Botschaften übermitteln. Sie können so zu einem Kollegen schauen und ein wenig den Kopf schütteln, um ihm mitzuteilen: „Sage nichts!“

Indem Sie Gestik als Informationsmittel nutzen, stellen Sie den Aussageinhalt parallel dar. Abmessungen, Größenverhältnisse, Kurven, Richtungen und Ähnliches können Sie mit solchen Gesten zeigen oder unterstreichen. Gerade bei dieser Art der Gestik beachten Sie bitte, dass sie kurz vor der verbalen Aussage, mindestens aber zeitgleich mit dieser, verläuft.

Wollen Sie auf etwas aufmerksam machen, was Ihre Zuhörer beachten sollen, können Sie mit dem Finger zeigen, oder, wenn dies zu auffällig wäre, mit dem Kopf ein oder mehrmals in die entsprechende Richtung deuten. Als weitere Hinweisgesten könnten Sie einen Zuhörer kurz anschauen und dann in die entsprechende Richtung blicken.

Nutzen Sie die Symbolkraft von Gesten

Symbolische Gesten sind Sprachersatz- und/oder Ergänzungsgesten. Sie unterstreichen, verdeutlichen, verstärken, schwächen ab und gestalten.

Unterstreichungsgesten

Damit unterstreichen Verkäufer bestimmte Worte oder Äußerungen. Solche Bewegungen werden eindrucksvoll deutlich, wenn ein auf Video aufgezeichneter Vortrag mit schnellerer Geschwindigkeit wiedergegeben wird. Dann fällt besonders auf, wie viele Äußerungen mit rhythmischen Handbewegungen begleitet, vielfach aber auch mit Takt und Schlägen unterstrichen werden.

Zeige- oder Hinweisgesten

Zeige- oder Hinweisgesten richten sich auf Sachverhalte, Darstellungen, Dinge oder Personen mit der Absicht, auf diese aufmerksam zu machen. Deutet der Verkäufer auf ein Objekt, so drückt seine dazu benutzte linke oder rechte Hand aus, ob seine Beziehung dazu vom Gefühl oder vom Sachinteresse getragen ist.

Als Hinweisfinger wird häufig der Zeigefinger und bei stärkerer Hinweisaufforderung der gestreckte Zeigefinger benutzt. Gegenstände, insbesondere Schreibgeräte dienen als Zeigefingerersatz. Bei Folienprojektionen können mittels ‚verlängertem Zeigefinger' (zum Beispiel einem Zeigestab) an der Projektionsfläche oder mit einem Hinweisstift beziehungsweise Schreibgerät, einem Laserpointer oder einen speziell dafür geeigneten ‚Finger' auf der Folie gezeigt werden.

Auch die anderen Finger der jeweiligen Hand dienen als Hinweisfinger. Die dem einzelnen Finger zugeordnete Symbolik verrät dann etwas über die den Hinweis begleitenden Erlebnisqualitäten.

Betonungsgesten

Die Betonungsgesten dienen der Untermauerung von Aussagen, insbesondere Nutzenargumentationen. Dabei kommen den unterschiedlichen Handstellungen entscheidende Bedeutungen zu:

- Handfläche(n) nach oben (offene Hand) als Zeichen der Freundschaft (Aufwertung und „anheben").
- Handfläche(n) senkrecht als neutrale Haltung. Eine Entscheidung, ob positiv oder negativ, ist nicht getroffen. So werden Distanzen, Größenordnungen und Richtungen betont.
- Handfläche(n) nach unten zum Ausdruck einer niederdrückenden, negativen Meinung, als Abwertung.
- Faustgesten, um den Worten Nachdruck zu verleihen.
- Fingergesten, um Aufmerksamkeit zu wecken.

Abgrenzungsgesten

Mit Abgrenzungsgesten zeigt der Verkäufer räumliche Gegebenheiten oder Zusammenhänge. Meist werden dabei die Handflächen senkrecht neben- oder übereinander und im entsprechenden Abstand gehalten.

Demonstrativgesten

Demonstrativgesten verdeutlichen Sachverhalte. Sie zeigen Größen, Gewichte und sind oft Greifhaltungen. Abwertend ausgeführt, zeigen die Handflächen nach unten. Aufwertend dargestellt, zeigen die Handflächen nach oben.
Hier lädt ein Profi zur Weinverkostung ein. Sowohl seine linke als auch die rechte Hand zeigt eine darbietende Schale.

Illustrationsgesten

Zu den Illustrationsgesten gehören der Genauigkeitsgriff, bei dem sich Daumen und Zeigefinger der Führungshand berühren und Greifgesten, bei denen die Hand so geführt wird, als wolle sie einen imaginären Gegenstand greifen. Mit illustrierenden Gesten kann der Verkäufer auch Produktformen zeichnen und Wege beschreiben. Er malt dann auf den Tisch oder in die Luft.

Berührungsgesten

Mit Berührungsgesten kann der Verkäufer Kontakt zu Sachen oder Personen herstellen. Diese Gesten dienen dazu, die Aufmerksamkeit des Kunden zu erhalten oder eine als Bestrafung verstehbare Aussage abzuschwächen. Bei Berührungsgesten werden meist der Unterarm, seltener die Schulter des Partners mit leichtem Druck und nach unten gerichteter Handfläche berührt. Ob eine solche Geste ausgeführt wird, entscheidet sich hauptsächlich aus dem Grad der Beziehung. Wenn sich Verkäufer und Kunde noch fremd sind, wird der Verkäufer solche Gesten nicht ausführen (dürfen).

Sprachersatzgesten

Sprachersatzgesten drücken symbolisch aus, was auch sprachlich formuliert werden könnte, aber aus Gründen der Entfernung oder der heimlichen Information nur körpersprachlich ausgeführt wird. Sie deuten mit einem Blick an, wohin das Publikum schauen soll, sie zeigen Erstaunen, indem Sie die Augenbrauen hochziehen und Ähnliches.

Kreisbildung mit Daumen und Zeigefinger

Dabei bilden Daumen und Zeigefinger einen Kreis. Die Hand wird mit der Handfläche nach außen hochgehalten. So wird der Verkäufer signalisieren können, er habe verstanden oder es sei alles in Ordnung. Eine weitere Bedeutung wird in unserem Land als Beleidigung geahndet (Autofahrergruß).

Präzisionsgesten

Auch bei den Präzisionsgesten berühren sich Daumen- und Zeigefingerspitzen. Dieser Griff erinnert an das vorsichtige Halten eines kleinen Gegenstandes. So wird das Bedürfnis nach feinsinnigem Ausdruck und präziser Formulierung ausgestaltet. Der Kunde kann so zum Beispiel die Wichtigkeit einer Forderung unterstreichen.

Intentionsgesten

Bei Intentionsgesten wird die Hand gehalten und bewegt, als wolle ein kleines, imaginäres Objekt erfasst und umfasst werden. Berühren sich am Schluss dieses Zeichens die nach oben gerichteten Fingerspitzen, ist die ‚Handbörse', die Stellung, bei der sich alle Fingerspitzen berühren und die Form eines kleinen Beutels nachzeichnen, erreicht. Damit wird das Fassen eines größeren Objekts oder einer größeren Idee ausgedrückt. Berühren sich die Fingerspitzen nicht, spiegelt sich in diesem Zeichen der Wunsch wider, Klarheit und präzisen Ausdruck zu vermitteln. Oft zeigt diese suchend greifen wollende Gestik auch die Unsicherheit des Sprechers in Bezug auf die Wahl seiner Worte.

Kraftgesten

In leichter Ausführung lediglich mit gekrümmten Fingern, oder, stärker betont, eingerollt als Faust, drücken Kraftzeichen aus, dass etwas umfasst beziehungsweise festgehalten werden will. Die spannungslose, leichte Ausführung zeigt auch hier die Suche nach dem Ausdruck, die konsequente, gespannte Ausführung den Wunsch, den eigenen Worten Kraft und Nachdruck zu verleihen. Komisch wirkt die Faustgeste immer dann, wenn andere mimische Zeichen oder die Wahl und Betonung der Worte das Faustzeichen als Farce erkennen lassen.

Beobachten Sie gelegentlich Politiker bei Ihren Reden. Sie werden staunen, wie oft gut gemeinte und freundliche Verbalbotschaften (versehentlich?) mit Faustgesten unterstrichen werden.

Greifgesten

Bei Greifgesten wollen die Finger etwas ergreifen. Dabei sind sie mit schwacher bis starker Spannung gespreizt und leicht gekrümmt ausgestreckt. Dieses Zeichen zeigt, dass der Redner eine greifbare Idee sucht, eine Situation erfassen, meistern möchte.

Schlaggesten

Die Hand schlägt mit der Handkante oder als Faust geballt, in senkrechter Haltung (Spalten) mit der Handfläche nach unten (Schlagen) von oben nach unten oder vom Körper nach außen. Derartige Zeichen lassen den angreifenden, kämpfenden und aggressiven Redner erkennen. Er will sich seinen Weg bahnen, will alle Hindernisse durchhauen und das ihm im Wege Stehende niederschlagen. Zu beachten ist, dass diese Emotion oder Aggression sowohl gegen das Publikum als auch gegen das besprochene Thema gerichtet sein kann. In der Rolle als Verkäufer dürfen Sie solche Gesten nur in extremen Ausnahmesituationen ausführen. Sehen Sie solche Gesten bei Ihrem Kunden, können Sie die dahinter liegende Emotion auffangen, indem Sie verbalisieren.

Handreichzeichen

Dabei wird die Hand oder werden die Hände mit der Handfläche nach oben, mit gespreizten oder geschlossenen Fingern vom Körper weg, einer bestimmten oder vorgestellten Person oder dem Publikum zugestreckt. Dies zeigt eine bittende Haltung. Bei geschlossenen Fingern wird mehr die stille, mit gespreizten Fingern mehr die fordernde, greifende Bitte ausgedrückt.

Zeigefingerzeichen

Als Hinweis und als Waffenfinger kann der Zeigefinger nach oben oder nach vorne gestreckt werden. Als Hinweisfinger (Fingerzeig) dient der Zeigefinger, dann etwas gekrümmt, dazu, Aufmerksamkeit zu erregen oder gestreckt, die Aufmerksamkeit auf ein Ziel zu lenken. Als Waffenfinger wird er in Richtung des Gegners gestoßen oder gehalten. Diese Drohgeste dient der Einschüchterung und, wenn der Zeigefinger vor- und zurückschnellt, dem aggressiven Ausdruck, dem Signal der Feindseligkeit und Herrschsucht.

Bewegt sich der Zeigefinger schnell von der nach oben gestreckten in die waagrechte Haltung und zurück, so wird dies als Schimpfgeste erkannt. Diese ist eine Mischung zwischen „Pass auf!“ und „Ich tue Dir weh!“ Auch erinnert der sich so bewegende Zeigefinger an einen drohend erhobenen Stock und die damit beabsichtigten Schläge.

Wird mit dem gekrümmten Zeigefinger auf den Tisch oder einen Gegenstand geklopft, entspricht dieses ‚Hacken‘ Schnabelhieben von Vögeln. So darf nur der Höherstehende den Untergebenen hacken.

Nachdruckzeichen

Mehrmaliges kurzes und heftiges Nicken beim Reden oder während einer Sprechpause wird, ebenfalls als hackender Ausdruck, dazu eingesetzt, den Worten Nachdruck zu verleihen („Ja, so ist das!“). Stößt der Kopf beim Senken zusätzlich nach vorn, bekommt dieses Zeichen zusätzlich eine aggressive Färbung.

Weitere Nachdruckzeichen sind die Rede begleitendes Vorbeugen des Oberkörpers, Schlagen und Stoßen des Fußes und Wippen der Fußspitze.

Unbewusste Bewegungen verraten Hintergründe

Jeder Redner gibt auch ihm nicht bewusste Zeichen ab. Er zeigt damit, was er wirklich erlebt. Aufmerksame Zuhörer (Zuschauer!) können daraus wertvolle Schlüsse ziehen. Bei der Beurteilung all dieser Zeichen ist es wichtig:

- die Schnelligkeit,
- den Takt oder Rhythmus
- und vor allem die Situation

einzubeziehen.

Insgesamt gilt: Kein Zeichen ist an sich richtig oder falsch, empfehlens- oder abmahnenswert. Ob ein Zeichen passt oder nicht, ist lediglich von den Werten, dem Ziel und der Zielgruppe des Benutzers zu beurteilen.

Empfehlungen dienen als Grundlagen. Daraus entsteht die persönlichkeits-, rollen- und situationsgerechte Körpersprache.

Wie Sie mit unterschiedlichen Zuhörern umgehen können

Zuhörer meint in dieser Verwendung sowohl Teilnehmer einer Produktpräsentation, Gäste bei Vorträgen, Mitarbeiter des Kunden bei Weiterbildungsveranstaltungen und andere. Zuhörer kann aber auch eine einzelne Person sein, wenn der Verkäufer einen Zusammenhang erklärt und dafür einen längeren Monolog halten muss. Grundsätzlich fordert jeder gesprochene Satz, ja jedes Wort, dass er Angesprochene bereit ist zuzuhören.

Passive Zuhörer

Für Sie als Verkäufer ist es wichtig, dass Ihre Ausführungen von allen Gesprächsteilnehmern akzeptiert werden und dass sich auch diejenigen am Gespräch beteiligen, die gegenteilige Meinungen vertreten. Manche Teilnehmer wollen aber generell oder im Moment nicht aktiv sein. Die jeweiligen Verhaltensweisen verraten auch hier die Hintergründe:

Stützt der Zuhörende seine Wange auf die Hand, zeigt diese Geste, dass er sich Mühe gibt, konzentriert zuzuhören. Hinter dieser Bewegung kann Verwirrung, Müdigkeit oder Langeweile stehen. Die Symbolik besagt, dass er die zum Aufrechthalt des Kopfes benötigte Kraft sparen und für das Zuhören nutzen will. Manchmal kneift sich der Zuhörende wie geistesabwesend in die Wange – möglicherweise ein Versuch, sich selbst wach zu halten.

Ist ein Zuhörer inaktiv oder geistig ‚weggetreten', wird dies erkennbar an Verengungsbewegungen wie Vermeiden des Blickkontakts, Kopf senken, verschränkte Arme, im Schoß liegende Hände, betont verschlossener Mund etc.

Sich kleiner machen, Rückzugsverhalten, Verschlusssignale und Ablenkungsmanöver werden genutzt, um nicht in Aktivität treten zu müssen.

Sie entscheiden entsprechend Ihres Wertesystems, des von Ihnen gewollten Ergebnisses und der Gesamteinschätzung des jeweiligen Besprechungsteilnehmers, ob und wie Sie intervenieren. Wollen Sie Aufmerksamkeit wecken und erhalten, können Sie folgende körpersprachliche Möglichkeiten nutzen:

- Veränderung des Standortes (ohne unruhig hin- und herzugehen);
- Nutzen von aufmerksamkeitsweckenden Gesten, wie zum Beispiel Zeigefingergesten, Faustgesten, Hinweisgesten, schnellere oder langsamere Bewegungen und Ähnliches;
- Verändern der Hilfsmittel. Sie können den Standort eines eventuell benutzten Flipcharts oder anderer Hilfsmittel verändern;
- durch Nutzung visueller Mittel wie zum Beispiel eines Tageslichtprojektors usw. können Sie Abwechslung in Ihre Ausführungen bringen;
- durch direktes Anschauen der Zuhörer können Sie einzelne oder generell alle Zuhörer von der ersten bis zur letzten Reihe, von links bis rechts, mit Zu-wendung und Zu-neigung belohnen.

Um Zustimmung und Beifall auszulösen können Sie wie folgt vorgehen:

- Sprechen Sie bewegt – aber je bewegter Ihre Stimme, desto ruhiger muss die Körpersprache sein.
- Richten Sie sich an den Stellen, für die Sie Aufmerksamkeit wollen, auf und schauen Sie Ihr Publikum an.
- Zeigen Sie bei den Stellen, die die Aufmerksamkeit des Publikums fesseln sollen, kraftvolle Gestik, Übereinstimmung von Wort und Verhaltensweise. Setzen Sie Gesten vor der wichtigen Stelle an und lassen Sie den Gestus etwas über das wichtige Wort hinaus stehen.

Diese körpersprachlichen Wirkungsmittel können Sie um die sprachlichen und rhetorischen Möglichkeiten ergänzen, wie zum Beispiel Änderung der Lautstärke, Variieren der Tonhöhe, Nutzen von Reizworten, Setzen von Pausen, direkte Ansprache und Ähnliches. In der Literatur über Rhetorik findet sich eine Fülle von Anregungen.[6]

Aktive Zuhörer

Derjenige, der aktiv, interessiert und aufgeschlossen zuhört, Sie also verstehen will, zeigt meist folgende Verhaltensweisen:

---

[6] Vgl. auch im Falken-Video „Rhetorik“ von und mit Horst Rückle (direkt vom hr TEAM)

- offene Augen,
- Anschauen,
- hochgezogene Augenbrauen,
- Imitation Ihrer Haltung,
- bestätigendes Nicken,
- parasprachliches „Hm, hm“,
- gekrauste Stirn, welche Anteilnahme oder Unverständnis zeigt,
- Hand-Ohr-Gesten, die zur Vergrößerung der Ohrmuscheln verwendet werden,
- Zuneigung, Kopfneigung nach rechts,
- gegen Fremdreize abschirmende Hand- oder Armhaltungen.

Hört jemand selektiv zu, um für sich positive Stichworte zu finden, mit denen er in der folgenden Diskussion Vorteile erreichen kann, wird dies beobachtbar an:

- Stirnfalten als Ausdruck stärkerer Konzentration,
- vorgebeugtem Oberkörper, um genauer (näher!) *hin-zu-hören,*
- Spannung im Oberkörper, um aktivitätsbereit zu sein,
- Kopfneigung nach links zur unverzüglichen Datenverarbeitung etc.

Achten Sie dann auf jedes Ihrer Worte. Der Andere kann das, was Sie sagen, auch gegen Sie verwenden und einen ‚Rückwärtsgang‘ für Ihre Worte haben Sie nicht.

Aktivitätssignale

Will während einer Besprechung oder während eines Vortrags einer der Zuhörer das Wort ergreifen, um einen Diskussionsbeitrag oder Kritik anzubringen, merken Sie dies an folgenden Verhaltensweisen:

- Kopf heben,
- nach vorne beugen,
- Atem holen,
- Hand, Finger, Schreibgerät hochheben,
- Ausweitungsbewegungen.

In vielen Diskussionen und bei vielen Vorträgen erlebte ich, dass die Diskussionsleiter oder Redner, die rechtzeitig die Intentionsbewegungen der Zuhörer erkannten, eindeutig im Vorteil waren. Einige konnten sogar sagen, nach welchem der Worte der Andere reagierte. Und in der Tat, sobald der Andere zu Wort kam, ging er auf den Begriff ein, der seine körpersprachliche Reaktion ausgelöst hatte.

Auch Sie können lernen, die Intentionsbewegungen Ihres Kunden zuzuordnen. Intentionsbewegungen kommen kurz nach dem zur Reaktion auffordernden Reiz zustande. Wenn Sie sich an Ihre, kurz vor der Bewegung Ihres Kunden, gesprochenen Worte erinnern, können Sie erraten, worauf er in seiner Antwort mit hoher Wahrscheinlichkeit eingehen wird. Dies macht es Ihnen möglich, Ihre weiteren Formulierungen so zu wählen, dass die Reaktion des Kunden unnötig wird. Wenn Sie nicht wollen, dass Ihr Kunde auf Ihr Reizwort eingeht, kann es genügen, den Kunden anzuschauen, ihm Aufmerksamkeit zu widmen und weiter zu sprechen, falls keine erneuten Unterbrechungssignale folgen.

Mit einem Beispiel will ich diesen komplexen Vorgang verdeutlichen:

Sie sagen: „Wir haben uns sehr angestrengt und jetzt sagen Sie mir, dass die Ware trotzdem zu spät bei Ihnen angekommen ist. Also an uns kann es nicht liegen, es …“ Ihr Kunde reagiert, indem er sich vorbeugt und den Kopf hebt. Sie hatten vor, zu sagen: „… wird so sein, dass Sie zu spät bestellt haben.“ Dies sprechen Sie nicht zu Ende, sondern ändern Ihr Vorhaben und sprechen weiter: „… tut mir allerdings sehr leid, dass die Lieferung später als von Ihnen gewollt, eintraf. Ich werde klären …“ Ihr Kunde lehnt sich wieder zurück und sie sprechen weiter: „… woran dies lag.“

Körpersprache am Telefon

Die Haltung, die der Verkäufer am Telefon einnimmt, kann der Gesprächspartner ‚hören'. Prüfen Sie selbst! Sie werden ziemlich sicher heraushören können, ob sich der Gesprächspartner in seinen Sessel lümmelt, ob er aufrecht und konzentriert sitzt, ob er gelangweilt zum Fenster hinausschaut, ob er nebenbei mit Gegenständen spielt oder raucht. Solch ablenkendes Verhalten beeinflusst die Betonung und die Sprechweise. Hilfreich ist es, sich so zu verhalten, als würde einem der Gesprächspartner in Person gegenübersitzen. Wenn die Vorstellung, der Kunde könnte das momentane Verhalten sehen, keine Haltungsänderung auslöst, ist die momentane Haltung wahrscheinlich richtig.

Körpersprache auf Messen und Ausstellungen

Waren Sie nicht bei einem Messe- oder Ausstellungsbesuch auch schon manchmal überrascht darüber, wie sich manche Firmen dort präsentieren?

Jeder von uns hat aus der Werbung und dem sonstigen Auftritt eines Unternehmens in der Öffentlichkeit geprägte Vorstellungen darüber, wie sich dieses Unternehmen auf der Messe präsentieren wird. Und dann stehen Sie vor dem Messestand und erleben das Kunstwerk eines Architekten oder Messebauers, bei dem Sie beim besten Willen nur wenig Gemeinsames mit Ihrer Vorstellung finden. Dann betrachten Sie den Messestand genauer. Konnten Sie dabei beobachten, dass das dort tätige Verkaufspersonal den Werten und Zielen des Unternehmens entsprechend gekleidet war und sich entsprechend verhielt?

Verkäufer sollten es als Auszeichnung erleben, ihr Unternehmen auf einer Messe repräsentieren zu dürfen – die Messe selbst als Feierlichkeit genießen. Je größer die Feierlichkeit, desto exklusiver die Kleidung. Festliche Kleidung ist ungewöhnlich und meist auch im Material von höherer Qualität. Aber zum feierlichen äußeren Erscheinungsbild gehört mehr: Verkäufer die die Messe als außergewöhnliches Ereignis erleben, bewegen sich anders und in vielen Fällen versuchen sie auch ihre Sprache diesem Anlass anzupassen.

Nachstehend sehen Sie eine Tabelle in der aus einem Wert (seriös), dem Ertragsziel und den Erwartungen der Zielgruppen Anforderungen an das Verhalten auf Messen und Ausstellungen abgeleitet sind:

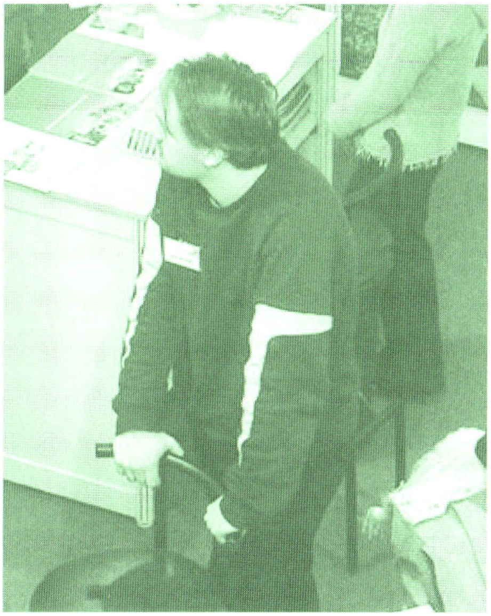

Ebene:	**Anforderungen aus Werten: Seriosität**	**Anforderungen aus Messeziel: Ertrag**	**Erwartungen der Zielgruppe: Messebesucher**
Stand	Identität vor Effekt, klar, übersichtlich	kostengünstige, aber Aufmerksamkeit weckende Ausführung und Architektur, effiziente Ausstattung	leicht erreichbar, übersichtlich, Gelegenheit zum Entspannen
Exponate	Originale	Transportkosten, Betriebskosten etc. beachten	praxisbezogene, wahrheitsgemäße Informationen
Kleidung des Standpersonals	Anzug, unifarbiges Hemd, Krawatte, Kostüm	schnell als „Offiziellen" erkennbar machend, harmonierend, keine störenden Accessoires	erkennbar, wer zuständig ist, keine Ablenkung durch zu viel Schmuck etc.
Verhaltensweisen des Standpersonals	höflich, korrekt, interessiert	Übereinstimmung von Wortwahl und Körpersprache, durchgängig	wertebestimmte Verhaltensweisen, offene, Ansprechbarkeit signalisierende Haltung
Umgang mit Besuchern	hilfsbereit, zuvorkommend	Kontaktgestaltung, um (mindestens) die Adresse zu bekommen, Interesse- und Kaufsignale beachtend	Erfüllen des mit der Werbung oder der Einladung Versprochenen, individuelle Behandlung, wichtig genommen werden

Standpersonal muss als solches erkennbar sein. Leider ist es oft so, dass nicht deutlich wird, an wen man sich wenden soll, wer Verkäufer und wer auf dem Stand befindlicher Interessent ist. Standpersonal, das im Gespräch unter einander dem Blickkontakt der Interessenten ausweicht und Barrieresignale abgebend in der Standmitte steht, schreckt Besucher ab. Zumindest ein Namensschild sollte den Verkäufer als Offziellen ausweisen. Dass er sich dann ‚einladend' aufstellt, dürfte selbstverständlich sein.

Wer angesprochen werden will, muss dies signalisieren, muss sich ansprechbar machen! Wichtig sind die Botschaften und die Rituale, die der Verkäufer auf dem Messestand nutzen kann, um den Interessenten seine Bereitschaft zu signalisieren. Wer mit Unterarmbarrieren auf seinem Präsentationstisch aufliegt, wird schwerlich Publikum anziehen können.

Stemmt die Verkäuferin während des Gesprächs mit Messebesuchern die rechte Hand hinter die Hüfte zeigt sie Desinteresse und Unterforderung. Wird gleichzeitig der linke Arm in Richtung Kunde aufgestützt, wirkt dies abwehrend. Dass auch der Blick aus dem Gespräch herausführt, zeigt Missachtung. So haben die Bemühungen der interessierten Kunden keine Chance.

So nehmen Sie Kontakt mit Messebesuchern auf

Nachdem Sie Blickkontakt aufgenommen haben, entscheidet sich, ob der Interessent angesprochen werden will. Indem er Sie ebenfalls anschaut, lächelt und/oder auf Sie zukommt, zeigt er, dass er ansprechbar ist. Senkt er den Blick oder weicht er dem Blickkontakt aus, ist seine Ansprechbereitschaft im Moment nicht gegeben. Aus der Beobachtung vieler Gespräche weiß ich, dass das Gespräch fast immer negativ endet, wenn dieser Interessent trotzdem angesprochen wird.

Es ist besser, dem Interessenten zunächst weiterhin zuzuschauen und, falls er den Messestand betreten hat, eine bessere Gelegenheit abzuwarten. Diese ergibt sich dann, wenn der Messebesucher:

- länger an einem bestimmten Exponat verweilt,
- ein Exponat genauer betrachtet,
- Prospekte aus einem der Fächer auswählt,
- sich suchend umschaut,
- beim Verlassen des Messestands noch einmal stehen bleibt und zurückschaut.

Bei der Vielzahl der Messebesucher ist es viel sinnvoller, diejenigen anzusprechen, die Bereitschaft signalisierten, und sich um diese für das Gespräch offenen Besucher intensiver zu kümmern.

Einen Beweis für die Richtigkeit dieser Behauptung fand ich als Besucher einer Touristikmesse. Ich interessierte mich für ein Wohnmobil und schaute eines der Fahrzeuge, das mir gefiel an. Einer der Verkäufer sprach mich an und – um es kurz zu machen – ich wurde Wohnmobilkäufer. Bei der Abholung des Fahrzeugs kam ich mit dem Inhaber der Handelsfirma ins Gespräch und interessierte mich für den Messeerfolg. Einer der Verkäufer habe sieben, andere drei und der dritte Verkäufer ein Wohnmobil verkauft. Ich vermutete richtig, derjenige der sieben Mobile verkauft hatte, war derselbe, der auch mich bedient hatte. Ich hatte, bevor ich angesprochen wurde, Gelegenheit die Verkäufer auf dem Messestand zu beobachten. Während der eine fast alle Besucher ansprach und längere Gespräche führte, beobachtete der, der mich angesprochen hatte, genau, welche Interessesignale die Besucher abgaben. Es schien so, als würde er lieber warten, als einfach willkürlich Besucher anzusprechen. Dadurch, dass er potenzielle Käufer erkennen konnte und sich auf diese konzentrierte gelang es ihm, mit weniger Aufwand mehr zu erreichen.

So steigern Sie den Erfolg im Umgang mit Messebesuchern

Mit erfolgsfähigen Verhaltensweisen kann das Standpersonal entscheidend zum Erfolg der Messe beitragen. Folgende Anregungen für die Standgestaltung und den Umgang mit Messebesuchern gelten generell:

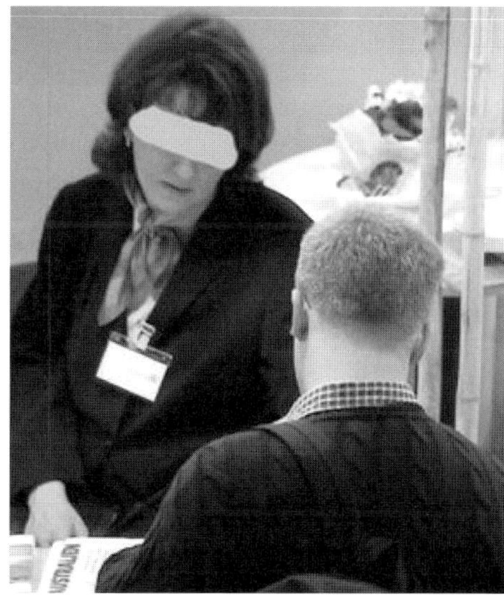

- Das Messeziel muss allen auf dem Messestand tätigen Mitarbeitern und Verkäufern klar sein.
- Ausgestellte Gegenstände dürfen nicht zu Hindernissen werden und Gefahren provozieren. Der Weg, den Ihr Interessent gehen soll, muss erkennbar, frei von Hindernissen und leicht gangbar sein.
- Dass nicht nur der Stand, sondern auch die Kleidung, das Aussehen und das Verhalten des Personals die Werte des Unternehmens (zum Beispiel „frisch") ausstrahlt, dürfte selbstverständlich sein. Welcher, „Frische" erwartende, Besucher betritt schon gerne einen ‚Müllabladeplatz' und setzt sich an einen Tisch, auf dem benutzte Gläser stehen, der mit verschütteten Getränken und anderem verunziert ist?
- Schmuck, falls er auf der Messe getragen wird, darf nicht aufdringlich oder störend wirken.
- Exponate und Tische oder Regale sind keine Sitzgelegenheiten und nicht dazu da, sich darauf abzustützen.
- Offene, gesprächsbereite, aufrechte Körperhaltung macht es Besuchern leicht, das Ausstellungspersonal anzusprechen.
- Nicht „von oben herab" mit dem Standbesucher sprechen, wenn möglich auch nicht im Sitzen, während der Besucher steht.
- Messekleidung, Namensschild und Ähnliches lassen erkennen, wer zum offiziellen Standpersonal gehört.
- Schreibgeräte oder Exponate beziehungsweise Teile davon sind keine Spielzeuge.
- Die Hände gehören nicht in die Taschen.
- Der Besucher will weder umkreist noch verfolgt werden.
- Wer Interessenten von hinten oder über deren Schulter anspricht, weckt Abwehrmechanismen.
- Eine wohlwollende Einstellung und ‚pflegende Handlungen', zum Beispiel aus dem Mantel helfen, Platz für eventuelles Gepäck anbieten etc.e, lassen aus dem Kontakt schnell eine Beziehung entstehen.
- Auf den meisten Messen (außer Verkaufsmessen) soll ein Termin für spätere, weiterführende Gespräche erreicht werden. Deshalb reichen oft kurze Gespräche. Es ist wichtig, die Adresse des Messebesuchers zu erhalten.
- Für längere Gespräche werden Besucher in eine (ruhige) Gesprächsecke gebeten.
- Bei der Demonstration von Produkten wirkt die nach oben gerichtete Handfläche aufwertend.
- Der Besucher ist Gast auf dem Messestand. Das verlangt entsprechendes Pflegeverhalten – auch wenn er nicht sofort kauft. Schließlich soll im Besucher seine richtige Entscheidung, den Stand zu betreten, gefestigt werden.

Je mehr Offenheit und Gastfreundschaft signalisiert werden, desto eher gelingt es auch, mehr über den Gesprächspartner zu erfahren, und desto leichter wird es fallen, einen Kunden zu gewinnen.

Körpersprache von Kopf bis Fuß

Mit Reizen zu Reaktionen reizen

Reize sind Informationen, die zu Reaktionen führen. Die jeweiligen Reaktionen können impulsiv (unkontrolliert) oder spontan (kontrolliert) sein. Die Reaktionen verraten, wie der Reiz verarbeitet wurde. Reaktionsmuster können angeboren oder erlernt sein. In den Nervenzentren des Gehirns und Rückenmarks werden entsprechend der gefühlsmäßigen Stimmung Nervenströme erzeugt, welche die betreffenden der zirka 550 Muskeln des Körpers innervieren. Zur genauen Zuordnung können die in der Reaktion enthaltenen Ausdrucksbewegungen in unmittelbare und mittelbare unterschieden werden. Wenn gegen helles Licht etwas beobachtet werden soll, reagiert die Augenpartie unmittelbar mit einer Verengung der Pupillen, der Lidspalten und einem Zusammenziehen der Augenbrauen. Das gleiche Verhalten zeigt sich als mittelbare Reaktion, wenn ein Gegenstand (auf Entfernung) genauer betrachtet werden soll oder wenn der Wunsch, sich an weit Zurückliegendes zu erinnern, Konzentration erfordert. In der zweiten, mittelbaren Reaktion fehlt lediglich der bei der unmittelbaren Reaktion gegebene Anlass – der sich damit ausdrückende Wunsch ist jedoch mit der ersten Situation identisch: sich zu konzentrieren.

Zu unterschiedlichen Zeiten, bei unterschiedlichen Stimmungen, entsprechend der vorhandenen analogen Ausdrucksmöglichkeiten und der momentanen Antriebsstärke kann ein und derselbe Reiz, zum Beispiel ein bestimmter Duft, unterschiedliche Reaktionen der zuständigen Neuronen hervorrufen. Damit aber eine Stabilität der Wahrnehmung erhalten bleibt, muss das Gehirn alle hereinkommenden Reize sehr schnell in ein System einordnen. Dabei wird das Gesehene schneller als das Gehörte aufgenommen. In der Differenzzeit, Neurologen sprechen vom „Fenster der Gleichzeitigkeit“, erinnert das Gehirn Vergangenes und baut es in die akustischen und optischen Eindrücke ein und schafft so sein Modell der Wirklichkeit. Wirklichkeit ist also nichts, was ist, sondern Wirklichkeit ist das, was das Gehirn produziert. Der Neurophysiologe Ben Libet liefert den Beweis dafür. Er berichtet: „... dass Reaktionsmuster im Gehirn festgelegt und deren Ausführung entschieden ist, bevor es dem Bewusstsein bewusst wird. Die mit der Vorbereitung einer Bewegung einhergehende Hirnaktivität (eine winzige, als „Bereitschaftspotenzial“ bezeichnete elektrische Welle, die sich über den Frontallappen messen lässt und mehr als eine Drittelsekunde früher einsetzt, bevor man eine Bewegung beobachten kann) setzt eine Viertelsekunde früher ein, bevor man angeben kann, man habe sich zu einer Bewegung entschlossen. Man ist sich der Entscheidung noch nicht bewusst, aber sie ist schon im Gange; der Fachmann, der die Hirnwelle beobachtet, wird den Entschluss zur Bewegung etwa zur selben Zeit bemerken wie man selbst“. Die Gestaltung von Verhaltensweisen ist also entschieden, bevor diese bewusst werden. Demzufolge unterliegen sie nicht der bewussten Kontrolle. Weil sie aber kurz nach der im Gehirn abgelaufenen ‚Entscheidung‘ bewusst werden, besteht der Glaube an willentlich bewusste Verhaltensweisen.

Alle Reaktionen laufen nach eigenen, persönlichkeitsspezifischen Gesetzen ab. Alle, auch die feinsten Bewegungen des Gesprächspartners, werden, auch wenn diese bewusst nicht oder kaum wahrzunehmen waren, unbewusst richtig aufgefasst und verarbeitet. Die meisten Verhaltensweisen sind von solchen unbewussten Bewegungen durchsetzt und führen zu persönlichkeitsspezifischen Reaktionen.

Bei persönlichkeitsspezifischen Reaktionen entsprechen diese den in der Kindheit erlernten, übernommenen, selbst entdeckten und seither (erfolgreich) genutzten Verhaltensweisen. Wir sind das Ergebnis unserer Entscheidungen! Wurden Verhaltensweisen belohnt, wurden sie wiederholt und gegebenenfalls beibehalten. Bestrafte Verhaltensweisen wurden unterdrückt.

Ob Verhaltensweisen belohnt oder bestraft werden, hängt vom jeweiligen Wertesystem des Belohnenden/Bestrafenden ab und davon, ob die spezielle Verhaltensweise als Aktion oder Reaktion passend, adäquat oder unpassend, also inadäquat, war. Inadäquat ist eine Reaktion dann, wenn sie dem ursächlichen Geschehen nicht entspricht oder sogar zuwiderläuft. Dabei kann zum Beispiel eine Trauernachricht mit Heiterkeit beantwortet oder Angst mit Lachen begleitet werden.

Die von außen kommenden Reize können natürlich oder künstlich sein. Zu den natürlichen Reizen gehören alle körperlich gegebenen Merkmale der Lebewesen. Zu den künstlichen Reizen gehören alle Veränderungen, die der Verschleierung oder Täuschung dienen (Schminken, Merkmale der Kleidung, Haartracht, Statussymbole).

Bei Tieren hat die Natur für die nötige Reizwirkung gesorgt. Tiere mit starker Tarnfärbung zeigen wenig Lockfärbung und umgekehrt. Bei den

Vögeln haben die Weibchen eine naturbedingt notwendig bessere Tarnfärbung, während die Männchen eine stärkere Lockfärbung aufweisen. Experimente mit Attrappen, bei denen bestimmte naturgegebene Merkmale überzeichnet wurden, zeigen, dass der Lockeffekt damit vergrößert werden kann. Dies hat auch der Mensch schon seit Jahrhunderten erkannt. Er nutzt diese Gesetzmäßigkeiten, indem er durch Bemalen, Kleidung, Accessoires oder anderes Verwandeln seines Äußeren bestimmte ihm nützliche Merkmale erzeugt oder verstärkt. Höhere Absätze an Schuhen und Wattierungen in der Schulterpartie der Jacke sollen die Wirkung der Beine beziehungsweise der Schultern verstärken. Längere Beine wirken erotischer. Wattierte Schultern gaukeln mehr Kraft vor. Auch bei Kunstwerken werden je nach Sinn und Zweck geeignete Merkmale überbetont.

Verkäufer können diese Prozesse nutzen, um das vertretene Unternehmen und das zu verkaufende Produkt zu repräsentieren. Pfannenverkäufer mit Kochmütze, Gartengeräteverkäufer in Gärtnerkleidung, Naturproduktverkäufer mit selbst gestrickten Pullovern steigern mit diesen ‚Verkleidungen' ihren Erfolg.

Neben den genannten Aussehensmerkmalen sind alle Umweltkriterien und Verhaltensmerkmale der Bezugspersonen Reize, auf die das empfangende System positiv oder negativ reagiert. Dabei gilt das Prinzip je stärker der Trieb, desto schwächere Reize genügen und je schwächer der Trieb, desto stärkere Reize sind notwendig. Erinnert Sie als Verkäufer dies auch an die Situation des Kunden mit hohem Bedarf, der ohne viel zu fragen kauft und an den Kunden, der das Lager voll hat und nur auf besonderen Nutzen anspringt?

Je nach Stärke des Gefühls, der Emotion oder der Aggression und der Antriebskraft ist der körperliche Ausdruck steuerbar (spontan) oder impulsiv, stärker, konkreter oder länger andauernd. Um die seelischen Strukturen auszudrücken, werden bewusst oder unbewusst Analogien und Symbole verwendet. So erlebte ich in meinem Seminar „Körpersprache" einen Teilnehmer, der während seiner Vorstellungsrede den Zeigefinger der linken Hand zwischen Zeige- und Mittelfinger der rechten Hand hielt. Wie beschrieben ist der Zeigefinger für Anweisungen und Hinweise zuständig. Zeige- und Mittelfinger der rechten Hand bildeten eine symbolische Schere. So ließ sich aus dieser Haltung ableiten, dass die Anweisungs- und Befugnisrolle in dieser Situation als „beschnitten" erlebt wurde. Verständlich, denn es handelte sich hierbei um den Komplementär eines Familienunternehmens, das eine halbe Milliarde Euro Umsatz erzielt. Es war ihm sicher nicht leicht, die Rollenaspekte Macht und Anweisung in der Rolle des Seminarteilnehmers zurückzunehmen.

Jeweilige Meta-Signale verstärken oder schwächen die Wirkung der Reize.

Meta-Signale geben anderen Signalen den Sinn, verraten also etwas über das gegebene Hauptsignal. Ein solches Meta-Signal kann die Bedeutung aller übrigen Signale verändern. Zwei Freunde können ihre positive Stimmung dadurch zeigen, dass sie sich gegenseitig boxen. Nur der Gesichtsausdruck zeigt mit Lächeln oder Lachen, dass es sich bei diesem Boxkampf nicht um eine ernste Auseinandersetzung handelt. „Ich darf dich boxen, ohne eine aggressive Reaktion von dir befürchten zu müssen“ sagt diese Aktion, die insbesondere durch das Lächeln und Lachen als Meta-Signal ihre eigentliche Bedeutung erfährt und verstanden wird.

Gute und weniger gute Schauspieler wirken ebenfalls mehr oder weniger mit Meta-Signalen. Die Wortwahl in der jeweiligen Rolle ist gleich, die Betonung sehr ähnlich. Oft hören wir beides nicht, sondern die Stimme des Synchronsprechers. Erst bei genauer Beobachtung der Körpersprache fällt auf, dass der Schauspieler, der besser gefällt, die der Rolle entsprechenden körpersprachlichen Verhaltensweisen rollenspezifischer gestaltet. Weniger gute Schauspieler senden inadäquate Verhaltensweisen oder widersprüchliche Meta-Signale, die die Hauptsignale in Frage stellen. Unterbewusst nimmt der Betrachter dies wahr.

Erst dann, wenn die Meta-Signale so stark überzeichnet werden, dass sie auffallen, werden diese bewusst verarbeitet. Im normalen Leben kann der Empfänger reagieren, indem er die Differenz klärt, sich ärgert, sich freut, oder die Widersprüche komisch erlebt. Lachen zeigt sich hier fast immer als „Luftablassen“ – weniger als Ausdruck der Heiterkeit, sondern der Freude darüber, dass sich der Konflikt aufgelöst hat.

Meta-Signale können bewusst eingesetzt werden, so kann ein Kunde beispielsweise augenzwinkernd eine negative Äußerung entschärfen. Auch kann er Ihnen als Eingeweihtem zuzwinkern, wenn mit seiner Aussage Dritte getäuscht werden sollen.

Dienstabzeichen und Uniformen sind weitere Meta-Signale. Wie stark das Meta-Signal Uniform die Wahrnehmung verändert, ist spätestens seit dem „Hauptmann von Köpenick“ allgemein bekannt. Zu den unbewussten Meta-Signalen zählen auch:

- Wechsel der Gesichtsfarbe (zum Beispiel Blässe bei sonst freundlichem Verhalten),
- die Blickrichtung, die Informationen darüber gibt, wer gemeint ist und abgrenzend in Bezug auf andere Personen wirkt,
- eine starre Haltung bei sonst lebhaftem Sprachverhalten.

In diesen Bereich fällt auch der „Halo-Effekt", eine bei der Beurteilung auftretende Fehlerquelle. Die Beurteilung einzelner Eigenschaften oder Merkmale wird dabei verzerrt oder zumindest durch die anderen (Eindrucks-) Merkmale oder eine allgemeine Vorstellung von der einzuschätzenden Person beeinflusst. Darin ist begründet, dass Beobachter dazu neigen, ein einmal gewonnenes Bild durch weitere (selektive) Beobachtungen zu bestätigen.

Auch in der Sprache finden sich Meta-Signale. Die Betonung und die Lautstärke, mit der einzelne Wörter oder ganze Sätze gesprochen werden, auch die Pausen und die Sprechgeschwindigkeit geben der Aussage unterschiedlichen Sinn. Das Beispiel der Schauspielerin, die an Ihren Partner die Frage stellen sollte: „Was wollen Sie schon wieder?" ist zum Witz geworden. Wird beim Sprechen dieser Frage jedes Mal ein anderes Wort betont, wird deutlich, wie stark die gewünschte Information verändert wird.

Auch die körpersprachlichen Begleitbotschaften gestalten den Sinn der jeweiligen Aussage. Sie können sicher gut erkennen, was ein Kunde meint, wenn er seine Aussage: „Ich bin mit meinem jetzigen Lieferanten zufrieden und möchte nicht wechseln" unterstreicht mit Lächeln, Kopfschütteln, erhobenem Kopf, zugereichter linker Hand.

Aus der Vielzahl von persönlichkeitsspezifischen Reaktionen seien im Folgenden einige wichtige dargestellt.

Ein Kunde, der errötet, zeigt Interesse

Erröten ist die Folge von Gefäßerweiterungen. Die Haut wird stärker durchblutet. Dadurch entsteht die Rotfärbung. Diese beginnt an einem bestimmten Punkt im Zentrum der Wange und breitet sich dann aus, bis Gesicht, Hals und selbst die höheren Rückenpartien rot gefärbt sind. Die Veränderung der Hautfarbe bei Frauen wirkt auf den männlichen Betrachter sehr attraktiv, weil sie an Unschuld denken lässt und Gesundheit signalisiert. Kein Wunder, dass das Erröten durch Verwendung von Rouge, unabhängig vom Lebensalter, gerne vorgetäuscht wird.

Wenn Ihr Kunde errötet, können Erregung, Freude, Wut, Scham, Verlegenheit, das Gefühl, belästigt zu werden, und anderes die Auslöser sein. Im Erröten zeigt sich die Zwiespältigkeit des Verhaltens. Der aktiven Auseinandersetzung – sie hätte zu Blässe geführt – wird ausgewichen und als Folge stellt sich Blutrückfluss in die Haut ein. Oft entsteht dieser Vorgang aus bewusster Ablehnung und unbewusster Kontaktsuche.

Erröten mit abbrechendem Blickkontakt, Abwendung und wenig bewegter Mimik drückt Verlegenheit und Scham aus, während Erröten, gekoppelt mit offenen Augen und aufblühendem Lächeln, eher Ausdruck von (geheimen) Kontaktwünschen ist.

Wenn Sie auf das Erröten Ihres Kunden erfolgreich reagieren wollen, sprechen Sie am besten das hinter der Erregung liegende Gefühl oder die Emotion an: „Das hat Sie geärgert!“, „Das muss sehr unangenehm für Sie gewesen sein!“ usw.

Ein Kunde, der blass wird, ist gefährlich

Wer Reize bedrohend erlebt (Dis-Stress) erblasst. Blässe ist eine Folge von Schrecken und Angst, also eine Reaktion auf Situationen, die Kampfbereitschaft erfordern. Statt einer Erweiterung der Gefäße, wie beim Erröten, verengen diese sich beim Erblassen. Das Blut wird aus den Gefäßen herausgedrückt, die Haut wirkt blutleer und blass.

Wer blass wird, will sich zurückziehen, sich isolieren. Das sympathische Nervensystem steuert mittels Adrenalin die verstärkte Blutzufuhr in die Muskulatur. Daraus ist zu folgern, dass Blässe gleichzusetzen ist mit aktiver Kampfbereitschaft. Solange Blässe nicht durch Gegenwirkung des parasympathischen Nervensystems mit folgendem Erröten ausgeglichen wird, ist der blasse Gesprächspartner gefährlich. Unterdrückt er seinen Handlungswillen, so ist dies in einer Reihe von Bewegungen, zum Beispiel Einrollen der Finger zur Faust, Strecken des Zeigefingers, Heben des Kopfes, Aufstehstützgriff und anderen, sichtbar. In Extremfällen kann, als Folge der ‚Ohnmacht‘, sich zu verteidigen, Bewusstlosigkeit (Macht-losigkeit!) entstehen.

Auf solches Erblassen können Sie ebenfalls mit Verbalisierungen reagieren: Entstand die Wut aus Gründen, die Sie nicht zu verantworten haben, spiegeln Sie seinen Zustand: „Da könnte man gerade aus der Haut fahren...“ oder mit „... wenn man da nicht wütend wird, wann dann ...“.

Sollten Sie der Auslöser der Wut sein, bietet sich Schweigen an oder Sie versuchen ebenfalls zu verbalisieren, etwa mit den Worten: „... und jetzt sind Sie sehr wütend auf mich?“ Oder: „... und jetzt werden Sie mich hinauswerfen ...“.

Beobachtungen und Übungen:	**Bemerkungen und Erfahrungen:**
Wer errötet hat den Zustand der Erregung bereits verlassen. Reagieren Sie auf die Situation, indem Sie ansprechen, was Sie glauben, was der Kunde fühlt.	
Klären Sie, welche Reize Sie zur Steigerung Ihres Erfolges bei Ihren Kunden nutzen können!	
Beobachten Sie, welche Reize andere (zum Beispiel Politiker) nutzen, um ihrer Rolle zu entsprechen.	
Sollten Sie Gelegenheit haben, sich in einem Gespräch mit einer Videokamera aufzuzeichnen, können Sie Ihr Verhalten auf Meta-Signale untersuchen.	
Beobachten Sie Ihre Reaktionen – möglicherweise erkennen Sie dahinter liegende Auslöser.	
Reagieren Sie bei Erblassten nie mit Stärke, sondern mit momentanem Nachgeben um deren Beruhigung zu erleichtern.	

Die Harmonie abgerundeter Bewegungen

Wenn Gefühle beteiligt sind, werden aus starrer Geradlinigkeit abgerundete Bewegungen. Verkäufern, die die jeweiligen Situationen annehmen können, fällt es leicht, runde Bewegungsabläufe zu vollziehen. Solche Bewegungen werden vom Kunden als vorbehaltlos, aufblühend, sich entfaltend erlebt und sind Ausdruck des Frohseins. Abgerundete Bewegungen sind analoge Ausdrücke von weichen, warmen Formen und Worten. Archetypisch sind diese Ausdrücke mit angenehmen Empfindungen gekoppelt. Beschwingtsein zeigt sich so.

Gerät der Kunde in emotionale oder aggressive Zustände, werden aus seinen abgerundeten plötzlich getaktete Bewegungen. Aus melodiöser und ruhiger Sprechweise werden dann spitze, getaktete und schnellere Wortfolgen.

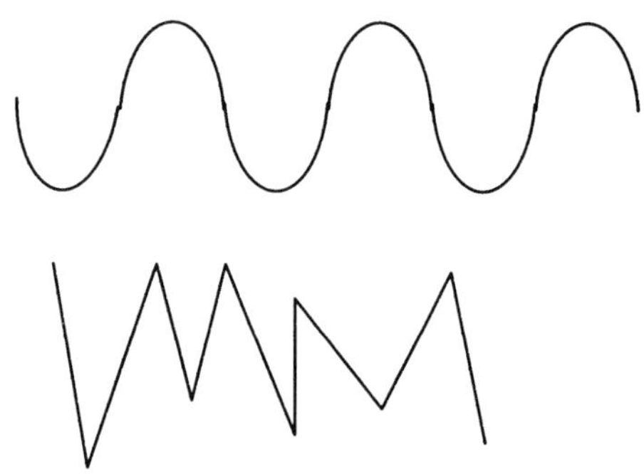

Welche der beiden Figuren passt zu welchem der folgenden Wörter?

TAKETE **MALUMA**

Dass wir die Wörter passend zuordnen, ist nicht das Ergebnis von Bildung. Der Grund liegt in einem tiefen Empfinden für Form und Klang.

Würde ein Verkäufer ein Schlafmittel mit dem Namen Takete oder ein Aufputschmittel das Maluma heißt, verkaufen wollen, wäre er mit großer Wahrscheinlichkeit erfolglos.

Die Stimmung von Maluma entspricht abgerundeten Bewegungen. Sie zeigen, je nach Intensitätsgrad, wie stark die komplexe Zustimmung den ausschließlich zielgerichteten Vorgang überstrahlt. Eine scharfe Abgrenzung wird dann nicht für notwendig angesehen oder gewünscht. Diese Art der Bewegung führt, wenn die enthaltenen und ausgedrückten starken Gefühle oder Emotionen mit Spannung ausgeführt werden, sehr oft zu Bewegungsansteckungen. Dabei übertragen sich die Stimmungen oder Erregungen auf andere. Dieses kann Gemeinsamkeit zwischen dem Verkäufer und seinem Kunden herstellen und sowohl Sympathie, aber auch Feindschaft und Antipathie entstehen lassen – je nachdem, welcher Qualität die Bewegungen sind. Zur Manipulation von Massen, zum Beispiel in so genannten Motivations- oder Powerseminaren, werden solche Tricks verwendet.

Beobachtungen und Übungen:	**Bemerkungen und Erfahrungen:**
Üben Sie abgerundete Bewegungen und beobachten Sie dabei Ihre Stimmung!	
Gestalten Sie Ihre Stimme den abgerundeten Bewegungen entsprechend. So wirken Sie authentisch!	

Keine Vertrauensbringer: Nervöse, fahrige, reflexartige Bewegungen

Nervöse, fahrige, reflexartige Bewegungen sind fast immer Ausdruck von Erregung, also von Emotionen oder Aggressionen. Diese Art von Bewegungen zeigt höhere Geschwindigkeit und mittelstarke bis starke Spannung. Daraus und am impulsiven, also unkontrollierten, abrupten Einsatz, sind die enthaltenen reaktiven Strebungen erkennbar. Solche Bewegungen werden ohne Einverständnis der Umwelt und meist sogar gegen deren Billigung eingesetzt. Oft fehlt sogar, besonders beim hemmungslosen Affektverhalten, die eigene Absicht. Bei Verkäufern zeigen diese Bewegungen, dass sie aus der Rolle fallen.

Sind die Bewegungen geradlinig (zum Beispiel Finger in Richtung eines imaginären Objekts in die Luft stoßend), wird daran die absolute und ausschließliche Beherrschung einer Person durch Emotion oder Aggression deutlich sichtbar. So könnte ein verärgerter Kunde mit dem Zeigefinger in

Ihre Richtung stoßen und sagen: „Nun haben Sie mir über die Lieferzeit zum letzten Mal falsche Angaben gemacht!!!“

Die Öffnung: Auswärtsbewegungen

Bewegungen, die vom Körper weg, öffnend nach außen gerichtet sind, zeigen, dass sich der Kunde „für die Umwelt öffnen will“. Je nach Spannung oder Entspannung im Bewegungsablauf verrät sich die hinter der Bewegung stehende Absicht. Gespanntes Zuhören des Kunden kann sich in nach außen gerichteten Bewegungen entspannen, wenn er für sich Nutzen erkennt.

Gespannte Auswärtsbewegungen reichen von der aktiven Öffnungsabsicht bis zu überheblichen, dreisten und herausfordernden, aber auch total offenen, hingabebereiten Verhaltensweisen. Entspannte Auswärtsbewegungen lassen die passive Hingabe und Aufnahmebereitschaft für Außenreize erkennen. Das „Alle-Viere-von-sich-Strecken“ ist deutliches Ergebnis der entspannten, gleichgültigen Auswärtsbewegung. Diese zeigt sich in manchen Verkaufsgesprächen, wenn ein für beide Seiten positives Ergebnis erreicht wurde oder nur noch einige Nebensächlichkeiten zu klären sind.

Der Rückzug: Einwärtsbewegungen

Bei Einwärtsbewegungen zieht der Kunde die Hände und Füße in Richtung des eigenen Körpers beziehungsweise die Füße unter den Körperschwerpunkt.

Der Spannungsgrad ist wesentlich für das Erkennen der Absicht. Gespannte Einwärtsbewegungen zeigen einen gewollten Rückzug von der Außenwelt. Spannungslose Einwärtsbewegungen signalisieren das passive Abreißenlassen der Umweltbeziehungen. Wenn die Hände kraft- und hilflos in den Schoß fallen, ist dies ein Beispiel hierfür. „Ich weiß auch nicht mehr, wie ich bei rückläufigen Aufträgen immer höhere Preise bezahlen soll“, könnte ein resignierender Kunde mit derartigen Unterstreichungen sagen.

Rhythmische und getaktete Bewegungen

Rhythmische Bewegungen

Rhythmus ist die Naturbewegung des Lebens. Je fließender ein Bewegungsspiel erscheint, je weicher und runder Einzelbewegungen ineinander fließen, desto enger sind deren Beziehung zum Rhythmus. Spannung und Entspannung wechseln sich ab. Die Natürlichkeit rhythmischer Bewegungen zeigt sich ganz deutlich beim ruhig Schlafenden. Wille und Intellekt sind ausgeschaltet, Herz und Atmung arbeiten rhythmisch. Fließende Bewegungen erfolgen ohne Willen (= Entscheidungsfähigkeit) und Intellekt. Dies zeigen Erfahrungen: So lange der Kunde noch melodisch spricht und sich rhythmisch bewegt, entscheidet er nicht.

Wird, Entscheidungen fordernd, in rhythmische Abläufe eingegriffen, werden diese unregelmäßig. Auch Gehende und Tanzende werden unsicher und stockend, wenn die Bewegungen bewusst, mit Intellekt und Willen, ausgeführt werden.

Im Rahmen meiner Tätigkeit als Coach betreue ich zwei zerstrittene Brüder, beide gemeinsame Inhaber eines großen Unternehmens. Nachdem bei Gesprächen im Unternehmen, beim ‚Zusammensitzen', keine Ergebnisse, sondern nur erneut Streit entstand, fand ich eine Lösung im Rhythmus: Bei ‚Spaziergängen' veranlasse ich die beiden Brüder über die Situation zu reden und dabei im Gleichschritt zu bleiben. Immer wenn heikle Themen auftreten und Emotion oder Aggression entsteht, bleiben beide stehen, richten sich frontal aus, reden lauter und gestikulieren getaktet. Häufig reicht meine Bitte „weitergehen und im Gleichschritt bleiben" aus, dass die jeweiligen Themen wieder ruhiger besprochen werden. Die Wirksamkeit dieses Vorgehens zeigt sich in der positiven Entwicklung der Beziehung.

Das in der autogenen Meditation verwendete „es geschieht", „es atmet mich", unterstreicht diesen Ansatz. Es fördert die natürlichen rhythmischen Vorgänge und dient damit der Ausgeglichenheit und Gesundheit. Beruhigender Rhythmus wirkt auch auf die Umwelt beruhigend. Einmal in Gang gebracht, wollen sich rhythmische Bewegungen fortsetzen und erneuern. Sie wirken wie durch eine Aktivität ausgelöste Wellen.

Fröhliche Menschen trällern immer wieder die gleiche Melodie. Auch bei erlernten Wiederholungsbewegungen, beim Gehen, Laufen und Schreiben, ist normalerweise die Rhythmisierung erkennbar. Mindestens so lange wie

Laufen nicht der Kompensation (Ausgleichs-Sport!) oder dem Wettbewerb, sondern der Gesundheit dient!

Je weniger zielgebunden ein Ablauf ist, desto rhythmischer wird er. Rhythmus und Entspannung sind also zusammengehörende und sich gegenseitig beeinflussende Elemente. Rhythmisierung dient der seelischen Auflockerung, dem Wohlgefühl und fördert die Phantasie. Auch beim Beobachten rhythmischer Abläufe, zum Beispiel dem Auf und Ab des Meeresspiegels, stellen sich die mit Rhythmus verbundenen Gefühle ein.

Langsamer Rhythmus ist Ausdruck seelischer Harmonie. Dies wissend, werden Kinder in den Schlaf gewiegt, mit rhythmischem Streicheln beruhigt oder im religiösen Bereich Gebetsmühlen und Rosenkränze zur Entspannung eingesetzt. So kann die „Seele entrücken".

Hände reiben, hin und her gehen, mit dem Oberkörper pendeln, all das sind rhythmische Bewegungsabläufe, die bewusst oder unbewusst zur Beruhigung genutzt werden. Die Arbeitsleistung steigt, wenn Rhythmus möglich ist. Verkäufer können dies nutzen, indem sie zum Beispiel rhythmisch sprechen. In früherer Zeit haben sich Sklaven durch rhythmische Gesänge in die Lage versetzt, Schwerstarbeit zu leisten. Je schneller der Rhythmus, desto größere Erregung kommt zustande. Bei langsam fließendem Rhythmus kann man noch träumen, bei schnellerem Rhythmus, etwa im Kulttanz, beraubt sich der Tanzende durch den Rhythmus seines eigenen Willens und Intellekts. Er gerät in Ekstase.

Wechselt die ausgeglichene innere Einstellung, also die Aufmerksamkeit in Konzentration, so wechselt auch der Rhythmus zum Takt. Während Ihr Kunde eben noch mit rhythmisch hin und her pendelndem Oberkörper sagte: „Na, ja, dann machen wir das so", kann er unvermittelt getaktet mit dem Zeigefinger auf den Tisch hacken und weiter sprechen: „aber zu dem vereinbarten Preis."

Wenn der Wille obsiegt: Getaktete Bewegungen

Reinem Takt entspricht das Ticken der Uhr oder das für die Takthaltung, zum Beispiel beim Klavierspielen, verwendete Metronom. In der Natur gibt es keinen reinen Takt. Er wurde vom messenden Verstand und vom regelnden Willen erschaffen. Nur der Takt ermöglicht es, Rhythmus verstandesmäßig zu erfassen. Dies wird deutlich in der Musik und beim Tanz. Erst die Sicherheit im Takt und dessen Beherrschung erlauben wieder Rhythmus. Beim Auswendiglernen neigen Kinder dazu, Texte zunächst getaktet zu sprechen. Mit zunehmender Sicherheit stellt sich Rhythmus, Modulation und Körpersprache ein. Diesen Prozess können auch Verkäufer nutzen, indem sie Produktwissen zunächst getaktet sprechend lernen und später die rhythmische Gestaltung zum Beispiel für Präsentationen und Produktvorträge einüben.

Auch in anderen menschlichen Verhaltensweisen zeigt sich Takt nur dort, wo mechanische Vorgänge nachgeahmt werden, beispielsweise bei Freiübungen und besonders beim Wandern, Marschieren und beim Paradeschritt. Durch Takt wird die Einzelübung exakt begrenzt. Takt lässt den unbeugsamen, sturen Willen erkennen, der sich ohne Rücksicht auf Hindernisse durchsetzt. Wenn ein Kunde mit den Fingerspitzen getaktet auf die Tischplatte klopft, beim Sitzen im Takt die Füße bewegt, lässt er erkennen, dass er seinen Willen haben will.

Wenn Konflikte stören: Takt-Rhythmus-Ablauf

Geht ein Verkäufer mit fröhlicher Stimmung zu einem Kunden, sind seine Bewegungen rhythmisch fließend. Hat er ein festes Ziel vor Augen und den ausgeprägten Willen, es zu erreichen, sind seine Schritte und Bewegungen getaktet.

Erlebt er Konflikte, fehlen Gemütsruhe und Entschlossenheit, sind seine Gehbewegungen und andere Verhaltensweisen weder rhythmisch noch getaktet. Sein Sprechen wird zögerlich, unbestimmt und stotternd. Seine Bewegungsabläufe werden hektisch unkontrolliert. So zeigt sich psychische Gestörtheit.

In den ersten Minuten eines Seminars erlebe ich bei Teilnehmern oft ein Spielen mit Gegenständen oder unruhiges Hin-und-her-Rutschen auf dem Stuhl. Oft sind diese motorischen Unruhen auch unauffälliger und werden mit Dauerbewegungen abreagiert. Bewegungen der Füße und Beine sind dann beobachtbar, wobei Pausen einen einheitlichen rhythmischen Fluss zerstückeln, aber auch nicht so gesetzt sind, dass Takt entsteht. Das hier Festgehaltensein und „Nichts-dagegen-tun-Können“ führt zu den Ausdrücken der seelischen Disharmonie. Ein Beispiel dafür ist auch der bekannte „Zappelphilipp“. Gerade Spitzenbegabte zeigen solche Verhaltensweisen in Situationen, mit denen sie nichts anfangen können.

Wenn Sie ihrem nervösen Kunden beruhigend seinen Nutzen erklären, auf ihn eingehen und Hilfsbereitschaft erkennen lassen, werden seine Unruhesymptome schnell verschwinden.

Verschiedene Bewegungsrichtungen und -tempi

Einwärts oder auswärts, schnell oder langsam

Bewegungsabläufe unterscheiden sich im Wesentlichen in Bewegungsgeschwindigkeit und Bewegungsrichtung.
Aus den vier Merkmalen: schnell, langsam, einwärts und auswärts, lassen sich nun gemischte Bewegungsabläufe ableiten:

Schnell auswärts	=	Ihr Kunde will sich verteidigen oder angreifen
Mittelschnell auswärts	=	Ihr Kunde will darreichen oder hinweisen
Langsam auswärts	=	Ihr Kunde sucht unsicher und vorsichtig tastend Kontakt
Langsam einwärts	=	Ihr Kunde zieht sich erstaunt oder beleidigt zurück
Mittelschnell einwärts	=	Ihr Kunde will annehmen, aufnehmen, akzeptieren
Schnell einwärts	=	Ihr Kunde ist erschrocken, will sich schützen

Aus der Summe der einzelnen Verhaltensweisen (Mosaiksteinchen) ergibt sich das Gesamtbild. Lebhafte Bewegung kann zum Beispiel gekoppelt sein mit Monotonie. Dabei wiederholen sich gleiche oder ähnliche Bewegungen häufig. Diese Verhaltensweisen zeigen Bewegungsdrang und motorische Unruhe. Oft wird eine Primitivreaktion, bestehend aus Schutzverhalten oder -mechanismen, eingesetzt. Diese Verhaltensweisen erinnern an einen strampelnden Säugling.

Auch in blinder Wut und entfesselter Motorik sind solche Verhaltensweisen beobachtbar. Disponiert sind dazu grundsätzlich alle Menschen. Lediglich die Auslöseschwelle ist unterschiedlich hoch angesiedelt. Sie reicht von sehr tief liegend bei ungefestigten und primitiven Individuen bis sehr hoch angesiedelt bei beherrschten und selbstbewussten Personen. Lebhafte Bewegtheit mit Monotonie zeigt grundsätzlich Unruhe, Hast und Gestörtheit des Verhaltens.

Die Raschheit der Folge gibt Aufschluss darüber, wie Informationen verarbeitet wurden. Die Wiederholung der Formen zeigt, dass unterschiedliche Situationen gleich verarbeitet werden, also keine Anpassung an die Umwelt möglich oder gewollt ist.

Wenn Ihnen bei sich so verhaltenden Kunden beruhigendes, weich moduliertes Zureden nicht hilft, bleibt Ihnen nur, solche Verhaltensweisen aus Ihrer Bewertung auszublenden und sie als „so ist der eben“ zu akzeptieren.

Arten, Tempi und Richtungen von Bewegungen

Bewegungen können groß, umfassend oder klein und eng ausgeführt werden. Grosse, umfassende Bewegungen zeigen Sicherheit. Wer solche Bewegungen ausführt hat nichts zu verstekken. Die persönliche Freiheit des Ausdruckes kann vom Kunden allerdings dann unangenehm empfunden werden, wenn der Verkäufer mit großen Bewegungen in dessen Intimsphäre eingreift.

An kleinen Bewegungen, die oft auch versteckt ausgeführt werden, merken Sie, dass der Ausführende nicht auffallen will. Derartige Bewegungen wirken unscheinbar, anspruchslos, schlicht, taktvoll zurückhaltend und korrekt. Wer sich so verhält, will seine Gefühle nicht zur Schau stellten. Kleine Gesten lassen den Betrachter glauben, der Partner sei bescheiden und harmlos, er könnte mehr sein, als er scheint. Oft geht in derartig kleine Gesten aber auch vorsichtige Berechnung mit ein. Dann wirkt der Sender pfiffig, listig und heimtückisch.

Die Bewegungstempi lassen sich unterteilen in: ruhig, lebhaft, schnell. Ruhige Bewegungsabläufe zeigen Beherrschung und Konzentration. Solche Bewegungen sind die Gebärden „großer Herren“. Demonstrative Gelassenheit trägt oft den Nebenaspekt des Unechten. So will sich ein Kunde als überlegene Persönlichkeit darstellen. Ruhige Bewegungen wirken imponierend und wecken Aufmerksamkeit. Damit können Sie als Verkäufer Zeichen setzen, wenn Sie verstanden werden und Vertrauen erwecken wollen.

Diese Bewegungen können Sie besonders beim Sachvortrag nutzen. Werden Ihre ursprünglich schnellen Bewegungen allerdings langsamer und ruhiger, kann der Beobachter auf einen erlahmenden inneren Impuls, Resignation oder Mangel an Kraft schließen.

Lebhafte Bewegungstempi sind der gefühlsmäßige Ausdruck für Spontaneität, Frohsinn, Begeisterung, aber auch für gefühlsmäßige Befindlichkeiten oder Emotionen, die sich dann in Impulsivität, Unbeherrschtheit und Wut zeigen. Wenn Sie lebhafte Körpersprache zeigen, wollen Sie andere mitreißen oder einschüchtern.

Schnelle Bewegungen entspringen meist einem lebhaften Temperament. Dabei dürfen schnelle innere Abläufe, schnelles sich Erregen und rasche Reaktion nicht verwechselt werden mit hohem Maß an Vitalkraft. Bewegungen können auch dann schnell und spontan sein, wenn wenig Vitalkraft aber viel Erregung vorhanden ist. Schnelleres Bewegungstempo eignet sich besonders bei Meinungsreden. Dort können Sie mit lebhaften Bewegungen die von Ihnen beim Publikum gewollten Gefühle oder Emotionen auslösen.

Zu schnelle Bewegungen können dagegen ziellos, herrisch, aufgeregt, erregt, reizbar oder fahrig wirken. Die Empfänger reagieren darauf oft mit Unruhe und Verwirrung.

Alle Bewegungstempi können nahtlos ineinander übergehen. Von schnell auf langsam und umgekehrt. Sich steigernde Bewegungstempi sind Zeichen dafür, dass sich Aktivität entwickelt oder wächst. Sich verlangsamende Bewegungen stehen für ein Nachlassen der Energie oder des Interesses.

Bei den Bewegungsrichtungen hat der Kopf eine besondere Bedeutung. Die Richtung, in die er bewegt wird, hat nicht nur für die Personen selbst, sondern auch für deren Gesprächspartner wichtige Funktionen. Auf lernende Personen – und Ihr Kunde soll Ihre Empfehlungen kennen-lernen – hat das Kopfschütteln negative Wirkungen. Selbst wenn sie die Bewegung nur aus den Augenwinkeln erfassen, blockieren sie innerlich. Ihre psychische Energie sinkt. Versuche zeigen: Ein Nicken stärkt sowohl die eigene, als auch die Energie der wahrnehmenden Personen.

Bewegungen *nach vorn* zeigen Interesse am Zielobjekt. Dieses Interesse kann positiv oder negativ, persönlich oder sachlich begründet sein. Die genaue Bedeutung ist aus den zusätzlich gegebenen Signalen erkennbar. Oft beugen sich Menschen, die etwas genauer und mit Interesse betrachten, vor. Auch Autofahrer nutzen diese Bewegungsrichtung während eines

Überholvorganges, umso unbewusst eine Haltung einzunehmen, die „voraus-schauen“ kann, aber auch besagt: „Ich will den Kopf vorn haben.“

Aus den vorgestreckten Händen eines Kunden kann entsprechend der Handstellung Bitten und Empfangen-Wollen, wenn die Handteller nach oben zeigen, bis zu Abwehr wenn die Handteller nach unten gerichtet sind, gefolgert werden.

Bewegungen *nach hinten* zeigen die Tendenz, Abstand zu gewinnen. Rückzugsverhalten ist oft der Beginn von Flucht, wobei insbesondere das Tempo der Bewegung dafür ausschlaggebend ist, ob nur ein Rückzug aufgrund peinlichen Berührtseins oder Flucht eingeleitet wird. Bewegt sich jemand, während er spricht, nach hinten, kann sich das Sprichwort bestätigen: „Er distanziert sich von seinen eigenen Worten.“ Die Körpersprache straft dann oft die gesprochene Botschaft Lügen. So kann die positive Aussage des Kunden: „Ich überlege mir das noch einmal“, sagen, „ich will jetzt nicht weiter darüber reden“ oder „die Sache kommt für mich nicht in Frage“.

Bewegungen *zur Seite* werden mit Ausweichen assoziiert. Der zur Seite geneigte Körperteil fühlt sich betroffen. Wenn jemand „Worten ausweicht“, wird der Kopf zusammen mit dem Oberkörper zur Seite genommen, die Sinnesorgane weichen so dem unangenehm bewerteten Reiz aus.

Bewegungen *nach oben*, sich strecken und größer machen, entspringen dem Wunsch, größer und überlegener zu wirken. Der „Gernegroß“ will über sich hinauswachsen, um ‚von oben herab‘ zu agieren. Dieses sieghafte Über-sich-Hinauswachsen lässt ein gesteigertes Lebensgefühl, Freude und Zuversicht erkennen. Unternehmungslust und Stolz können aber auch schnell überheblich wirken, besonders dann, wenn die Verhaltensweisen impulsiv ausgeführt werden und dadurch „hochfahrend“ wirken. Das Sichgrößer-Machen hat in vielen Redensarten Ausdruck gefunden: „Er ist hochnäsig", „Er behandelt einen von oben herab", „Er übersieht andere" sind Beispiele dafür. „Zu dem kann man aufschauen" dagegen besagt, dass hier jemand wirkliche Anerkennung wegen seiner „Größe" verdient hat.

Die Tendenz, kleiner zu wirken, das heißt, die Bewegung *nach unten*, hat ebenfalls in vielen Beispielen sprachlichen Ausdruck gefunden. „Sich unterwürfig und duckend verhalten", „gedrückt und niedergeschlagen sein", „den Kopf hängen lassen" zeigen dies. Der Duckmäuser ist derjenige, der sich durch Ducken kleiner macht. Positiv wirkt es dagegen, wenn Demütige sich neigen oder verneigen. Falls Sie gerne Krimis anschauen: Beobachten Sie einmal die sich kleiner machende Art des Inspektor Colombo!

Ausdehnen, eine Bewegung *nach außen*, verschafft einem Lebewesen eine größere Oberfläche und damit mehr Kontakt zu Luft, Licht oder umgebender Nährflüssigkeit. Auch im menschlichen Körper zeigen sich Ausdehnungsbestrebungen als Ausdruck positiver Gefühle. Die Zellen dehnen sich aus, die Gefäßerweiterung führt zur Steigerung der Blutzirkulation (siehe auch „Erröten"). Das befreiende Aufatmen und die stolz geschwellte Brust, aber auch dass jemand „alle Viere von sich streckt", sind Beispiele für weitere Bewegungsrichtungen nach außen.

Ausdehnungsbestrebungen als Zeichen des Mächtigerseins finden auch beim „Erobern" eines Raumes und der Machtausweitung ihre Entsprechung. Vorbehaltlose Umweltbezogenheit ist Erlebnisbestandteil der Ausdehnung. Diese fehlt bei Scheingrößen. Eitle „spreizen sich", Prahler „brüsten sich", der Protz „bläht sich". Solches „Beeindrucken-Wollen" wird unnötig, wenn die Umwelt in die eigene Ausdehnung integriert wird. Wer mit allem eins ist, wirkt in allem und damit auf alles. Daher kommt die Aussage: „Wirkliche Verkäufer arbeiten nicht, sie wirken"!

Betroffene Nachdenklichkeit ist gekoppelt mit Beengungsgefühlen, flacherer Atmung und enger anliegenden Extremitäten. Das Bild des „Häufchens Elend" drängt sich auf. Wer sich zusammenzieht und damit Bewegungen *nach innen* ausführt, entspricht dem Sich-isolieren-Wollen von der belebten und unbelebten Umwelt. Wer sich so verhält, drückt aus, dass er die Umwelt negativ, oft sogar lebensbedrohend, wahrnimmt. So reagiert beispielsweise der ganze Körper auf eine eiskalte Flüssigkeit mit Zusammenziehen. Möglicherweise aufgrund dieses Lernprozesses, reagiert der Mensch ebenso bei Trauer und Depression. Die Zellen ziehen sich zusammen, die Gefäßverengung vermindert die Blutzirkulation und die Empfänglichkeit für Reize.

Die einzelnen Bewegungsrichtungen können miteinander gekoppelt und sich widersprechend auftreten. So kann der Oberkörper interessiert nach vorn gebeugt und die Füße, wie auf dem Sprung sitzend, zurückgezogen sein. Wichtig für die Deutung ist, dass alle Einzelausdrücke erfasst werden. Zu den Bewegungen zusätzliche gesandte Botschaften, beispielsweise aus der Mimik, der Wortwahl und der Betonung, lassen eine genauere Deutung zu.

Beobachtungen und Übungen:	**Bemerkungen und Erfahrungen:**
Ihr Kunde empfängt Sie, indem er mit weit ausgreifenden Schritten und mit ausgebreiteten Armen lächelnd auf Sie zukommt.	
Während einer Motivationsrede gestikuliert Ihr Verkaufsleiter lebhaft und mit schnellen Bewegungen. Als er über die Marktsituation spricht, werden seine Bewegungen langsamer.	
Während Ihr Gesprächspartner redet, können Sie fast unmerklich den Kopf schütteln. Beobachten Sie seine Reaktion! (Sollte er wach sein und Sie darauf ansprechen, hat Ihr Hemdkragen gejuckt!)	
Während Sie sagen: „So eine Lösung bieten wir nur besonderen Kunden an“, und damit das Motiv „Ansehen“ aktivieren wollen, schiebt Ihr Kunde den Kopf nach vorne.	

Beobachtungen und Übungen:	**Bemerkungen und Erfahrungen:**
Ihr Kunde sagt: „Wir brauchen noch ein Zugeständnis von Ihnen" und bewegt sich dabei nach hinten. Dabei bricht auch sein Blickkontakt ab.	
Nach Ihrem Angebot, einen Spezialisten zu einem zweiten Gespräch hinzu zu bitten, weicht Ihr Kunde seitlich von Ihnen weg aus.	
„So kommen wir nicht zusammen", sagt Ihr Kunde und hebt dabei den Kopf.	
Der Mitarbeiter Ihres Kunden teilt Ihnen mit, dass Ihr Mitbewerber den Auftrag erhalten hat. Dabei senkt er den Kopf und blickt zu Boden.	
Ihr Kunde erzählt Ihnen, wie günstig er anderswo eingekauft hat. Dabei lehnt er sich zurück, rutscht auf der Sitzfläche nach vorn, streckt und spreizt die Beine, faltet die Hände hinter dem Kopf, so dass seine Ellenbogen nach außen zeigen.	
Ihr Kunde fragt nach Konditionen. Dabei lehnt er sich zurück, lässt aber seine Füße zurückgezogen unter dem Stuhl.	

Was der Kopf ausdrücken kann

Schon im Knochenbau zeigt der Kopf des Menschen die gesteigerte Bedeutung des Intellekts. So kommt den Bewegungen des Kopfes, als

Träger der Wahrnehmungsorgane, große Bedeutung zu. Zur Aufnahme nach vorne gestreckt und zum Schutz zurückgezogen, um zu verarbeiten, rechts oder links geneigt, zum Ausweichen seitlich weggenommen und aus dem Wunsch zur Annäherung nach rechts geneigt, stellen sich viele Ausdrucksverhalten dar.

Der Kopf kann:

erhoben	–	gesenkt,
links geneigt	–	rechts geneigt,
links schräg erhoben	–	rechts schräg erhoben,
links schräg gesenkt	–	rechts schräg gesenkt,
nach links gedreht	–	nach rechts gedreht

werden. Der erhobene Kopf wird bei gleichzeitig offenen Augen vom aufmerksamen („aha") bis zu überheblichem Ausdruck gedeutet. So kann ein Kunde schauen, der über die vom Verkäufer genannten Konditionen überrascht ist.

Wird der Kopf gesenkt, zeigt dies Unterwerfung, wenn der Blickkontakt abgebrochenen ist, und Trotz, wenn Blickkontakt erhalten bleibt. Links geneigt wird das rechte Ohr exponiert. So zeigt sich (bei Rechtshändern) faktenbezogenes, kritisches Zuhören. Argumentieren Sie bei derartigen Verhaltensweisen Ihres Kunden sachlich, sprechen Sie langsam und akzentuiert. Rechts geneigt ist das linke Ohr ‚geliehen'. Bei Rechtshändern zeigt sich so aufmerksames, beziehungsbereites, von Wohlwollen bis Interesse reichendes Zuhören. Als Verkäufer können Sie mit dieser Haltung Ihre positive Einstellung und Ihren Charme mit melodiöser Stimme und freundlicher Mimik ausdrücken.

Wird der Kopf links schräg erhoben, ergibt sich eine Kombination von Kopf heben und linker Neigung. Dies lässt darauf schließen, dass Skepsis noch mehr Daten und Beweise herausfordert.

Der rechts schräg erhobene Kopf ist deutbar als Kombination von erhobenem und nach rechts geneigtem Kopf. Hier will aufmerksam auf den Sprecher eingegangen werden.

Da bei den beschriebenen Kopfhaltungen die Aktivität der jeweiligen Hirnhemisphäre den Hintergrund für die Deutung liefert, ist es notwendig, vor der Deutung die bevorzugten Zuständigkeiten der Hemisphären zu kennen. Wie Sie das herausfinden, erfahren Sie im Kapitel über Blickrichtungen.

Wenn sich der Kopf nach vorne bewegt

Der Kopf als Träger der Sinnesorgane ist gleichzeitig ein der Ortung dienender, wichtiger und deshalb schutzbedürftiger Körperteil. Wird der Kopf vorgestreckt, lässt dies zunächst darauf schließen, dass eine Gefährdung nicht zu erwarten ist. Das Vorstrecken hat den Sinn, die Sinnesorgane näher an die Reizquelle zu bringen. So signalisiert der vorgestreckte Kopf Interesse, auch dann, wenn die sinnliche Zweckfunktion nicht erfüllt wird. Um der freundlichen Grundeinstellung mehr Nachdruck zu geben, können zusätzliche mimische Signale eingesetzt werden. Oft sind solche Bewegungen Kauf-, mindestens aber Interessenssignale.

Als herausforderndes Drohverhalten wird der vorgestreckte Kopf insbesondere dann verstanden, wenn auch das Kinn angehoben wird. Dies besagt: „Ich nehme alles auf, was du abgibst, und zeige keine Furcht vor den Reizen, die du aussendest." Bewegt Ihr Kunde seinen Kopf so nach vorne, unterbrechen Sie Ihren Redefluss, lassen Sie ihn sagen, was seine Bewegung ausgelöst hat – was „ihn bewegt".

Wenn der Kopf gesenkt wird

Hoffentlich müssen Sie als Verkäufer diese Bewegung nicht zu oft ausführen. Beim Senken des Kopfes mit fehlendem Blickkontakt zur in Kopfhöhe befindlichen Umwelt geht auch der Kontakt mit dieser verloren. Man macht sich wehrlos. Die Aussage „den Nacken beugen" beschreibt diese Haltung. Diese Haltung kennt der Volksmund unter der Bezeichnung „er lässt den Kopf hängen" und meint damit, dass jemand Mangel an Spannungsbereitschaft zeigt. Willenlosigkeit, Apathie, Schwung- und Hoffnungslosigkeit werden so ausgedrückt. Die Kopfhaltung der Hoffnungslosigkeit führt jedoch nur selten so weit, dass das Kinn, wie beim Schlafenden, die Brust berührt. Wer sich so zeigt, hat Widerstand als sinnlos angesehen. Er fügt sich in das scheinbar Unvermeidliche.

Wird diese Kopfneigung beim Gruß verwendet, handelt es sich um eine bewusste, der Höflichkeit entsprechende „Unterwerfung" – eine symbolische, der Unterordnung dienende Verkleinerung. Durch Sich-Beugen wird der Verzicht auf Eigenwillen kundgetan oder schweigende Zustimmung signalisiert. Je nach Senkungsgrad des Kopfes und Dauer des abgebrochenen Blickkontaktes können schlechtes Gewissen, Beschämung und Unterwerfung abgelesen werden. Der gesenkte Kopf mit Blick von unten, signalisiert je nach Augenausdruck und Spannung, spannungsgeladene Aktivität, Kampfbereitschaft, Aggressivität, Oppositionsfreude oder Halsstarrigkeit und erinnert oft an den gesenkten Kopf der angriffsbereiten Sumo-Ringer oder des angreifenden Stiers. Auch Ihr Kunde kann mit dieser Haltung für bessere Konditionen kämpfen. Reizen Sie ihn nicht! Versuchen Sie, das Problem auf einer anderen Ebene zu lösen. Sie können aus einem Preis- ein Finanzierungsproblem, aus einem Lieferzeit- ein Einsparungsproblem usw. machen.

Ist der Blick schräg, kann daraus Heimtücke, aber auch Schuldbewusstsein abgeleitet werden. So wird Ihr Kunde Sie hoffend beobachten oder unbemerkt nach der schwachen Stelle suchen. Ein gesenkter Kopf kann aber auch Nachdenklichkeit signalisieren. Einer Sache „auf der Spur sein" zeigt sich in Verbindung mit voll geöffneten Augen, gelockerter Halsmuskulatur und Augenstellung mit annähernd parallelen Sehachsen.

Während eines Vortrags senkt der Redner hin und wieder den Kopf, um weitere Gedanken aus dem Manuskript aufzunehmen. Dann ist das Senken des Kopfes körpersprachlich bedeutungslos.

Das Nicken Ihres Kunden bedeutet nicht immer „ja"

Fast weltweit bedeutet das ein- oder mehrmalige Bewegen des Kopfes von oben nach unten und zurück bejahendes Nicken. Dabei wird die Abwärtsbewegung („ja") schneller ausgeführt als die Aufwärtsbewegung. Als Vortragender können Sie das Nicken auch zur Einleitung einer Verbeugungshaltung verwenden.

In Bulgarien, Griechenland und Teilen Indiens wird das Ja durch langsames Hin- und Herwiegen des Kopfes verdeutlicht. „Du könntest Recht haben", sagt diese Bewegung. Sie wurde durch Übereinkunft zum Ja.

Das Nicken kann sehr unterschiedlich ausgeführt werden: Beim bestätigenden Nicken wird der Kopf langsam und unter Beibehaltung des Anschauens gesenkt. So bedeuten Sie Ihrem Kunden: „Reden Sie weiter, ich höre Ihnen zu!" Beim verständnisvollen Nicken führt der Kopf mehrere angedeutete Nickbewegungen aus. Dabei kann das Anschauen, so als ob man sich ohne Störung durch weitere Reize mit dem Gesagten beschäftigen wolle, in ein Wegschauen übergeleitet werden.

Will Ihr Kunde ausdrücken: „Wie interessant", kann er ein ermutigendes Nicken zeigen. Auch bei diesem Nicken bleibt das Anschauen erhalten. Oft sind die Augenbrauen hochgezogen und der Mund etwas geöffnet. So besagt dieses Nicken, bei dem einer nur angedeuteten Abwärtsbewegung des Kopfes eine sofortige Aufwärtsbewegung in die vorherige Stellung folgt: „Ich will nichts von dem, was Sie mir sagen, versäumen", „Ich verstehe Sie und bitte Sie, weiter zu sprechen".

Wie bei allen anderen körpersprachlichen Verhaltensweisen sind auch beim Nicken die zusätzlich gegebenen Signale, wie Öffnungsgrad der Augen, Stellung der Mundwinkel, Haltung des Oberkörpers, der Hände usw. ausschlaggebend für die Gesamtbedeutung.

Wenn der Kopf aufgerichtet wird

Wer den Kopf aufrichtet, bietet den Hals an. Die schutzbedürftigste Stelle wird nicht mehr gedeckt. So zeigen Sie, dass Sie sich sicher fühlen und sich nicht davor fürchten, dass Ihnen „jemand an den Hals springt". Mit dem Aufrichten des Kopfes drücken Sie die Steigerung Ihres Selbstwertgefühls und Ihrer Tatbereitschaft aus.

Einer meiner Seminarteilnehmer, ein Unternehmer, nannte in seinem Vorstellungsreferat Daten seines Unternehmens. Jedes Mal wenn er ein positives, beeindruckendes Merkmal aussprach, hob er auch überdeutlich den Kopf so weit, dass dieser schon fast im Nacken lag. Der so ausgedrückte Stolz und das „Na, da schaut ihr" wurden von den anderen Teilnehmern schnell und richtig gedeutet.

Oft ist mit dem Aufrichten des Kopfes eine kräftige Einatmung verbunden. Dieses gleichzeitige Auffüllen des Luftvorrates bekundet den Willen, sich zum Handeln vorzubereiten und zeigt die Bereitschaft zur freimütigen Auseinandersetzung.

Wird der Kopf steil erhoben, drückt sich stolze Unnahbarkeit und Überheblichkeit aus.

An der Universität Stuttgart sprach mich einer der Professoren an. Er erzählte mir, dass ihn einer seiner Studenten, mit dem er eine besonders gute Beziehung pflegt, auf eine seiner Verhaltensweisen angesprochen habe. Er wirke, so sagte ihm der Student, in letzter Zeit überheblich und manchmal arrogant. Nach den Beobachtungssituationen befragt, nannte der Student als Beispiel: „Wenn Sie von der Hinweistafel, dem „Schwarzen Brett“, ablesen.“ Jetzt war alles klar. Der Professor hatte eine neue Brille, in deren Gläser der Leseteil im unteren Drittel der Gläser eingeschliffen war (bifokal). Wollte er am Informationsbrett etwas in Augenhöhe Stehendes lesen, musste er den Kopf weiter als normal heben, um durch den unteren Teil der Brillengläser schauen zu können. Die Verhaltensweise, die den Eindruck der Überheblichkeit und Arroganz hervorgerufen hatte, war geklärt.

Wenn der Kopf nach hinten fällt

Selbstaufgabe zeigt sich, wenn der vorher aufrechte Kopf schlaff zurückfällt. Im Gegensatz zur Unterwerfung, bei der mit Senken des Kopfes eine Verkleinerung der Gestalt einhergeht und der Hals geschützt wird, bietet der schlaff zurückfallende Kopf den Hals ungeschützt dar. Bedrohtsein hat dem Ausgeliefertsein Platz gemacht. Auch eine Hingabe an Erinnerungen, musische Genüsse etc. kann sich so ausdrücken. Kombiniert mit Lachen, wird die Unterwerfung ins Spielerische umgedeutet. Dabei gleitet der Kopf allmählich aus dem Zustand der Getragenheit in den Zustand der Gelöstheit. Geringe Spannung lässt auf eine träge, passive Seelenhaltung schließen und kommt möglicherweise aus einer in Bequemlichkeit begründeten Sorglosigkeit.

Das Zurückgleiten des Kopfes und die sich einstellende Spannungslockerung können auf eine Minderung der Konzentration schließen lassen. Deshalb ist der zurückgelegte Kopf oft beim Träumen – beim ‚Hans-Guck-in-die-Luft‘ – und bei besinnlichem Erleben beobachtbar. Auch hingebendes Genießen drückt sich je nach Spannungsgrad und Augenausdruck so aus.

Ganz Gegenteiliges drückt sich aus, wenn der Kopf mehr oder weniger ruckartig angehoben wird. Die Kinnspitze steigt in die Höhe. Der Hals wird exponiert und nicht achtend der ‚Gefahr‘ freigesetzt. Die Bewegungsrichtung erfolgt nach außen. Die Spannung ist gesteigert, der Blick konzentriert. Diese Einzelheiten lassen Auseinandersetzungsbereitschaft und Kühnheit erkennen.

Ist die Bewegung ruckartig, wird sie als ‚hochfahrend' beschrieben. Diese Reaktion zeigt aggressive Regungen. Auch hier sind der Ausdruck der Augen, die Stellung des Mundes und das Verhalten der übrigen Körperteile, wie bei jeder Einzelbewegung, zur Gesamteinschätzung unbedingt heranzuziehen.

Verbunden mit einem aufdringlichen Blick, wirkt das Zurückwerfen des Kopfes frech und herausfordernd. Möglicherweise wird das Tier im Menschen durch den so offen dargebotenen Hals zum Angriff gereizt. Je ruckartiger die Bewegung verläuft, desto mehr emotionale, aggressive Gestimmtheit drückt sie aus. Bleibt der Kopf nicht in der neuen Lage und gleitet er unter Beibehaltung leichter Versteifung bis nahe an die Ausgangsstellung zurück, will die Auseinandersetzung vermieden werden. Es stellt sich dann ein Ausdruck der Trotzdynamik dar. Eine vorübergehende Freigabe des Halses, etwa in der Ausführung einer Aufforderung, zeigt, dass nichts Ernsthaftes droht, dass nichts befürchtet wird.

Bei ruhiger Ausführung ist auf überlegene Einstellung zu schließen. So drückt sich die wortlose Aufforderung oder die wortlose Frage aus. Das Kinn wird Antwort heischend vorgeschoben. Möglicherweise sind die Augen anormal weit geöffnet, um die Antwortreaktion voll erfassen zu können. Im Grunde genommen handelt es sich dann um ein umgekehrtes Antwortnicken. Der Kopf fährt schnell zurück und langsamer wieder nach vorne. So zeigt sich der „Aha-Effekt".

Wenn sich der Kopf seitlich neigt

Die beiden Seiten unseres Kopfes werden von den jeweils gegenüberliegenden Gehirnhälften (Hemisphären) gesteuert. Die linke Hirnhälfte steuert die rechte Kopf- und Körperseite, die rechte Hirnhälfte steuert die linke Kopf- und Körperseite. Geschieht in einer der Hirnhemisphären ein Schlaganfall und führt dieser zu Lähmungserscheinungen im Gesicht, ist, sofern entsprechende Zentren betroffen sind, die der durchblutungsgestörten Hirnhemisphäre gegenüberliegende Gesichts- und evtl. Körperhälfte oder Teile davon gelähmt. Aus diesen Erkenntnissen wissen wir, was das jeweilige Neigen des Kopfes bedeutet.

Schon in früher Kindheit wird der Kopf nach rechts geneigt, wenn vom Gesprächspartner Vorteile erhofft werden oder Sympathie gezeigt werden soll. Dieses seitliche Neigen des Kopfes spielt eine enorm wichtige Rolle bei der Regulierung von Begegnungen. Sie erinnern sich? Kinder geben das Spielzeug bereitwilliger her, wenn die anderen mit ‚gekipptem Kopf' danach greifen. Und Ihr Kunde wird leichter „ja" sagen, wenn Sie ihn mit nach rechts geneigtem Kopf fragen.

Aus den vorstehenden Erklärungen und Beispielen ist zu folgern, dass das seitliche Neigen des Kopfes nach rechts, insbesondere in der Frontalebene, einen Verzicht auf Eigenwillen und den Ausdruck des Entgegenkommens und der Nachgiebigkeit signalisiert.

Wenn der Kopf pendelnd hin und her bewegt wird

„Soll ich oder soll ich nicht", scheint sich ein Kunde zu fragen, dessen Kopf sich pendelnd hin- und herneigt. Dieses Wiegen drückt Kritik und Zweifel, für eine positive Entscheidung stimmenden Wunsch und dagegen sprechende Fakten, also Zweifel, aus. Die Schaukelbewegung verrät fehlende Geborgenheit und Unsicherheit. Bei spannungsarmer Ausführung fehlt auch der Glaube, dass die Unentschiedenheit überwunden werden kann. Oft ist dieses Verhalten kombiniert mit hochgezogenen Schultern und heruntergezogenen Mundwinkeln. Die hochgezogenen Schultern – Deckung des Halses – zeigen, dass weitere Angriffe beziehungsweise Reize befürchtet werden oder dass diese noch mehr Zweifel und Ratlosigkeit verursachen würden. Die heruntergezogenen Mundwinkel drücken die Ratlosigkeit und die ‚Bitterkeit' der Situation als Bitterreaktion aus.

Wenn der Kopf kombinierte Bewegungen ausführt

Aus der Vielzahl möglicher Kombinationen von Kopfhaltung und weiteren Verhaltensweisen sei hier nur ein Beispiel herausgegriffen:

Ein Kunde zeigt mit an die Brust gezogenem Kinn, hochgezogenen Schultern, und gekrümmtem Rücken: Der Hals soll durch die hochgezogenen Schultern und das angezogene Kinn geschützt werden. Der gleichzeitig gesenkte Kopf signalisiert, insbesondere wenn das Gegenüber dabei noch angeschaut wird, Angriffshaltung. Der gekrümmte Rücken lässt bei Spannung auf Aktivitätsvorbereitung schließen.

Solche Verhaltensweisen können sich beim Anhören Angst einflößender Nachrichten einstellen, zum Beispiel einer ‚Gardinenpredigt' oder bei trotziger, halsstarriger und hartnäckiger Reaktion auf Reize. Dabei wird der

Hals starr, der Nacken hart; der Gesamteindruck bockig – „mit dem Kopf durch die Wand“ – entsteht.

Auch dieses Beispiel zeigt: Je mehr Einzelverhaltensweisen in die Deutung einbezogen werden können, desto besser wird das Ergebnis.

Wenn das Gesicht zugewendet wird

Dies ist die zwischen Verkäufer und Kunde optimale Haltung. Beide schauen sich voll an. Bei der vollen Zuwendung des Gesichts ermöglicht die Halsmuskulatur die Getragenheit des Kopfes bei schwacher Grundspannung. In dieser vollen Zuwendung drückt sich Interesse ohne Hintergedanken aus. Die Zuwendung kann gekoppelt werden mit schwachem Nicken oder anderen aufwertenden, Interesse demonstrierenden Signalen.

Weniger Interesse drückt die unvollständige Zuwendung aus. Dabei erfolgt die Kopfdrehung nicht so weit, dass die ganze Antlitzfläche dem Partner zugewendet wird. So ergibt sich ein schräg aus den Augenwinkeln kommender Blick. Ein Widerspruch zwischen Kopfhaltung und Blickrichtung wird deutlich. Aus diesem Grund wird der so entstehende Blick auch „schräger Blick“ oder „lauernder Blick“ genannt. „Ob der Verkäufer wohl noch etwas nachlassen wird?“ Eine solche Frage kann sich hinter dem schrägen Blick verbergen.

Bei der verhaltenen Zuwendung wird die Zuwendungsbewegung während der Ausführung abgebremst. Es scheint so, als fiele dem sich zuwenden Wollenden gerade noch rechtzeitig ein, dass das Objekt oder der Partner nicht der vollen Zuwendung würdig ist. So kann dieses Verhalten als Kränkung verwendet und verstanden werden.

Wenn das Gesicht abgewendet wird

Diese ausweichende Bewegung besagt, dass die volle Zuwendung nicht mehr gewollt ist, dass das Interesse am Objekt nicht mehr besteht.

Bereits Neugeborene drehen den Kopf zur Seite, wenn sie einem unangenehm erlebten Reiz ausweichen wollen. Mit dem Wegdrehen wenden sie auch zwei besonders wichtige Rezeptoren, nämlich Nase und Mund, von der Reizquelle ab.

Wird die Bewegung nur halb ausgeführt, ohne dass der Kopf in die Ausgangslage zurückkehrt, entsteht die unvollständige Abwendung. Während das Interesse bei der unvollständigen Zuwendung geweckt wurde, wird es beim Wegdrehen des Kopfes verkleinert. Hält der Kunde das Anschauen noch aufrecht, besagt dies nicht: „Ich habe Interesse und will mehr Informationen, bevor ich mich voll zuwende", sondern: „Mein Interesse ist kleiner geworden, aber vielleicht kommt noch etwas, was mein Interesse wieder vergrößert."

Als erlebnisunfrohe Ablehnung ist das Abwenden durch Kopfdrehen in unserer Kultur zum konventionellen Zeichen der Verneinung geworden. Als nichtsprachliches Nein-Zeichen reicht jedoch eine einmalige Abwendung nicht aus, da sie nicht auffällig genug ist. Die Eindeutigkeit wird mit der Wiederholung der Bewegung erhöht. Dann wird der Kopf wechselnd nach links und von dort nach rechts und wieder zurück gedreht. Diese Verneinungsbewegung kann Ablehnung, Zweifel oder Erstaunen ausdrücken, wie die folgende Episode zeigt: So soll ein Kfz-Meister zu seinem Auszubildenden gesagt haben: „So, und nun wollen wir einmal das Kopfschütteln beim Öffnen der Motorhaube üben!"

Die Größe des Ausschlags nach links und rechts, die Schnelligkeit und der Spannungsgrad der ausgeführten Bewegung zeigen die Stärke der Verneinung.

Ist die Verneinungsbewegung aus Wut motiviert, enthält sie starke Aktionsspannung. Mit gleichem Nachdruck und oft getaktet nach beiden Seiten ausgeführt, wird die Abwendung des Kopfes zum stark ablehnenden Kopfschütteln. Die Abwendung durch Kopfdrehung kann also folgende Bedeutungen haben: „Nein", „Ich kann nicht", „Ich weiß nicht", „Ich will nicht", „auf keinen Fall", „so nicht", „Ich werde nicht".

Vom Verständnis des Kopfschüttelns als „Nein" gibt es Ausnahmen. In Griechenland, Bulgarien und Teilen Indiens wird die Verneinung mit Hochwerfen des Kopfes ausgedrückt. Zur Verdeutlichung werden dabei die Augen geschlossen und die Nase gerümpft. Dies verstärkt die Ablehnung.

Das Gesicht hat die meisten Ausdrucksmöglichkeiten

Die Mimik umfasst die Bewegungen der Gesichtsmuskulatur und die damit möglichen Gebärden und das Mienenspiel des Gesichts. Besonders in der Mimik drückt sich das jeweilige Erleben, Fühlen, Denken oder Wünschen, aber auch die Nachahmung fremder Erlebnisqualitäten oder Ausdrücke aus. Die Fähigkeit, seelische Prozesse in der Mimik auszudrücken, besitzen alle Primaten. Am weitesten ist diese Fähigkeit aber beim Menschen entwickelt. Sein Gesichtsmuskel verzweigt sich in 80 verschiedene große und kleine Muskeln, die eine beinahe unendliche Zahl von Kombinationen und damit Gesichtsausdrücken ermöglichen. Dabei wird die jeweilige Gesichtsseite von der gegenüberliegenden Hirnhemisphäre gesteuert. Das Mienenspiel einer Person in Zusammenhang mit ihrer Gesichtsform ist damit fast so unverwechselbar wie der Fingerabdruck.

Von den äußerlich wahrnehmbaren körperlichen Reaktionen sind diejenigen, die im Gesicht ablesbar sind, am unmittelbarsten mit dem Seelenleben verknüpft. Man kann mit mimischen Ausdrücken nur unvollständig lügen. Mimische Täuschungsmanöver gelingen nur, wenn es dem Akteur gelingt, in das „richtige" Gefühl, die „richtige" Emotion hineinzuschlüpfen.

Je mehr jemand versucht, seine Mimik zu beherrschen (Pokerface), desto wichtiger werden die kleinen Bewegungen im Gesicht für die Deutung. Die kleinen Bewegungen werden, falls Stimmungen verborgen werden sollen, oft vergessen oder lassen sich gar nicht unterdrücken. Versucht es doch jemand, zeigt sich auf der Stirn fast immer eine kleine, nur kurze Zeit sichtbare, waagrechte, senkrechte oder krause Falte über der Nasenwurzel. In unseren Videoanalysen vom Verhalten von Topmanagern, Politikern und Kunden in Interviews und Gesprächen hat sich gerade diese kleine Falte als wichtiges Indiz erwiesen.

Heute werden mimische Ausdrücke bereits mit Computern ausgewertet. Dass alle Menschen ihr Gesicht in ähnlicher Weise bewegen, wenn sie etwas beschäftigt, erleichtert die Arbeit der Mimikforscher. Angst, Ekel, Wut, Freude, Überraschung oder Trauer setzen schon bei Babys immer die gleichen Gesichtsmuskeln in Gang. Später wird das Ausdrucksrepertoire um Verachtung und Scham erweitert. Gegen die unbewussten und blitzartigen Zeichen der Mimik kann sich kaum jemand wehren. Ekman, ein amerikanischer Mimikforscher, erfasste 46 Mini-Muskelbewegungen.

Verfestigen sich Spuren immer wiederkehrender Geschehnisse, werden diese als „mimische Spur" bezeichnet. Die Ausprägung mimischer Spuren verstärkt sich mit zunehmendem Alter. Beim jungen Menschen glätten sich Muskeln und Haut nach einer aktuellen Bewegung sehr schnell. Beim älteren Menschen hat die Haut im Verlauf des Alterns an Elastizität verloren, und die vorherrschende Seelenlage hinterlässt stärkere, durch Wiederholung fester geprägte Spuren.

Die statische Prägung eines Gesichts kann also nur dann ausdruckswertig sein, wenn sie sich als feste Spur mimischer Geschehnisse herausgebildet hat und auf diese hinweist. Je häufiger und intensiver die Innervation (Versorgung mit Nervenreizen) bestimmter Muskeln erfolgt, desto mehr entstehen an der Oberfläche der Haut Spuren und Engramme (= Erinnerungsbilder).

Wenn sich jemand unwohl fühlt, nimmt ein ungeschulter Beobachter im Gesicht des anderen meist nur dessen seltsamen Ausdruck wahr. Fragen wie: „Was machst du für ein Gesicht?“, „Wie schaust du denn?“ zeigen dies. Die meisten Beobachter sehen nicht die Einzelheiten des mimischen Ausdrucks, beispielsweise, wie sich die Augenbrauen bewegen. Zwar registriert das Gehirn alle Einzeleindrücke, aber dem Untrainierten wird nur bewusst, dass etwas nicht so ist, wie es sein sollte, dass etwas nicht stimmt. Beim Training hilft es dann, nicht zu konstatieren, der Gesprächspartner schaue grimmig, enttäuscht, verärgert etc. Es müssen die Beobachtungskriterien (was die Kamera sehen würde!) genannt werden, um die Folgerungen zu untermauern.

Erst wenn dann zum mimischen Ausdruck weitere Verhaltensmerkmale, zum Beispiel Beinstellung, Armhaltung, Fingerhaltung, Umgebung, Situation und Ähnliches wahrgenommen und gedeutet werden, gestattet dies eine relativ sichere Aussage.

Was stark bewegte Mimik verrät

Stark bewegtes Mienenspiel lässt auf rasch aufeinander folgende innere Erlebnisse, lebhaftes, gefühlsbetontes, vielseitiges, lebensnahes und aktives Erleben schließen. Außerdem zeigen die schnellen und starken Bewegungen auch oft impulsive Strebungen. Wesentlich ist auch hier der Spannungsgrad, mit dem die jeweiligen Gesichtsmuskeln aktiviert werden. Stärkerer Spannungsgrad kennzeichnet das tatkräftig zupackende, optimistisch eingestellte und burschikos-robuste Verhalten.

Bei stark bewegter Mimik sind die jeweiligen Bewusstseinszustände nicht sehr nachhaltig. Stark bewegte Mimik zeigt die leichte Entzündbarkeit an Außenreizen. Wiederholen sich im Mienenspiel bei verschiedenen Anlässen die gleichen Bewegungen, zeigt dies die Unfähigkeit, mit differenzierten Reaktionen auf Reize zu reagieren. Extrem ausgedrückt sind dies Primitivreaktionen. Sie zeigen sich in besonders starken und wiederholten Bewegungen. Sie dienen dem Selbstschutz. Beobachtbar sind derartige mimische Abläufe in Zuständen der Emotion und des Affekts, der (blinden)

Wut. Dabei haben die Folgen der starken Wirkung eines Reizes höher entwickelte Bereiche des Gehirns blockiert, sodass auch das ‚Reptilienhirn' genannte Stammhirn jetzt die Verhaltensweisen steuert.

Was wenig bewegte Mimik bedeutet

Viele Verkäufer besuchen lieber Kunden, deren wenig bewegte Mimik auf Stetigkeit der seelischen Vorgänge hinweist. Die mögliche Vielfalt des Erlebens hat nach meist längerer Reifezeit einer größeren Eindringlichkeit Platz gemacht. Viele Reize bleiben unbeantwortet, weil eine sichere Auswahl nach wichtig und unwichtig, wesensgemäß und nicht wesensgemäß und eine unbewusste Abschirmung stattgefunden hat. Wenig bewegte Mimik spricht für wenig ablenkbares, seltener wechselndes Stimmungsgefüge. Diese Mimik überfordert nicht.

Die Reaktionen wirken eher gelassen. Die beobachtbare Zurückhaltung vermeidet Übereilungen. Das Gesicht strahlt eine ansteckende Ruhe aus. Solche Mimik wird assoziiert mit ruhig, beständig, besonnen, verlässlich, überlegen und ausgeglichen. Das wenig bewegte Mienenspiel kann aber bei verminderter Aktivität durch geringe Antriebsstärke und Temperament auch Beschaulichkeit und Bequemlichkeit ausdrücken.

Ein wichtiger Zusatzaspekt ist die Formenfülle. Sie weist auf stärkeres Erleben und Aktivität hin. Formenarmut lässt eher den Schluss auf Lethargie und Bequemlichkeit zu.

Wenn der Ausdruck selten wechselt

Schwieriger sind Kunden bei deren Mienenspiel zum Ausdruck der Monotonie und zu seltenem Formenwechsel noch Langsamkeit und Spannungsarmut hinzukommt. Aus solcher Mimik lässt sich außer seelischer Eintönigkeit auch Impulsschwäche und Schwierigkeiten bei Entscheidungen folgern. Melancholische Bewegungsstörungen, Hemmungen oder Lähmung, können die Gründe sein.

Dieses Ausdrucksverhalten ist kennzeichnend für ausgesprochen eintönige seelische Zustände wie: Langeweile, Trauer, Stumpfheit, affektive Lahmheit, Melancholie und die aus einem übersteigerten schwermütigen Grundgefühl entstehenden völligen Gehemmtheit.

Monotonie und seltener Formenwechsel kann sich auch vorübergehend zum Beispiel als Folge von Krankheit einstellen. Beobachter sprechen bei dieser Mimik von einem leeren, nichts sagenden Gesicht, von ‚eingeschlafenen' Gesichtszügen.

Die Deutung von Einzelausdrücken

Fast alle mimischen Vorgänge bestehen aus vielen Einzelausdrücken. „Er sperrt Mund und Augen auf", „Die kalten Augen widersprechen dem lächelnden Mund" und andere Aussagen zeigen, dass erst bei Betrachtung möglichst vieler Einzelausdrücke eine verantwortbare Deutung möglich wird.

Zum Beispiel beim plötzlichen Begreifen: Ein Verkäufer erklärt einem Kunden den Zusammenhang von Umschlagsgeschwindigkeit und Handelsspanne im Rahmen der Artikelrentabilität. Der Kunde begreift nicht sofort und schaut mit offenen Augen und Mund fragend auf den Erklärenden. Plötzlich atmet er erleichtert auf (aha!). Sein Kopf hebt sich (er will die Informationsquelle möglichst frontal wahrnehmen), seine Augen öffnen sich etwas weiter (er nimmt den auftauchenden Gedanken auf). Der Mund erfasst etwas (schnappt auf), das Aha-Erlebnis hat sich abgerundet.

Die Stirn

Im dynamischen Verhalten dient die Stirnmuskulatur als Hilfsfunktion für den Augenausdruck. Aus den mit der Aktivität der Augenpartie zusammenhängenden Muskelbewegungen bilden sich senkrechte und waagrechte Stirnfalten.

Was zeigen senkrechte Falten der Stirn?

Diese Falten entstehen beim Fixieren der Blickrichtung (Konzentration) und auch, wenn gegen blendendes Licht ein Ziel ausgemacht werden soll.

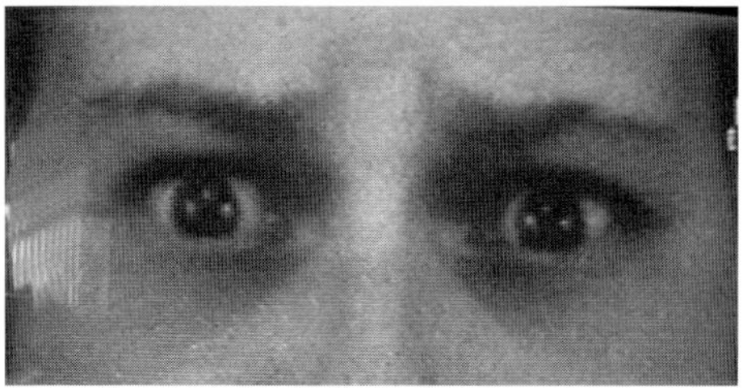

Senkrechte Falten über der Nasenwurzel sind Zeichen eines geistig fixierten Wollens. Deshalb werden diese Falten außer als ‚Kämpferfalte' auch als ‚Willensfalte' oder ‚Konzentrationsfalte' bezeichnet. Die Faltenbildung geht meist Hand in Hand mit der Funktion des Augenbrauenrunzlers. Er spannt die innere Augenmuskulatur und klemmt den Augapfel fest. Dadurch wird der Blick auf einen bestimmten Punkt eingestellt. Das Auge wird in eine für die Beobachtung oder die Bearbeitung kniffliger Aufgaben günstige Stellung gebracht. Die für die Aufgabe notwendige Aktionsspannung spricht für den Ausdruck des zielgerichteten Wollens. So sind die senkrechten Stirnfalten auch Ausdruck geistiger oder körperlicher Anstrengung. So könnte Ihr Kunde über Ihr Angebot nachdenken. Der Brauenrunzler, der lange Zeit auch „Muskel des Zorns" genannt wurde, ist in jedem Fall ein Muskel der Anstrengung, der Kritik, des Missvergnügens, der über das Normalmaß hinausgehenden körperlichen oder geistigen Tätigkeit. Sehen Sie diese Falte bei Ihrem Kunden, sprechen Sie langsamer, in kurzen, leicht verständlichen Sätzen. Entspannt sich die Stirn Ihres Kunden bestätigt dies die Richtigkeit der Maßnahme. Als Dauerfalte bleibt die Falte meist erst nach dem 20. Lebensjahr erhalten.

Wie waagrechte Falten zu deuten sind

Waagrechte Stirnfalten entstehen beim Anheben der Augenbrauen und normalerweise bei geöffneten Augen. So ist eine maximale Lidöffnung möglich. Es soll möglichst viel wahrgenommen werden, weil die vorhandenen Informationen noch nicht verstanden oder verarbeitet werden konnten. Deshalb wird dieser mimische Ausdruck auch als Mimik der Angst, des Schreckens, der Begriffsstutzigkeit, des Staunens, aber auch des plötzlichen Begreifens verstanden.

Wird mittels dieser Mimik das Staunen ausgedrückt, ergibt sich ein suggestiver Kundgabecharakter. Diesen nutzt derjenige, der wichtig tuend, mit aufgerissenen Augen eine der eigenen Meinung nach tolle Neuigkeit bekannt gibt. Spricht Ihr Kunde mit diesem Gesichtsausdruck, müssen Sie interessiert zuhören und Bewunderung zollen. Zeigt er diesen Ausdruck, während Sie sprechen, sind Sie auf dem richtigen Weg.

Das gleiche Bild der aufgerissenen Augen und der waagrechten Stirnfalten zeigt sich auch beim müden Menschen, der krampfhaft bemüht ist, die Augen offen zu halten. Die Arbeit der Stirnmuskulatur hält so die Augen offen, ohne dass der Augendeckelheber aktiv beteiligt sein muss.

Die Koppelung der waagrechten Falten mit etwas hängenden Augenlidern erweckt den Eindruck des Müden und Desinteressierten. Weil die

Muskeln, die die waagrechten Falten der Stirn bilden, das Offenhalten der Augen erleichtern, werden diese Muskeln auch „Muskeln der Aufmerksamkeit“ genannt. Sind die waagrechten Stirnfalten stark eingegraben, deutet dies auf einen aufmerksamen Beobachter hin.

Fließen senkrechte und waagrechte Falten ineinander, entstehen krause Stirnfalten. Sie signalisieren Bedrängnis und gequälte Hilflosigkeit.
Die wirr zerfurchte Stirn entspricht meist einem seelisch-geistigen Wirrwarr. Wille (senkrechte Falten) und hilflose Suche nach Lösungen (waagrechte Falten) wirken in dieser Mischung ratlos. Dieses Bild kennzeichnet den sich zermürbenden und/oder unkreativen Grübler, den für die momentane Aufgabe schwach Begabten, den hilflos Ängstlichen, also den Menschen, der in seiner momentanen Bedrängnis keinen Rat mehr weiß. Diese Faltenbildung drückt auch Denknot bei besonderen Schwierigkeiten in der geistigen Verarbeitung von Reizen und Eindrücken aus. Bei Kindern zeigen sich krause Stirnfalten oft direkt vor Beginn des Weinens. Bei entscheidungsunfreudigen Kunden oft vor deren Entscheidung.

Die Augenbrauen

Die Form der Augenbrauen ist angeboren. Durchschnittlich sind die Augenbrauen drei bis vier Zentimeter lang und etwa einen Zentimeter breit. Die Augenbrauen sitzen auf Muskeln, die eine willkürliche oder ungewollte Veränderung ihrer Form und Lage erwirken können. Deshalb können sie mehr oder weniger lebhaft bewegt werden. Durch die Bewegungen verändert sich die ererbte Grundform der Augenbrauen im Laufe eines Lebens. Werden die Augenbrauen sehr oft prüfend nach oben gezogen, so ergibt sich im Laufe der Jahre eine auch im Ruhezustand höhere Augenbrauenstellung.

Ein kurzes Emporschnellen oder Hochziehen der Augenbrauen ist Bestandteil der komplexen Figur des Achselzuckens. Es drückt Hilflosigkeit, Nichtverschulden und Nichtwissen, aber auch Erstaunen und damit möglicherweise in Verbindung stehende Freude aus. Als Begrüßungssignal ist diese Bewegung weltweit beobachtbar. Dieses schnelle Brauenheben ist als Augengruß bekannt. So sagt Ihr Kunde „Ja" zum sozialen Kontakt. Es kann bedeuten: „Schön, Sie zu sehen!", „Ach, Sie sind auch hier?" usw. So wird auch die non-verbale Frage, die Aufforderung zum Weitersprechen, ausgedrückt.

Die Senkung der Augenbrauen ist möglich durch den Augenschließmuskel. Dieser verengt die Lidspalte des Auges, sodass dadurch automatisch ein Hinabziehen der Brauen erfolgt. Der Muskel, der die inneren Enden der Augenbrauen hebt, heißt „inneres Bündel des Stirnmuskels". Die Physiognomie nennt ihn auch „Muskel des tragischen Schmerzes".

Durch Tätigkeit der entsprechenden Muskulatur können die Augenbrauen bis zu 40 verschiedene Positionen einnehmen. Im Schauspiel und in der bildenden Kunst wird Schmerz oft in der Weise dargestellt, dass die inneren Brauen angehoben und so dem Antlitz der Ausdruck des Unglücklichen, Erschütterten gegeben wird. Der Gegenspieler „des inneren Bündels des Stirnmuskels" ist der Brauenrunzler.

Bei aktueller oder eingebildeter Gefahr werden die Augenbrauen heruntergezogen. Dies ist Teil einer alten Reaktion. Die so heruntergezogenen Augenbrauen bilden, oft gekoppelt mit hochgezogenen Wangen, einen Puffer und schützen so die Augen. Dieses Schützen der Augen kommt oft auch beim Lachen, bei Ekel oder beim Weinen zustande.

Wird nur eine Augenbraue hochgezogen, formuliert dieser Ausdruck einen inneren Widerspruch und/oder Zweifel. Die hochgezogene rechte Augenbraue drückt eher kritische, die hochgezogene linke eher misstrauische, skeptische Einstellung aus (bei den meisten Rechtshändern).

Die Augen

Zum Schutz gegen äußere Gewalteinwirkungen liegen die Augen in einer trichterförmigen, knöchernen Augenhöhle, eingebettet in Fettgewebe. Die empfangenen Impulse werden über den Sehnerv zum Sehzentrum des Gehirns im Hinterkopf geleitet.

Hilfsorgane des Auges sind die Tränendrüsen, die Augenlider, die Bindehaut und die Augenmuskeln.

Sichtbar sind die Augenbewegungen, die Größe der Lidspalten, die Größe der Pupillen, der Glanz und der Lidschlag. Hinzu kommen physiognomisch der Abstand zwischen den Augen und die Tiefe der Augenlage, die Formen der Lider, der Brauen und Wimpern sowie die Farben der Iris. Anatomisch betrachtet, regelt ein System von Muskeln die Bewegungen und das Schließen und Öffnen der Augen. Diese Muskeln, die in schmalen Bündeln aus dem Innern der Augenhöhle kommen oder sich als dünne scheibenförmige Muskeln unmittelbar unter der Haut ausbreiten, bilden den so genannten Ringmuskel der Augen. Da dieser Muskel in die benachbarten Stirn-, Jochbein- und Nasen-Lippenmuskeln übergeht, veranlasst seine Kontraktion normalerweise auch eine mimische Veränderung dieser Muskelpartien.

Die Lider schließen den Augapfel schützend nach außen ab. Die äußeren Augenmuskeln, vier gerade und zwei schräge, bewegen den Augapfel in alle Richtungen und sind durch Reize vom Gehirn her so mit den Muskeln des anderen Auges gekoppelt, dass beide Augen normalerweise nur gleichsinnig bewegt werden können. Tritt in diesen gleichsinnig gekoppelten Augenbewegungen eine Störung auf, zum Beispiel eine Augenmuskellähmung, so sieht der Betroffene doppelt, er schielt.

Augen als „Spiegel der Seele“, „Unterpfand der Treue“, „Krater des Hasses“, „Symbol der Lebenskraft“ und „leuchtende Sterne“ werden besonders häufig mit seelischen Zuständen in Verbindung gebracht. Tatsächlich ist das Auge ein besonders wichtiger Rezeptor. Zirka 80 Prozent der Sinneseindrücke nimmt der Mensch unserer Zeit mit den Augen auf. Auch als Ausdrucksorgan ist das Auge wichtig. Man erkennt sofort, ob Augen weich, sanft, durchdringend, hart, stechend, leer, ausdruckslos, abwesend, glasig, stumpf, funkelnd, blitzend, freudig, glühend, kühl, abweisend oder verliebt auf einen gerichtet sind. Es gibt lachende und weinende Augen. Augen können verführerisch, zart oder liebkosend schauen. Blicke können erregen, packen, begeistern. Blicke „können mehr sagen als Worte“, aber auch „töten“.

Die verschiedenen Öffnungsgrade der Augen

Die Öffnungsgrade, für sich allein betrachtet, sind mit der Sehfunktion des Auges erklärbar.

Aufgerissen, voll geöffnet, offen, verhängt, abgedeckt, einseitig zugekniffen, spannungslos geschlossen, mit Spannung geschlossen und blinzelnd – die verschiedenen Öffnungsgrade des Auges beziehungsweise der Augen zeigen grundsätzlich, wie viel wahrgenommen werden will. Vom unfassbaren Aufgerissensein reicht die Palette bis zu für die Ruhe und zur Abschirmung von Umweltreizen geschlossenen Augenlidern.

Wenn jemand die Augen aufreißt

Aufgerissene Augen sind immer gekoppelt mit waagrechten Stirnfalten. Deshalb lesen Sie hier einige Wiederholungen, aber auch Besonderheiten.

„Aufgerissene Augen“ sind übernormal weit geöffnet. Solche Augen zeigen die optische Bezogenheit auf die Umwelt. Die überweite Öffnung will noch mehr bildhafte Informationen aufnehmen.

Bewunderung und Staunen, aber auch Überraschung und Verblüffung werden so sichtbar. Außerdem zeigen aufgerissene Augen auch Angst, erlebte Bedrohung, Erschrecken.

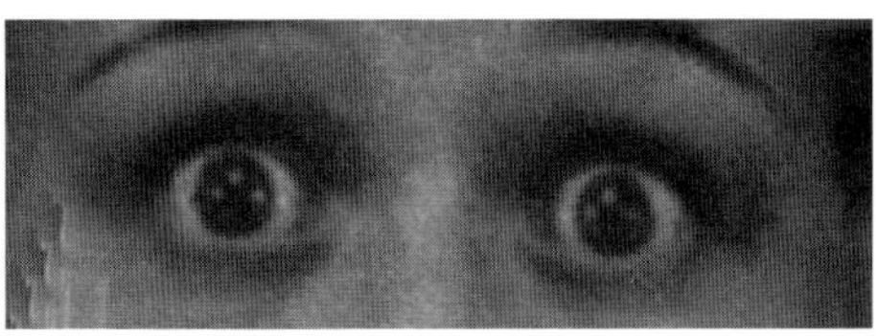

Entsetzen, höchste Neugier, hochgespannte Erwartung, Hoffnung und Sehnsucht. „Mit den Augen verschlingen“ will ausdrücken, dass die Augen bei großem Interesse so groß werden wie der aufgerissene Mund. Hilflosigkeit, Naivität und Nicht-Begreifen-Können, der Versuch, mehr zu sehen und zu verstehen, zeigt sich so.

Angeschaut werden aus voll geöffneten Augen

Eine bei aufgerissenen Augen übertriebene Öffnung der Lidspalten ist ermüdend. Deshalb bleiben die Augen nur kurze Zeit aufgerissen, nur so lange also, wie der nach schneller Orientierung verlangende Schreck, die Freude oder Überraschung anhalten.

Je länger die Augen geöffnet sind, desto mehr deutet dies auf Aufgeschlossenheit, Weltoffenheit und Aufmerksamkeit hin.

Voll geöffnete Augen wollen, ohne eine konkrete Auswahl zu treffen, möglichst viele Eindrücke aufnehmen. Sie lassen oft passiv empfangend Informationen ungehindert einströmen. Die Sehachsen schneiden sich nicht in einem Zielpunkt, sondern verlaufen parallel, zum Beispiel beim Aufnehmen der Reize einer Landschaft, wenn Bilder der Vorstellung vorüberziehen, also wenn nicht aktiv selektiert, sondern beschauend betrachtet werden soll. So sprechen voll geöffnete Augen für ein ausgesprochen aufgeschlossenes Wesen, hohe Empfänglichkeit der Sinne, seelisch-geistige Wahrnehmungsbereitschaft und generelles Interesse.

Mit voll geöffneten Augen zeigt Ihr Kunde demzufolge:

- geistige Produktivität (die Augenöffnung entspricht der schöpferischen Aktivität des Gehirns),
- Unschuld (viele setzen voll geöffnete Augen ein, um Vertrauen zu erwecken).

Schauen mit offenen Augen

Fast alle Erwachsenen haben gleich große Augen. Die unterschiedlich sichtbare Größe resultiert aus der Öffnung der Lidspalten. Menschen, die starkes Interesse für ihre Umwelt aufbringen, heben das Oberlid mehr als andere. Dadurch wird der Oberlidheber stärker ausgebildet. Die Dauerhaltung der voll geöffneten oder offenen Augen wird so entwickelt. Offene Augen sprechen für optimistischen Reizempfang. Die Pupille ist frei für die Reizaufnahme.

Schauen mit verhängten Augen

Als mimische Form zeigen verhängte Augen Gleichgültigkeit, Stumpfheit, Trägheit, Affektlahmheit, Resignation und Überheblichkeit, bei der der andere „keinen offenen Blick wert ist“. Der Blasierte zeigt mit dieser Lidstellung, dass es sich für ihn nicht lohnt, die Welt richtig anzuschauen.

Das verhängte Auge kann aber auch aus einer Lähmung des Augenlidhebers (Ptosis) resultieren. Deshalb sei hier vor vorschnellen Schlüssen gewarnt.

Schauen mit abgedeckten Augen

Abgedeckte Augen entstehen durch eine Verengung der Lidspalte. Diese Form liegt in der Ausdrucksskala zwischen verhängten und zugekniffenen Augen. Wegen des zusammengezogenen Augenkreismuskels – dabei wird vorwiegend das Unterlid bewegt – bleibt nur noch ein Sehschlitz übrig.

Die Verengung der Lidspalten dient der punktuellen Beobachtung. Die Sehachsen verlaufen dabei nicht mehr parallel, sondern konvergierend (sich schneidend).

Aktive Spannung bei der Verengung der Lidspalte zeigt die gewollte Hinwendung zu einem Ziel. Ist dieser Ausdruck mit einem seitlichen Blick gekoppelt, drückt dies Lauern und Verschlagenheit aus.

Der Blick mit abgedeckten Augen dient auch der misstrauischen Prüfung. Er kann Zudringlichkeit und möglicherweise Sadismus und Aggression ausdrücken. Hintergründe können versteckte negative Absichten, Hinterhältigkeit oder Drohung sein. Mit diesem Blick kann Ihr Kunde Ihre Absichten erfahren wollen, ohne eigene Absichten preiszugeben. Ein Kunde, der seine Augen so abdeckt, blickt dann durch den schmalen Spalt wie durch den Sehschlitz eines Visiers. Dies gibt ihm die Sicherheit, selbst wahrzunehmen, aber gegen die Blicke des Verkäufers genügend geschützt zu sein. Dieser Blick wirkt unangenehm, kalt, stechend, grausam.

So eingeschränkt werden andere Eindrücke ausgeblendet. Eigensinn, Trotz, Engherzigkeit, Eigenbrötlertum, Kleinlichkeit und überkritische Einstellungen können mit diesem Blick ausgedrückt werden.

Schauen mit zugekniffenen Augen

Diese Augenstellung drückt eine unlustbetonte Schutzmaßnahme aus und ist meist durch schmerzhafte oder lästige Reize, grelles Licht, beißenden Rauch oder durch Fremdkörper im Auge verursacht. Wenn Sie von Ihrem Kunden so angeschaut werden, haben Sie sich mit Ihrer zuvor gemachten Aussage nicht weitergeholfen.

Als unmittelbare Reaktion bedeuten zusammengekniffene Augen konzentriertes geistiges Verhalten, zum Beispiel das Verarbeiten eines Außenreizes oder einer eigenen Idee. Dabei wird, um nicht abgelenkt zu werden, ein imaginärer Punkt im Raum fixiert und so die kritische Verarbeitung des Einfalls eingeleitet. Es kann auch der Punkt des Interesses unmittelbar fixiert werden. Dann hängt das in diesem mimischen Ausdruck gezeigte

Interesse unmittelbar mit dem fixierten Punkt zusammen. Oft drücken zugekniffene Augen generelle Unlust, körperlichen Schmerz, unangenehme Gedanken oder Folgen von seelischem Missbehagen aus.

Wenn ein Auge zugekniffen ist

Das einseitig zugekniffene Auge wird hauptsächlich zur Kundgabe und heimlichen Verständigung genutzt. Mit weniger Spannung ausgeführt, wird das Zukneifen eines Auges auch als Koketteriesignal nutzbar, insbesondere wenn es mit einem seitlichen Neigen des Kopfes und entsprechendem Lächeln begleitet wird.

Mit dem „Zwinkern", einer Spielmöglichkeit des einseitig zugekniffenen Auges, soll geheimes Einverständnis hergestellt werden. Ihr Gesprächspartner könnte Ihnen so im Beisein seines Chefs heimlich kundtun: „Wir bedürfen unserer Sinnesorgane (Augen) nicht mehr, wir wissen auch so Bescheid." Beim Zwinkern bleibt meist ein Auge geöffnet. Es überprüft, ob der so Angesprochene verstanden hat.

Wird ein Auge zugekniffen und das andere unverwandt auf das Gegenüber gerichtet, sagt dies: „Ich habe dich durchschaut, ich bin meiner Sache so sicher, dass ich das eine (zugekniffene) Auge gar nicht mehr benötige."

Ist auch beim noch offenen Auge der Kreismuskel verengt, kann dies die Vorbereitung eines tätlichen Angriffes erkennen lassen.

Etwas harmloser drückt diese Augenstellung aus, dass jemand, zum Beispiel in einer Debatte, noch einen Trumpf besitzt. Die Stellung des zugekniffenen Auges ist typisch für Verschmitzte, Schelmische, Pfiffige, Listige, aber auch für Wichtigtuer, Gauner und Zudringlich-Freche.

Wenn die Augen spannungslos geschlossen sind

Zum Einschlafen und/oder wenn keine Eindrücke mehr aufgenommen werden wollen, sind die Augen ohne besondere Spannung geschlossen. Sie drücken so das Abschließen gegen Außeneindrücke aus und dienen dem Rückzug auf sich selbst.

Wer die Augen geschlossen hat, möchte nicht gestört werden. Gründe dafür können sein: Besinnung und Genießen-Wollen (zum Beispiel im Konzert).

Spannungslos geschlossene Augen können auch zur Kundgabe verwendet werden. Dann werden die Augenlider und der Kopf für einen Moment gesenkt. Die geschlossenen Augen drücken aus, dass verstanden wurde und weitere Informationen unnötig sind. Bei der heimlichen Kundgabe werden die Augen unauffällig und langsam geschlossen. So wird gezeigt, dass es sich, nachdem man übereingekommen ist, nicht mehr lohnt, die Augen für weitere Eindrücke offen zu halten.

Da die spannungslos geschlossenen Augen immer ein Nicht-mehr-wahrnehmen-Wollen der Umwelt ausdrücken, wird diese Augenstellung auch verwendet, wenn jemand, weil er sonst reagieren muss, etwas nicht gesehen haben will. Dicsc Botschaft sagt dcm andcrcn: „Ich habc nichts gesehen, tue, was du willst." Daher kommt die Aussage „beide Augen zudrücken".

Oft werden bei dieser Art des Augenschließens der Kopf und/oder der Oberkörper ebenfalls abgewendet.

Was Lidbewegungen mitteilen

Der Lidschlag ist eine unwillkürliche, unlustbetonte Reaktion auf Behinderung. „Das ging ins Auge" gilt nicht nur für körperliche Störungen! Die Behinderung kann durch einen Fremdkörper körperlich, aber auch durch Aussagen des Verkäufers, die negatives Betroffensein, Unsicherheit, Verlegenheit, schlechtes Gewissen und Nervosität auslösten, bedingt sein. Mehrere Lidschläge kurz aufeinander folgend können das Unterbrechen-Wollen eines als unangenehm empfunden Blickkontaktes bedeuten und eine Zwischenstellung zwischen dem Offenhalten-Wollen und Niederschlagen-Wollen der Augen bedeuten.

Die verräterischen Pupillen

Obwohl das Auge ausschließlich für die Aufnahme von Lichtreizen konstruiert ist, die Pupille also ausschließlich auf Lichtreize reagieren sollte, sind auch seelisch bedingte Pupillenreaktionen beobachtbar: Auf sensible Reize (Schmerz) und bei allgemeiner Erregung des sympathischen Nervensystems weitet sich die Pupille, deren Durchmesser von zwei bis acht Millimeter reicht. Möglicherweise kann man deshalb von einer hellen oder düsteren Stimmung sprechen.

Auf interessante Objekte reagiert das Auge mit einer spontanen Weitung der Pupillen. Größere Pupillen wirken sympathischer als verengte. Nicht nur die aufgerissenen beziehungsweise weit geöffneten Augen, sondern auch die Weitung der Pupillen signalisieren Interesse. Dieses unbewusst aus den weit geöffneten Pupillen gefolgerte Interesse des Gegenübers an der eigenen Person führt dazu, dass dessen weit geöffnete Pupillen als angenehm erlebt werden.

Der Psychologe Dr. Ekhard Hess hat sich intensiv mit den unwillkürlichen Weitungen und Verengungen der Pupillen befasst. Sein Forschungsgebiet nannte er Pupillometrie. Seine Forschungsergebnisse bestätigen, dass eine Wechselbeziehung zwischen der Pupillengröße einer Person und ihrer gefühlsmäßigen beziehungsweise emotionalen Befindlichkeit besteht. Bei gefühlsmäßigen Empfindungen und positiven emotionalen Erregungen weiten sich die Pupillen. Bei negativen Emotionen, Zorn, Wut oder Ungehaltensein, verengen sie sich. Diese kaum spürbare Reaktion wird vom Betrachter unterschwellig verstanden.

Pupillen lügen nicht. Das weiß auch die Werbeforschung. Zum Test von Werbebotschaften wurden Kameras entwickelt, die sowohl den Werbespot oder die Werbebilder als auch die Pupillenreaktionen der Betrachter aufnehmen können. Bei den Abbildungen, die subjektiv positiv erlebt werden, weiten sich die Pupillen mehr als aus Gründen der Lichtmenge nötig ist, während eine Verengung der Pupillen das Missfallen ausdrückt. Dass die Weitung der Pupillen Interesse beziehungsweise Wohlgefallen verrät, wussten schon die Jade-Einkäufer im alten China. Sie trugen deshalb an Drahtgestellen vor die Augen gehängte farbige Gläser. So verhinderten sie, dass der Verkäufer ihre Pupillensignale erkennen und bei Weitungen der Pupillen den Preis für das jeweilige Stück erhöhen konnte.

Anblicken oder Anschauen

Der Blick ist die kurze Zuwendung und eine auf Eroberung (Aggression) gerichtete Ausdrucksform. Der Blick dient dazu, Kontakt aufzunehmen, zu beeindrucken, zu fixieren, zu drohen usw. „Ein Auge auf jemanden haben" und Blickkontakt signalisieren sowohl positives als auch negatives Interesse. Manchmal wird statt „Blickkontakt" auch das Wort „Augenkontakt" benutzt. Letzteres ist unrichtig. Nicht die Augen (Organe), sondern die Blicke (Ausdrücke) treffen sich.

Im Gegensatz zum ziellosen, umherschweifenden, aufmerksamen Schauen ist der Blick auf ein Objekt fixiert. Die Skala reicht dabei von Anstarren bis zum ‚Hindurchsehen'. Das Anstarren will Erniedrigung, das Hindurchsehen zeigt Nichtbeachtung.

Zum Problem wird der Blickkontakt in öffentlichen Verkehrsmitteln oder in Aufzügen. Da die dort Anwesenden (von Ausnahmen abgesehen) mit niemandem in Kommunikation treten wollen, streifen sie sich nur kurz mit Blicken. Anschließend wird der Blickkontakt mit einem anderen Objekt innerhalb oder außerhalb des Verkehrsmittels oder zu den eigenen Fingern aufgenommen. Ein sich vielleicht doch zufällig ergebender Blickkontakt wird, wenn der andere ihn wahrnimmt, mit einem entschuldigenden Lächeln entschärft oder wandelt sich mit Einverständnis des Empfängers zum Anschauen. Generell gilt, dass derjenige, der zuerst den Blickkontakt aufnahm, diesen, wenn nicht anschließend aktive Kommunikation folgt, höflicherweise auch zuerst wieder abbrechen muss. Die Blickdauer darf, um aggressive Reaktion zu verhindern, nur so lange anhalten, bis beim Betrachteten eine Spannung entsteht. Diese Spannung kann dann zu einer Gestaltung der Beziehung mit Worten genutzt oder durch Abbrechen des Blickkontaktes abgebaut werden.

Michael Argyle hat die Dauer der menschlichen Blickkontakte gemessen. Seinen Ergebnissen zufolge sehen sich zwei Personen während 30 bis 60 Prozent des Zeitraumes, den sie miteinander verbringen, in die Augen. Überschreitet die Dauer des Anschauens 60 Prozent dieses Zeitraumes, sind die beiden Personen durch ein besonders intensives Gefühl miteinander verbunden, zum Beispiel Liebe oder Hass.

Steigerungsformen des Begriffs ‚Blick' sind: Fixieren und Anstarren. Damit wird deutlich, dass der Blick der einengenden Konzentration entspringt. Gegensätzlich wird der Begriff „Schauen" verstanden. Es ist ein Unterschied, ob ein Gesprächspartner angeblickt oder angeschaut, ob zum Publikum Blickkontakt aufgenommen oder das Publikum angeschaut wird. Schon das Wort Blickkontakt benennt die Kurzfristigkeit. Weil Kontakt nur kurz ist und in unmittelbarer Folge Beziehung entsteht oder die Verbindung abbricht, kann der Begriff Blickkontakt nur für ganz kurzzeitige Aktivitäten verwendet werden.

Oft wird empfohlen, den Blick auf die Nasenwurzel des Gesprächspartners zu richten. Dabei entsteht oft der Eindruck, dass man durch den anderen hindurchsieht. Dieses Hindurchsehen (in die Seele schauen) wirkt stark beeinflussend und wird auch von Therapeuten zur Einleitung einer Hypnose benutzt. Eine Alternative zum Blick zum linken Auge, Blick zum rechten Auge und Blick zu anderen Gesichtspartien, dem dadurch unruhig wirkenden Blick, ist das Anschauen des Gegenübers, wobei das Zentrum des Schauens die Augenpartie sein wird.

Der Ausdruck der Augen sagt etwas über die bestehende Konzentration (Blick) oder Aufmerksamkeit (Schauen) aus und gibt Aufschluss über den momentanen Willen zur Macht oder die Bereitschaft zur Informationsaufnahme. Beim Zuhören schaut man in der Regel doppelt so lange auf den anderen wie beim eigenen Sprechen. Auch hier wird der Unterschied zwischen ‚Schauen' und ‚Blicken' deutlich. Der Sprechende unterstreicht möglicherweise die wichtigen Aussagen durch beeinflussende Blicke, während der Zuhörende, indem er schaut, aus Parallelbotschaften der Körpersprache Schlüsse zum besseren Verstehen sucht.

Forscher wie Winterhoff-Spurk haben herausgefunden, dass ein messbarer Zusammenhang zwischen der Dauer des Anschauens und dem Verständnis einer Äußerung besteht. Sagt ein Kunde zu Ihnen „Beim jetzigen Preis kommen wir noch nicht zusammen“, kann diese Aussage mit zusammengekniffenen Augen, einem strengem Blick, als Befehl aufgefasst werden. Es kann aber mit offenen Augen, einem weicheren Anschauen auch als indirekte Aufforderung oder Bitte wirken.

Blick und Anschauen stehen auch in Zusammenhang mit gesellschaftlichem Status, Dominanz und Einfluss. Jemand, der mit lang anhaltenden Blicken fixiert, wird als dominanter (auch brutaler) angesehen als jemand, der nur kurze Blicke aussendet. Jemand, der länger hinschaut, wird interessierter erlebt als der, der nur kurz hinschaut. Er wird eher schüchtern und scheu erlebt.

Längeres Anblicken (Anstarren) kann beim Gegenüber Unterlegenheitsgefühle oder Aggression entstehen lassen. Wegblicken der fixierten Person kann bedeuten, dass sie sich unterworfen hat.

Wer sicher wirken will, sollte den Gesprächspartner immer wieder und etwas länger anschauen. Nur mit Anschauen wird Sicherheit gezeigt und so die Wirkung des gesprochenen Wortes verstärkt. Nur der Verkäufer, der seinen Partner anschaut, kann die Reaktionen sehen. Angst vor Ablenkung, Scheu, die Aussagen des anderen zu konfrontieren und das Selbst-weitersprechen-Wollen sind häufige Gründe für fehlendes Anschauen. Peinliche Berichte anderer werden oft ohne Hinschauen entgegengenommen. Damit soll dem anderen das Weitersprechen erleichtert werden.

Mit Anschauen bildet der Verkäufer die kommunikative Brücke zum Kunden. Er zeigt mit seinem offenen Augenausdruck Zuwendung und Sicherheit. Anschauen kann als Meta-Signal eines Redners die Bedeutung der Aussage unterstreichen oder verändern. Trotz dieser eindeutigen Vorteile des Anschauens wird dieses nicht immer als Wirkungsmittel eingesetzt. Folgende Einzelursachen können dafür verantwortlich sein:

- fachliche oder persönliche Unsicherheit,
- Angst und Hemmungen,
- Unkenntnis der Notwendigkeit des Anschauens,
- bewusste oder unbewusste Ablehnung (Antipathie),
- Arroganz,
- Ignoranz (Schuldgefühle und Scham),
- fehlendes Engagement für die Aussage.

Das gerade zugewendete Anschauen

Dieses Anschauen ist am besten zur Einleitung einer Beziehung geeignet. So empfängt die Netzhaut das optisch beste Bild. Eine genaue Betrachtung wird möglich. In zwischenmenschlichen Beziehungen zeigt dieser Blick und das fortführende Anschauen Interesse und Wertzuerkennung, insbesondere bei voller Zuwendung des Gesichts. Akzeptieren sich Verkäufer und Kunde, findet das Anschauen auf ungefähr gleicher Höhe statt. Dies besagt, dass die Gesprächspartner auf gleichem Niveau verkehren und sich als gleichberechtigt anerkennen.

Das gerade Schauen aus voll geöffneten Augen ins Gesicht des anderen zeigt Bereitschaft zu offener und direkter Kommunikation. Ohne Heimlichkeit und Umwege charakterisiert dieses Anschauen die anständige, selbstbewusste und gerade Persönlichkeit.

Der Blick von oben

Der Blick von oben kann durch unterschiedliche Größe der Gesprächspartner, durch unterschiedliche Haltung oder durch den angehobenen Kopf bedingt sein. Dieser Blick „von oben herab" wird eher überlegen, stolz, herrschsüchtig, hochmütig, verachtend und verächtlich erlebt.

Um solchen Blicken zu entgehen und um eine gerade Blickrichtung sicherzustellen, kompensieren insbesondere kleine Menschen durch eine höher eingestellte Sitzfläche, Stehen während der andere sitzt, sich auf die Zehenspitzen stellen oder durch mehr Leistung, um damit dem konkreten oder symbolischen „von oben herab" begegnen zu können.

Der Blick von unten

Dieser Blick kann bedingt sein durch geringe Körpergröße, gebeugte Körperhaltung oder gesenkten Kopf. Ist diese Blickrichtung aus geringer Körpergröße gegeben, wird oft durch entsprechende Körperhaltung oder durch Hilfsmittel der Versuch unternommen, eine gerade Blickrichtung herzustellen. Bedingt aus der Körperhaltung, wird der sich schwächer Fühlende eine Körperhaltung anstreben, die eine gerade Blickrichtung ermöglicht. Deshalb neigen sitzende Mitarbeiter dazu aufzustehen, wenn der Vorgesetzte das Gespräch sucht. Ist der Vorgesetzte wesentlich kleiner als der Mitarbeiter, wird der Wunsch aufzustehen meist nicht realisiert, weil es sonst zu einem Blick von oben herab auf den Vorgesetzten käme.

Der durch den gesenkten Kopf herbeigeführte Blick von unten signalisiert Unterwerfung (wenig Spannung) oder Angriffshaltung (mehr Spannung). Dabei ist eine vollständige Unterwerfung, bei der das Anschauen nicht mehr möglich wäre, nicht vorgesehen. Der sich so Verhaltende will trotz gesenkten Hauptes sein Gegenüber wahrnehmen. Deshalb ist in dieser Haltung immer noch ein Teil Misstrauen und Aktionsbereitschaft enthalten. Wird jemand oder etwas von unten angeschaut, so kann dieses Schauen, je nach Kopfneigung, bis zum Anhimmeln gesteigert werden. Je gelöster die Mimik, desto mehr entspannte Hingabe ist ablesbar. Je mehr Spannung in der Mimik, desto eher wird dieses Schauen zum Blick, zur Pose, zur Scheinheiligkeit, zum Werkzeug für das Erreichen egoistischer Ziele. Sollte der Größenunterschied zwischen Ihnen und Ihrem Kunden einen von oben oder unten gestalteten Blick erzwingen, vergrößern Sie am besten die Distanz. So erreichen Sie einen flacheren Blickwinkel.

Seitliches beziehungsweise schräges Blicken

Dieser Blick kann von links oder rechts, in Kombination auch von jeweils oben oder unten ausgeführt werden. Von oben ausgeführt, drückt der schräge Blick Geringschätzung und Verächtlichkeit aus. Von unten ausgeführt, lässt er eher Kriecherei erkennen. So soll mit diesem Blick noch beobachtet werden, ob die Liebedienerei vom anderen auch wahrgenommen wird. Der schräge Blick will sehen, ohne ertappt zu werden. Er dient somit auch der heimlichen Beobachtung. Das gerade Anschauen, die volle Gesichtszuwendung würde zu deutlich zeigen, woran Interesse besteht. Beim vom Betrachtungsobjekt weg gedrehten Kopf ist die Täuschung wesentlich leichter. Wird der Beobachtende ertappt, kann er leicht ohne Kopfdrehung wegschauen. Der wirkliche Sinn dieses Blickes ergibt sich aus den Meta-Signalen (Mimik, Körperhaltung, Spannung). Auch der Öffnungsgrad der Augen gibt wesentliche Informationen. Sind die Augen aufgerissen, ist der Hintergrund eher Angst. Bei voll geöffneten Augen kann sich Neugier oder abschätzende Zurückhaltung ausdrücken, an abgedeckten Augen ist eher Misstrauen oder Hinterhältigkeit ablesbar.

Das beim seitlichen oder schrägen Blick auf der Netzhaut erzeugte Bild ist weniger scharf als beim geraden Blick. Dies wird, entweder weil wichtige Gründe für das Wegdrehen des Kopfes gegeben sind, in Kauf genommen, oder es wird dadurch Desinteresse signalisiert. Gründe für den seitlichen oder schrägen Blick können auch Bequemlichkeit – dann ist der Blickende zu faul, den Kopf zu bewegen oder zu drehen – oder Interesselosigkeit – dann wird nur mit einem Blick gestreift – oder Missgunst – dann soll nicht alles wahrgenommen werden – sein.

Generell kann der seitliche oder schräge Blick als Mangel an pupillarischer Sicherheit interpretiert werden. Das Anschauen wird vermieden, weil dieses als taktlos empfunden oder die Reaktion des anderen nicht ertragen werden kann. Der unsichere Mensch vermeidet das Anschauen aus Angst davor, dass andere in seinem Inneren lesen könnten, der Durchtriebene, um nicht seine hinterhältigen Gedanken zu verraten. Dieser senkt aber auch bei längerem angeschaut werden den Blick nicht, sondern hält besonders hartnäckig stand.

Vom schrägen Blick bis zum Verdrehen der Augen ist es nur ein kleiner Schritt. Die Pantomime des Gequältseins, die heimliche Mitteilung, dass einem die Sinne schwinden, das „Nicht-mehr-in-der-Lage-Sein“, die Augäpfel festzuhalten, wird so ausgedrückt.

Wenn der Blick wandert

Während der fixierende Blick unmittelbares punktuelles Interesse ausdrückt, zeigt der wandernde Blick, indem er punktuell sucht, größeres Interesse am Ganzen – oder, ohne dieses Suchen Desinteresse. Entsprechend der Schnelligkeit, mit der der Blick wandert, lassen sich daraus Neugier, genaues Suchen und Lauern sowie Einstellungen von Reizbarkeit, Flachheit des Erlebens und Bereitschaft zu ängstlich-schneller Reaktion ableiten.

Erfolgt die Blickwanderung senkrecht zur Antlitzfläche, bei geradlinig von oben bis unten erfolgendem Heben und Senken des Kopfes, signalisiert dies erhöhtes Interesse. Gekoppelt mit Lächeln, deutet ein solches Schauen Entzücken an. Begleitet mit zweckbetonter kühler Mimik, wirkt der Blick nüchtern taxierend, abschätzend, ja sogar kränkend. So mit den Augen gemessen, fühlt sich der Betrachtete zur Ware erniedrigt. Werden dabei noch Blasgeräusche abgegeben und die Mundwinkel herabgezogen, ist der Gipfel des Negativen erreicht.

Wenn ein Blick fixiert

Der fixierende Blick ist meist von einer Verengung des Kreismuskels und konzentrierter Spannung der Mimik begleitet. Ist dieser Blick auf den Gesprächspartner gerichtet, so verstärkt er die Beeinflussung und signalisiert kritisches Taxieren. Dieser Blick soll das Bewusstsein der eigenen Kraft und Wirkungsstärke ausdrücken. Auf Objekte in der Umwelt gerichtet, lässt dieser Blick Zielstrebigkeit, Interesse am Produkt und oft auch Kaufbereitschaft erkennen. Er zeigt den Wunsch, den Tatsachen ins Gesicht zu sehen. Der zum imaginären Himmel oder auf einen sonstigen Punkt im Raum gerichtete Blick lässt eine stärkere Beschäftigung mit sich selbst, mit dem Thema und Inhalt und der Formulierung als mit dem Gesprächspartner erkennen. Ausgenommen davon sind die neurologisch bedingten Blickrichtungen, die zeigen, wie der Redner im Moment denkt.

Blickrichtungen, die Denkrichtungen verraten

Statuen berühmter Persönlichkeiten lassen eine interessante Gesetzmäßigkeit erkennen: Visionäre und Feldherren wurden fast immer mit Blickrichtung nach oben, Dichter und Denker mit Blickrichtung nach unten dargestellt.

Der Zusammenhang zwischen Blickrichtung und Denkrichtung ist seit langem bekannt und wurde schon in den Rednerschulen der Antike gelehrt und genutzt. Schon damals war bekannt, dass das Gedächtnis Eindrücke „dreispurig" in Bild, Ton und Gefühl aufzeichnet. Die Blickrichtung zeigt, welche Gedächtnisspur im Augenblick aktiviert wird. „Oben" sind die Bilder, in der „Mitte" die Töne und Geräusche, „unten" die körperlichen und seelischen Empfindungen.

Wenn jetzt „links" und „rechts" mit „oben", „Mitte", „unten" verbunden wird, ergibt sich die folgende Matrix (die genannten Richtungen sind vom Sender aus beschrieben):

Blick nach links = in Richtung der linken Hirnhemisphäre, die vorwiegend sachliche Erinnerungen, Logik, Folgerungen u.a. aktiviert	**Blick**	Blick nach rechts = in Richtung der rechten Hirnhemisphäre, die vorwiegend Konstruktionen, Vortstellungen, persönliche Erinnerungen, Kreativität u.a. aktiviert
Blick nach links oben = erinnerte Bilder Blick nach links waagrecht = erinnerte Klänge	**nach oben** **gerade aus**	Blick nach rechts oben = konstuierte Bilder Blick nach rechts waagrecht = konstruierte Klänge
Blick nach links unten = erinnerte Gefühle grübeln, sinnieren, unspezifizierte Eindrücke	**nach unten**	Blick nach rechts unten = konstruierte Gefühle Werturteile, Empfindungen, Emotionen

Die Augen „blicken“ automatisch in die Hemisphäre „hinein“, die gerade denkt. So zeigt der Gesprächspartner, ob er in der Erinnerung sucht (Blick wandert nach links) oder neue Lösungen konstruiert (Blick wandert nach rechts).

Um die Beobachtung der Blickrichtungen zu üben hilft es, die Blickrichtungen mit einem Marker, dessen Farbe abwaschbar ist, in die Ecken und auf die Seiten eines Fernsehbildschirms zu schreiben oder dort kleine Zettelchen mit der entsprechenden Aufschrift aufkleben.
Dies ermöglicht es, bei Fernsehinterviews, Diskussionen, Vorträgen usw. die jeweiligen Blickrichtungen zu beobachten und dies und deren Deuten zu üben.

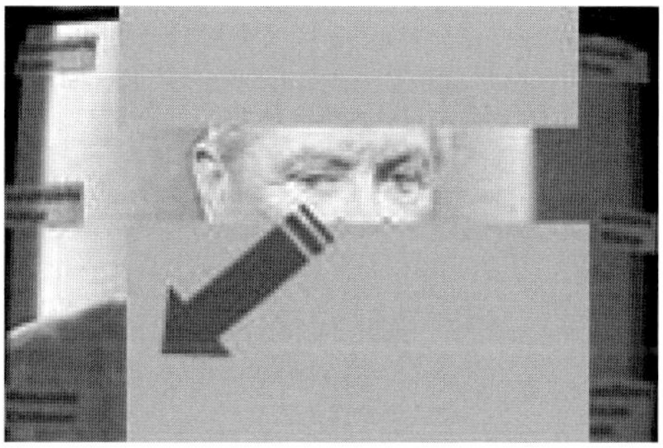

Die bisher beschriebenen Blickrichtungen gelten vorwiegend für Rechtshänder. Bei einigen (neurologischen) Linkshändern ist die Darstellung seitenverkehrt. Beobachten Sie, dass Ihr Gesprächspartner auf Fragen nach zu erinnernden Daten nach rechts schaut, vertauschen Sie einfach die linke und die rechte Spalte der Matrix.

Sie können folgende Möglichkeiten nutzen:

Fragen Sie Ihren Kunden: „Wie werden Sie entscheiden?“ (Sie merken, diese Frage ist nicht ganz korrekt. Sie dient weniger einer sprachlichen Antwort, Sie wollen aus der Blickrichtung Ihres Kunden erkennen, *wie* sein Gehirn Entscheidungsprozesse gestaltet.).

Hier die Deutungen seiner Blickrichtungen. Sein Blick geht (von ihm aus gesehen):

Nach:	**Dies bedeutet wahrscheinlich:**	**Sie können dies nutzen, indem:**
links oben	Er handelt wesentlich aus vergangenen Erfahrungen, die er bildhaft abruft, hat sich möglicherweise aus Abbildungen vorinformiert.	Sie fragen, wie etwas „aussehen“ muss, damit es passt und malen Entwicklungen bildhaft aus.
links waagrecht	Er hört(e) auf Informationen, und wird Wortwahl und Ton stark bewerten.	Sie können Ihre Wortwahl und Ihren Ton auf den Kunden einstellen, und ihn Erfahrungen berichten lassen.
links unten	Er handelt aus Erfahrungen und Werturteilen, möglicherweise auch aus der Nachwirkung früherer, positiver Gefühle und Emotionen.	Sie bringen Richtungen, Testergebnisse, Referenzen und Anschauungen mit ein.
rechts oben	Er hat (klare) Vorstellungen, hat sich bereits ausgemalt, wie die Lösung aussehen könnte.	Sie können Bilder malen, Visionen zeichnen, Abbildungen nutzen.
rechts waagrecht	Er überlegt was er sagen müsste um seine Entscheidung zu begründen.	Sie sollten mit Argumentationen für die Zeit nach der Entscheidung helfen.
rechts unten	Er tut sich schwer mit Entscheidungen, zögert oft, sucht Klärungen in Selbstgesprächen.	Sie können Zusammenhänge öfter wiederholen, immer wieder zusammenfassen und Teilentscheidungen erarbeiten.

Die Nase – nicht nur Riechorgan

Die Nase ist der Gesichtsteil, bei dem sich sehr wenig bewegen kann. Die Aussage „man sieht es ihm an der Nasenspitze an“, liegt darin begründet, dass sie bei Erblassen und Erröten relativ früh reagiert und so Stimmungen verrät.

Wenn sich die Nasenflügel blähen

Nasenöffnungen, die sich ständig weiten oder verengen, verraten, dass die Gefühle schwanken. Entsprechend der Größe der Nasenlöcher kann mehr oder weniger Luft eingesogen werden. So steht mehr oder weniger Luft für geplante Aktionen zur Verfügung.

Werden die Nasenflügel gebläht, kann die Geruchsdiagnose bei der Reizverarbeitung mithelfen. Geblähte Nasenflügel sind Ausdruck erregender Erlebnisse. Unmittelbar blähen sich die Nasenflügel beim intensiven Aufnehmen angenehmer Düfte oder bei Erregung und Zorn. Bei letzterem wird ein schnellerer Luftaustausch für einen eventuellen Kampf gesichert. Kommt es dann zum Kampf, atmen die Kämpfer durch den Mund ein und aus.

Es ist möglich, die Nasenflügel zu blähen, ohne die Augenbrauenrunzler zu betätigen. Umgekehrt ist es nicht möglich. Jedes Mal, wenn die Augenbrauenrunzler aktiv werden, weiten sich auch die Nasenlöcher. Auch bei optischer Konzentration sollen zusätzlich Geruchseindrücke verarbeitet werden, um eine Situation möglichst genau zu diagnostizieren.

Wenn einer die Nase rümpft

Wird die Nase gerümpft, entstehen Staufalten quer zum Nasenrücken. Diese zeigen Unlust, Verlegenheit, Unbehagen und Widerwillen. Auch so kann ein Kunde seinen Unmut über einen zu hohen Preis zeigen.

In Höhe der Nasenwurzel entspringt der „Nasenrümpfer“. Dieser Muskel verläuft geradlinig nach unten. Sein lateinischer Name drückt auch seinen Zweck aus: Musculus levator labii superioris alaeque nasi, nämlich: Oberlippe und Nasenflügel anhebend. Wird er bewegt, heben sich die Nasenflügel und die Oberlippe. Es entstehen zwei kurze, charakteristische Falten zwischen Nase und Mund und die typisch krausen Fältchen auf und an dem oberen Teil des Nasenrückens. Bei starker Unzufriedenheit oder unangenehmen Gerüchen tritt der Nasenrümpfer in Funktion. Die Linie der Unzufriedenheit, die er hinterlässt, ist jedoch nicht eindeutig zu bewerten. Jemand kann mit sich selbst unzufrieden sein oder kleinlich über seine Mitmenschen die Nase rümpfen. In jedem Fall soll der Luftweg durch die Nase versperrt werden.

Auch bei Ihrem Kunden ist der Vorgang des Naserümpfens ein Teil der Bitterreaktion. Es wird dabei auch die Oberlippe angehoben und damit die Mundwinkel nach unten gezogen. Die Aufwärtsbewegung überträgt sich auf die Nasenflügel und hebt auch diese hoch. Laute wie „iih“ oder „igitt-igitt“ klingen bei gerümpfter Nase so, dass man dem „i“ den Ekel anhört. Sagt man mit dem Gefühl des Widerwillens „iih“, rümpft man automatisch die Nase.

Bei häufigem Gebrauch der beteiligten Muskeln bildet sich die so genannte „Empfindler-Falte“. Dabei wird das obere Ende der Nasenlippenfalten im Nasenwinkel tiefer eingeschnitten. Oft lässt diese Falte einen empfindlichen Magen erkennen. Schwierig wird die Interpretation dann, wenn eine aufgeschwemmte Wange oder seitliche Beleuchtung diese Falte tiefer erscheinen lässt.

Ist die von der Nase zu den Lippen führende Falte nicht nur im oberen Teil, sondern von den Nasenwinkeln bis zur Mundlinie stark ausgeprägt, wird sie auch „Intensitätsfalte“ genannt. Dann kann sie Energie, Vitalkraft und Belastbarkeit signalisieren.

Im Wechsel mit Lächeln erhält das Naserümpfen eine fast kokette Note. Dies wirkt, besonders wenn Frauen diese Ausdrücke verwenden, charmant.

Der Mund

Beim Menschen dient der Mund neben der Nahrungsaufnahme und deren Verarbeitung auch der Sprache und ist stark an der Prägung des Gesichtsausdruckes beteiligt. Er ist Zentrum für Glück und Schmerz. Vorgeschobene Lippen sind als wegschiebendes, feindliches Ausdruckssignal zu werten, während zurückgezogene Lippen als Symbol der Hereinnahme und des Rückzuges einen eher ängstlichen Eindruck vermitteln. Sind die zurückgezogenen Lippen gespannt und werden diese zusammengepresst, so drücken sie erzwungene Verschwiegenheit oder ohnmächtige Wut aus.

Wird der Mund beim Sprechen oder Lachen verzerrt und sind die Bewegungsabläufe nicht harmonisch, drückt dies selbst dann, wenn alle anderen Zeichen positiv sind und das Gesicht ein freundliches Wesen zu verraten scheint, negative Gefühle oder Emotionen aus. Wird der Mund, ohne dass gesundheitliche Gründe vorhanden sind, einseitig verzogen, zeigt dies Neigungen zu Spott und Verächtlichkeit.

Zucken und Zittern des Mundes sind Alarmzeichen für hochgradige Nervosität.

Die gesenkten Mundwinkel nannte Charles Darwin ein „Rudiment des weinerlichen Gesichts“. Derartige Mundwinkel sind Teil der Bitterreaktion. Der Dreiecksmuskel, auch „Trauermuskel“ genannt, zieht die Mundwinkel nach unten. Da das Mienenspiel zumindest vom Sender einigermaßen gesteuert werden kann, werden vor allem in geschäftlichen Situationen die Mundwinkel nur selten ganz nach unten gezogen. Deshalb ist genaue Bobachtung wichtig. Schon kleinste Veränderungen der Mundwinkel im Verhältnis zur Mundlinie sind für die Deutung wesentliche Ausdrucksnuancen. Aus der Kinderpsychologie ist bekannt, dass Babys, denen ein Gesicht mit Punkten als Augen und einem nach unten gezogenen Strich als Mund vorgehalten wird, zu weinen beginnen.

Spannungslos herabhängende Mundwinkel zeigen Unmut, Trauer, Enttäuschung und schmerzlichen Verzicht. Oft sind sie Ausdruck einer negativen Lebensgrundhaltung. Dieser Ausdruck wird auch als „ein langes Gesicht machen“ beschrieben. Mit gespannt heruntergezogenen Mundwinkeln, wird die aktive Haltung der entwertenden Stellungnahme, Geringschätzung, Abscheu, Hohn, Neid, Missgunst, Nörgelei, Skepsis, Ironie und Missmut dargestellt. Werden die herabgezogenen Mundwinkel mit einem Lächeln kombiniert, bildet sich der Ausdruck spöttischer Gereiztheit.

Im nach oben und unten Ziehen der Mundwinkel zeigen sich auch mehr optimistisch oder pessimistisch eingestellte Kunden. Da jeder Pol seinen Gegenpol erzwingt, bietet es sich für Verkäufer an, mit dem ausgeglichenen Wesen des Realisten für beide Pole bereit zu sein.

Wer oben ist, vergisst oft, dass es auch wieder abwärts geht. Das entspricht dem Verkäufer, der nach einem Erfolg aus lauter Freude feiert und seine weiteren Aktivitäten vernachlässigt. Da ist der Erfolglose oft besser dran – so lange er ernsthaft arbeitet, hat er gute Chancen aus einem Tief herauszukommen. Noch bessere Möglichkeiten ergeben sich für denjenigen, der Plus und Minus als Ausschläge wertet und zwischen diesen Pendelbewegungen hindurch systematisch arbeitet. Dies bestätigen auch

Untersuchungen: Sie zeigen, dass mittelstark motivierte Verkäufer auf Dauer die besten Ergebnisse erzielen.

Die Bitterreaktion

Wenn ein ekliger Gegenstand so aus dem Mund bewegt werden soll, dass möglichst wenig Geschmacksnerven berührt werden, laufen folgende Bewegungen ab:

- Der Mund wird geöffnet, damit der Gegenstand herausfallen kann.
- Die Mundwinkel senken sich, der verunreinigte Speichel soll herausfließen.
- Die Lippen stülpen sich nach außen.
- Die Zunge zieht sich zurück.

Diese Bewegungen sind zwar zweckmäßig, dienen aber nicht dem aktiven Kampf gegen den Unlusterreger, sondern der Flucht vor ihm. Deshalb drücken derartige Bewegungsabläufe auch Schmerz und Hilflosigkeit aus und werden auch bei bitteren Erlebnissen vollzogen. Sind solche Bewegungsabläufe schon bei mäßigen Reizen sichtbar, lässt dies auf, Weichheit und Infantilität schließen. Oft sind die beschriebenen Bewegungen dann gekoppelt mit einem weinerlichen Gesichtsausdruck. Die Bitterreaktion ist ein ganzheitlicher Teil des Weinvorganges, der Anteil, den der Mund zum Weinen beiträgt.

Die schmerzvolle Hilflosigkeit drückt sich insgesamt wie folgt aus: Die Augen sondern Tränen ab und sind zusammengekniffen, die Stirn ist in Falten gelegt, die Mundwinkel sind herabgezogen.

Die Sauerreaktion

Mit ähnlichen Bewegungen, jedoch stärkerer Spannung stellt sich der ‚saure' Gesichtsausdruck dar. Die Zähne werden aufeinander gepresst, die Lippen nach beiden Seiten schlitzartig auseinander gezogen. Zwischen den entblößten Zähnen entweicht meist gleichzeitig ein scharf zischendes „SSS" als akustische Sauerreaktion. Wie beim bitteren Gesichtsausdruck werden auch hier, insbesondere in passiver Situation, die Augen zugekniffen. Auch das Gefühl des Ekels wird mit der Bitterreaktion ausgedrückt. Es führt zusätzlich zu einer Lautgebung von „ä", „äh" oder „bääh" (Abscheu).

Begleitet wird diese Lautgebung mit einer weiter als bei der Bitterreaktion klaffenden Mundöffnung. Nur mit dieser Mundöffnung können die beschriebenen Laute abgegeben werden.

Der wesentliche Unterschied zwischen der Bitter- und der Sauerreaktion liegt darin, dass bei der Sauerreaktion ein aktives Sich-zur-Wehr-Setzen gegen das Unlusterregende eingesetzt hat. Dies drückt sich aus, indem sich der Körper schüttelt oder einzelne Körperteile sich schütteln und sich so energisch gegen den Sauererreger zur Wehr setzen. Dabei wird das Unbehagen von Unlust und Wut übertroffen.

Erlebt habe ich dies einmal, als der Verkäufer in einem Zoo-Geschäft dem etwa gleichaltrigen Freund einer etwa 14-jährigen Schülerin den von dieser erworbenen Molch hinhielt. Vielleicht dürfen Therapeuten solche Schocktherapien durchführen. Verkäufer dürfen dies nicht! Lernen wir als Verkäufer daraus, dass wir nicht desensibilisierende Therapeuten, sondern umsatz- und deckungsbeitragssteigernde Motoren der Wirtschaft sind.

Gegenpolar zu den gesenkten Mundwinkeln, die das ‚weinerliche' Gesicht kennzeichnen, zeigen angehobene Mundwinkel das ‚lachende' Gesicht.

Die Süßreaktion

Die Bitterreaktion will ausscheiden. Die Süßreaktion will behalten. In ihr zeigt sich folgender Ablauf:

- Der Kunde presst die Lippen mit Spannung aufeinander- und gegen die Zahnreihen. So wird der Mund hermetisch abgedichtet.
- Ihr Kunde legt die Zunge von innen gegen die Zahnreihen und bringt damit die Geschmacksnerven in starke Berührung mit dem eingeschlossenen Süßstoff.
- Die Mundwinkel werden angehoben, damit das Süße im Mund bleibt.

Der gleiche Bewegungsablauf erfolgt bei einem genießerisch lang gezogenen „hmmmm". Deshalb wird dieses „hmmmm" auch akustische Süßreaktion genannt. Die Form des Mundes ist dabei identisch mit der der Süßreaktion. Auch einzelne, „Süßes" ausdrückende Worte werden meist mit dieser Mundform ausgesprochen, zum Beispiel das Wort „Mama".

Als Reaktion auf anerkennende Worte offenbart die Süßreaktion Geschmeichelt-Sein, aber auch naive Selbstgefälligkeit und Eitelkeit. Normalerweise dauert die Süßreaktion nur einen kurzen Moment. Ist diese Mundstellung zur Gewohnheit geworden, zeigt sie eine süßlich angehauchte Sentimentalität. Bei solchen Reaktionen dürfen Sie davon ausgehen, dass Ihr Angebot Ihrem Kunden schmeichelt oder ‚schmeckt'.

Der geschlossene Mund

Mit entspannten Lippen befindet sich der geschlossene Mund in normaler Ruhestellung. Ist der Mund betont geschlossen, zeigen die Lippen Spannung. Energien sind dann mobilisiert. Es entsteht ein entschlossener Ausdruck. Die Aktivität ist dabei noch nicht so weit gediehen, dass sie sich im Sprechen manifestiert. Im Hintergrund steht der Wille zum wortlosen Handeln.

Ist der betont verschlossene Mund zum gewohnheitsmäßigen Ausdruck geworden, drückt er wortkarges Verhalten aus.

Eine Steigerung des geschlossenen Mundes sind die zusammengepressten Lippen. Durch Aufeinanderbeißen der Zähne und Zusammenpressen der Lippen entsteht ein noch gespannterer Eindruck. Wenn Ihr Kunde diese mimische Haltung einnimmt, zeigt er, dass er eine harte Nuss zu knacken hat, dass er einen Gegenstand oder eine Idee ‚festhalten' will, dass er sich ‚in etwas verbeißt'. Im nebenstehenden Bild werden der rechte Unterarm und die Broschüre zusätzlich zum geschlossenen Mund als Barriere „gegen" vorschnelle Fragen des Kunden benutzt und Halt am Pult gesucht. Das gleichzeitige Wegschauen des Verkäufers zeigt, dass er sich bei der Suche nach einer Problemlösung jetzt nicht stören lassen will.

Die zusammengepressten Lippen formen auch den verkniffenen Mund. Dann dienen die Lippen der besseren Abdichtung des Mundes. So wirkt die Mundstellung verschlossen und abweisend. Der Säugling verwendet diese Mundstellung als Widerstandshaltung gegen das Füttern. Es ist seine Möglichkeit der Umwelt nein zu sagen.

Besonders Empfindliche und Scheue, Einzelgänger, Sonderlinge, Trotzige, Verstockte, Missmutige, Welt- und Menschenverächter haben sich diese Mundstellung anerzogen. Oft sind die zusammengepressten Lippen verbunden mit gesenkten Mundwinkeln. Die durch Zusammenpressen entstandenen Züge des Mundes können auch Reaktion auf die in der eigenen Psyche entstandenen Gefühlsregungen sein. Dann wird das Bestreben, diese lautlich oder mimisch auszuleben, regelrecht abgedrückt. Eine Steigerung ist die Gefühlskälte des Asketen und das Verkneifen von Freude und Schmerz.

Oft zeigt sich dieser Ausdruck aber auch im Affekt, in Wut, Angst oder in einem Mischaffekt. Als Reaktion des Temperamentvollen oder Jähzornigen ist der mit zusammengepressten Lippen geschlossene Mund Signal eines leidenschaftlich verbissenen Einsatzes. Auch in Not- oder Kampfsituationen, als Zeichen der Vorbereitung zur körperlichen Auseinandersetzung, erfolgt zusätzlich eine Spannung der kräftigen Kaumuskeln. So wirkt der Mund regelrecht „verbissen". Direkt gerichteter Blick und gesenkter Kopf lassen eine dann eindeutige Interpretation zu. Kann die verursachende Emotion nicht ausgelebt werden, wird diese oft in Zähneknirschen abreagiert. So, als wolle der Emotionalisierte den „Gegner" zermahlen. Wird die Zunge oder werden die Lippen mit den Zähnen festgehalten, soll ein Versprecher verhindert werden. Eine wütende oder beleidigende Äußerung bleibt so ‚hinter den Zähnen'. Wenn Sie bei Überraschung, weil die Situation noch nicht hinreichend geklärt ist, bei Getroffensein und generellem, aber spannungsgeladenem Abwarten nicht vorschnell reagieren wollen, können Sie sich dabei ertappen, wie Sie sich auf die Lippen oder die Zunge beißen.

Durch das Zusammenpressen der Lippen verschwindet das lebendig warme Lippenrot und nicht umsonst spricht man dann auch von einem „kalten, eisigen Schweigen". Ein solcher Mund eines Verkaufschefs kann die Fröhlichkeit ganzer Verkäufermannschaften verscheuchen.

Der geöffnete Mund

Die Öffnungsgrade des Munds reichen von der wenig offenen Schnute bis zur klaffenden Öffnung. Als ‚Sinnenpforte' – besonders das Kleinkind benutzt den Mund als wichtiges Sinnesorgan zum Prüfen von Gegenständen – bekommen alle Mundstellungen eine mit Aufnehmen-Wollen oder Nicht-Wollen zusammenhängende Bedeutung.

Der geöffnete Mund zeigt, insbesondere wenn der Unterkiefer herabhängt, einen Mangel an Bereitschaft zur Stellungnahme. Das mit Spannungslosigkeit gekoppelte Herabhängen des Unterkiefers drückt auch Fassungslosigkeit und Staunen aus. Ist der Mund mit mehr Spannung geöffnet, deutet dies die Bereitschaft zu einer Stellungnahme an. Der Gesprächsgrundsatz: Lassen Sie sich bitte immer unterbrechen, unterbrechen Sie selbst aber möglichst nicht, greift hier. Wenn der Mund Ihres Kunden zur Lautgebung oder zu Zungenbotschaften bereit ist, sollten Sie diese zulassen.

Die Zunge

Die Zunge ist als muskulöses Gebilde in ihrer Funktion entscheidend für die Sprache, das Schlucken und das Kauen. Die Sprache der Zunge ist nach Ansicht der Verhaltensforschung eine orale Geste. Die herausgestreckte Zunge will entweder wegschieben, den Mund verschließen oder an den Lippen Klebendes in den Mund hereinholen.

Ursprünglich diente das Herausstrecken der Zunge, genauso wie das Vorschieben der Lippen, dem Wegschieben der Mutterbrust. Dazu schiebt der satte Säugling die Zunge vor und heraus. Untersuchungen zeigten, dass Kinder im Kindergarten immer dann die Zunge ein wenig herausstreckten, wenn sie Kontakt mit anderen Personen vermeiden wollten. Entsprechend dem Grad der Ablehnung reichte das Herausstrecken der Zunge vom Zeigen der Zungenspitze zwischen den sonst geschlossenen Lippen bis zum vollständigen und weiten Herausstrecken als Beleidigungsbotschaft. Je weiter die Zunge zwischen den Lippen hervorgestreckt wird, desto mehr wird das Gehörte oder Gesehene abgelehnt. Wichtig dabei ist, dass die Lippen um die Zunge geschlossen sind; denn gleichzeitig mit dem Wegschieben soll ja auch ein Mundverschluss erreicht werden. Werden die um die Zunge geschlossenen Lippen zusätzlich vorgestülpt, wird dadurch die Abwehrhaltung verstärkt. Sind auch noch die Mundwinkel nach unten gezogen, zeigen sich die möglichen Signale der Abwehr: Zunge herausstrecken, Protestschnute und Bitterreaktion in einem mimischen Ausdruck: eine „Bäääh-Haltung“.

Wird die Zunge in einen Mundwinkel eingepresst und mit den Zähnen festgehalten, besagt dies: „Ich strecke nicht dir die Zunge heraus, ich will die Zunge auch nicht herausstrecken, aber du sollst sehen, dass ich das Geschehene nicht akzeptiere“.

In meinen Seminaren stellte ich immer wieder fest, dass Sprechende, die eine Pause einlegten, aber das Wort, den Gedanken behalten wollten, die Zunge zeigten. Damit wurde der Wunsch ausgedrückt, nicht unterbrochen zu werden. Außerdem wurde mit dem Vorschieben oder Herausstrecken der Zunge sehr oft auf bestrafende Reize geantwortet. Auch Gesprächsführende oder Verhandelnde, die subjektiv verletzenden Reizen ausgesetzt wurden, streckten überdurchschnittlich häufig die Zunge heraus. Sie wollten solche Reize nicht in sich hineinlassen beziehungsweise abwehren.

Lecken der Lippen

Das Lecken der Oberlippe wird als genießerisches Lecken gedeutet. Oft lassen schon Vorstellungen vom Nutzen, den sich der Kunde verspricht, oder den Sie argumentieren, das „Lippen-Lecken" zustande kommen. Sehen Sie diese Bewegung nachdem Sie Ihr Angebot formuliert haben, dürfen Sie diese als „Kaufsignal" werten.

Wird die Unterlippe, der negative Pol des Mundes, geleckt, drückt dies Nachdenklichkeit, Grübeln usw. aus.

Je nachdem, ob die Lippen links oder rechts geleckt werden, entspricht dies der beziehungs- und sachbezogenen Verarbeitung der Situation. Lecken Personen beim Berichten von Erlebnissen die Lippen, ist dies ein körpersprachliches Meta-Signal. Je nachdem ob die Ober- oder Unterlippe geleckt wird, wird ein besonders genüssliches oder leidvolles Erleben ausgedrückt.

Das Lecken der Lippen als Zweckbewegung zum Befeuchten der Lippen ist leicht von anderen Arten des Lippen-Leckens zu unterscheiden. Weil die Zungenspitze wegen der geringeren Fläche weniger Feuchtigkeit transportieren kann, wird die Zunge weiter herausgestreckt. Sodann bewegt sich die Zunge zweckvoll und nach oben gebogen nach beiden Seiten. Die Lippen sind nach innen gezogen, um der Zunge eine möglichst große Fläche anzubieten. Sie sind leicht zusammengepresst, damit auch die Unterlippe von der Unterseite der Zunge Feuchtigkeit aufnehmen kann.

In Stress-Situationen, wenn wegen der Wirkung des sympathischen Nervensystems die Speichelproduktion im Mundraum abnimmt, weil die Flüssigkeit zur Transpiration, benötigt wird, werden die Lippen trocken. Die dann eingesetzte Zweckbewegung, mit der die Zunge die Lippen befeuchtet, lässt die Stress-Situation erkennen.

Sind die Lippen um die Zunge geöffnet und kann sich die Zunge zwischen den Lippen frei bewegen, drückt dies statt Abwehr, eine Aufnahmehaltung aus. So kann die Zunge die Funktion als Tastorgan wahrnehmen.

Die tastend-vorsichtige Funktion hat die Zunge als Fühler für die Umwelt schon in der frühesten Kindheit erhalten. Das Kleinkind benutzt die Zunge, um damit den richtigen Zugang des Mundes zur Mutterbrust zu ertasten und nutzt später diese tastende Funktion auch bei schwierigen Aufgaben.

Die Zähne

Die Zähne werden entwicklungsgeschichtlich zu den Verdauungsorganen gezählt, obwohl diese in der Anatomie als Knochen geführt werden.

Wer sich ‚durchbeißen' will, entwickelt mehr Kaudruck und bildet die Kaumuskulatur stärker aus. Deshalb wird das muskulös durchgebildete Gesicht als markant und energisch bewertet. Das Aufschieben notwendiger Entscheidungen, fehlendes ‚Sich-Durchbeißen' reduziert die Durchbildung der Kaumuskulatur und die Straffung des Zahnfleisches und führt in der Folge oft zu locker sitzenden Zähnen.

In der körpersprachlichen Symbolik besitzen die Zähne eine weitere Funktion. Das ‚Zähne-Zeigen' wird auch vom Menschen als Drohgebärde und Wutausdruck eingesetzt.

Wenn Menschen einander ansehen, verweilen die Blicke hauptsächlich bei der Augen- und Mundpartie. Deshalb sind gerade für Verkäufer gepflegte, saubere, zahnsteinfreie Zähne und ein saniertes Gebiss wichtig für die Abrundung eines sonst ordentlichen Gesamteindrucks. Dass die Betroffenen selbst auch unter ihren schlecht aussehenden Zähnen leiden, verraten sie, wenn sie während des Sprechens oft den Mund verdecken.

Die Lippen

Die Lippen des Mundes sind die beiden fleischigen Ränder der Mundspalte. Sie bestehen aus Muskeln, besonders dem kreisförmigen Schließmuskel des Mundes und enthalten zahlreiche Blutgefäße, Nerven und kleine Schleimdrüsen.

Die Funktion der Lippen ist mit deren Beschaffenheit eng verbunden. Die Muskeln dienen dem Spannen und Formen der Lippen, und die Nervenenden ergeben den Sinn als Tastorgan. Wie alle Muskeln und Bewegungsabläufe werden auch die Lippen durch Übung in die Lage versetzt, sich sinngemäß zu bewegen. Die noch unfertigen Bewegungsabläufe in den Lippen eines Kleinkindes, das zu beobachtende Zucken der Lippen, sind Ausdruck derartiger Übungen.

Beim Beginn der Lächelübungen eines Kleinkindes wird zunächst das Mündchen in die Breite gezogen, die Lippen bewegen sich ein wenig und bleiben dann zögernd stehen. Lächeln oder Weinen? Dieser Konflikt wird erst durch bestätigend aufmunterndes Verhalten der Bezugsperson gelöst und die Lächelstellung wird vervollkommnet. Die Bewegung der Lippen bleibt dort stehen, wo die Entscheidung zum Lachen oder Weinen fallen muss. Die Unentschlossenheit spiegelt sich in dieser embryonal unfertigen Lippenbewegung deutlich wider. Die Zaghaftigkeit und die Ratlosigkeit werden so erkennbar. Die Lippenstellung hängt zusammen mit dem jeweiligen Öffnungsgrad des Mundes. Nur bei geschlossenem Mund haben die Lippen bezüglich des Ausdrucksgehalts eine primäre Funktion. Beim offenen Mund passt sich die Lippendehnung und Spannung der Mundform an.

Die verschiedenen Schnuten

Die prüfende Schnute

Weineinkäufer und Weinkenner nutzen diese Lippenstellung, wenn sie den Geschmack von Weinen probieren wollen. Durch das Vorschieben der Lippen und öffnen des Mundes wird zusätzlicher Raum gewonnen, in dem die Flüssigkeit hin und her bewegt wird. So ist eine mannigfache Berührung der Flüssigkeit mit den feinen Geschmacksnerven möglich. Symbolisch zeigt sich diese Schnute auch, wenn etwas taxiert oder begutachtet werden soll.

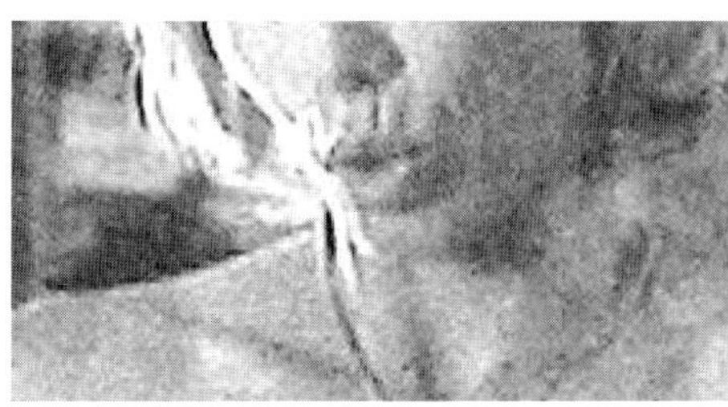

Die Genießerschnute

Sie unterscheidet sich von der prüfenden Schnute dadurch, dass die Mundwinkel leicht nach oben gezogen sind. Wenn „einem das Wasser im Munde zusammenläuft“, soll so die angenehme Flüssigkeit mit möglichst vielen Geschmacksnerven in Verbindung kommen, gleichzeitig aber durch die leicht angehobenen Mundwinkel am Herauslaufen gehindert werden.

Betrachtet ein Messebesucher ihn sehr interessierende Exponate, so kann die Bildung dieser dann symbolischen Schnute von einem schlürfenden Einziehen von Luft begleitet sein. Diese Schnute wird auch als „Feinschmecker-Schnute“ oder „Vorfreuden-Schnute“ bezeichnet.

Begrüßen japanische Verkäufer ihre wichtigen Kunden, ist das schlürfende Einziehen der Luft ein Ausdruck besonderer Hochachtung.

Die Protestschnute

Wesentlich ist die Bewegung der zur Schnute geformten, geschlossenen Lippen nach vorn. Dieses Vorschieben der Lippen ist Ausdruck des Wegschiebens. Diese Schnute drückt Groll, Verdrossenheit, Trotz, Nörgelei und Protest aus. Der Ausspruch „Man zieht eine Schnute“ oder „einen Schmollmund“ meint diese Schnutenart.

Zucken die Lippen in dieser Schnutenstellung ein- oder mehrmals kurz nach vorne, zeigen sie Unmut und Abwehr.

Das Lächeln

Dass diese grundlegende Art Gefühle zu äußern angeboren ist, bewies die von Irenäus Eibl-Eibesfeldt (1977) vorgenommene und ausgewertete filmische Dokumentation einiger Kinder, die durch Störungen während der Fötalzeit von Geburt an weder sehen noch hören konnten. Obwohl diese Säuglinge in ewiger Nacht und Stille lebten, bildeten sich Mimik und andere Verhaltensweisen der sozialen Kommunikation bei ihnen in derselben Weise aus wie bei sehenden Kindern. Sie richteten ihr Gesicht zum Beispiel auf einen Interaktionspartner, den sie ja nur über den Geruch und/oder den Tastsinn wahrnehmen konnten. Statt des bei sehenden Kindern beobachtbaren aufblühenden Lächelns, bildet sich aber eher eine ‚Grimasse‘, da die feinen Nuancen nicht erlernbar waren. Dies lässt vermuten, dass nur die Basisabläufe für den Lächelvorgang genetisch vorgegeben sind und erst die sozialen Erfahrungen den Ausdruck des Lächelns vervollkommnen. Ein natürliches Lächeln dauert länger als das falsche Lächeln. Beim natürlichen Lächeln sind die Wangenmuskeln und die Augenmuskeln beteiligt. Es ist intensiver, wenn die auslösende Empfindung sehr stark ist.

Die Literatur bestätigt solche Unterschiede in den Aussagen: „Sie lächelte mit den Lippen, doch nicht mit den Augen.“ „Das Lächeln drang nicht bis zu den Augen durch", „dem lächelnden Mund widersprachen die ‚kalten' Augen". Zum echten Lächeln gehört die Kontraktion des um die Augenhöhle führenden Ringmuskels. Sie bewirkt ein deutliches Anheben der Wangen, so dass die dem Lächeln Wirkung gebenden „Krähenfüßchen" entstehen.

Den meisten Menschen fällt übrigens das Lächeln mit der linken Gesichtshälfte leichter als mit der rechten. Nach den Ergebnissen wissenschaftlicher Forschung ist ein falsches Lächeln oft asymmetrisch. Nur eine Seite des Mundes ist beteiligt. Bei einem solchen Lächeln fehlt die Muskelbewegung um die Augen. Ein falsches Lächeln kann abrupt abbrechen oder schrittweise nachlassen. Beide Male jedoch ist die Dauer inadäquat. Über das falsche Lächeln lässt sich zusammenfassen: Wird Angst oder Traurigkeit vorgetäuscht, fehlt der begleitende Ausdruck der Stirnmuskulatur. Wird Glück vorgetäuscht, sind die Augenmuskeln unbeteiligt.

Beim normalen Lächeln ziehen die Lachmuskeln den Mund in die Breite und die Mundwinkel etwas in die Höhe. Wird das ängstliche Lächeln, bei dem der Mund nur in die Breite gezogen wird, um das gleichzeitige Hochziehen der Mundwinkel ergänzt, wird es zum freundlichen Lächeln.

Im Unterschied zum Grinsen werden beim Lächeln die Zähne gezeigt. Das gleichzeitige Hochziehen der Mundwinkel sagt aber aus, dass diese „Waffen" nicht benutzt werden sollen. Wer also „Waffen" zeigt und gleichzeitig lächelt, entwaffnet sich und entwaffnet durch diese Offenheit auch den anderen.

So hat Lächeln als eine Artgebärde sozialer Begrüßung hauptsächlich die Funktion der Beschwichtigung. Auch bei unbequemen Worten kann ein Lächeln entwaffnend wirken. Wie wichtig Lächeln ist, wird auch daran deutlich, dass dieser Ausdruck schneller und aus größerer Entfernung – von bis zu 90 Metern – als jeder andere mimische Ausdruck, wahrgenommen wird.

Bei Menschen, die viel lächeln oder lachen, entsteht im Laufe der Jahre durch Verstärkung der Lachmuskeln ein generell lächelnder, freundlicher Gesichtsausdruck.

Nach heute gültiger Annahme hat sich das Lächeln aus einer ursprünglichen Drohgebärde, dem Entblößen der Zähne, dem Furchtgrinsen höherer Säugetiere, entwickelt. Bisweilen zeigt sich diese primitive Art des Lächelns noch bei „gestressten" Rednern oder in asiatischen Ländern bei drohendem Gesichtsverlust. Die Bandbreite des Lächelns reicht vom kaum sichtbaren Bewegen der Mundwinkel bis zum offenen Lächeln, vom entwaffnenden Lächeln bis zum dummen Grinsen.

Lächelnde Mienen schaffen gute Laune. Deshalb werden eher Bilder mit lächelnden Gesichtern aufbewahrt.

Da die Mimik und insbesondere das Lächeln Gefühle ausdrücken, reduzieren Menschen die auf engstem Raum, zum Beispiel Japan, zusammenleben, ihre mimischen Ausdrücke. In Japan war es tabu, beim Lächeln die Zähne zu zeigen. Inzwischen lernen aber auch Japaner, zähnezeigend zu lächeln. Es gibt sogar besondere Kurse dazu.

Das gewollte, gemachte oder gequälte Lächeln

Ein solches Lächeln entsteht, wenn der Kunde „gute Miene zum bösen Spiel" macht, wenn er auf Grund der Geschäftsbeziehung freundlich bleiben, aber eine bessere Alternative nutzen will. Deshalb werden bei diesem Lächeln die Mundwinkel nicht angehoben sondern meist nur geradlinig auseinander gezogen. Es bleibt bei geradlinigen, geschlossenen Lippen. Der Kinnmuskel drückt beim gequälten Lächeln die Unterlippe nach vorn. Dies verrät mit der in der vorgeschobenen Unterlippe ausgedrückten Abwehr die vorsätzlich gewollte Ausführung. So wird das gewollte Lächeln zu einer Zweckbewegung mit relativ geringem Gefühlsgehalt. Oft ist dieses Lächeln plötzlich vorhanden und ebenso plötzlich wieder weggewischt. So zeigt es die heuchlerische Absicht.

Zum Bereich des gewollten Lächelns zählt auch das Verlegenheitslächeln. Auch ihm fehlen die runde Weichheit und der einheitliche Fluss. Es wirkt nicht organisch. Es entfaltet sich nicht, es ist plötzlich da, verharrt leblos und starr und kann ebenso unvermittelt verschwinden. Weil ihm der adäquate Inhalt fehlt, wird es eher zur leeren Grimasse. Es ist ein zwanghaftes Lächeln, das oft zur Kompensation eingesetzt wird.

Das süßliche Lächeln

Wenn Ihr Kunde Sie mit diesem Lächeln empfängt, will er Ihnen zumindest nicht wehtun. Er erweist Ihnen die Referenz ohne wirklich kaufen zu wollen. Hier wird die Beziehung des Lächelns zur weltbejahenden Süßreaktion besonders deutlich. Es zeigt einer geringfügig stärkeren Lippendehnung. Deshalb wirkt es unecht übersteigert und drückt mehr aus, als wirklich empfunden wird. Sentimentale und Bigotte zeigen so mehr Gefühl, als sie der Situation entsprechend wirklich empfinden. Auch der Schmeichler deutet so pantomimisch übersteigert an, wie positiv der Umschmeichelte auf ihn wirkt.

Das Schmunzeln

Sollten Sie für den Kunden erfreulich agiert oder reagiert haben, so, dass es zum Lachen nicht reicht oder das Lachen nicht opportun ist, können Sie Ihr positives Ergebnis am Schmunzeln erkennen. Der Hauptunterschied zwischen Lächeln und Schmunzeln besteht darin, dass die ziemlich gespannten Lippen geschlossen bleiben. Damit kommt in dieser Art des Lächelns eine Willensbeimischung zum Ausdruck. Die Spannung kann sowohl Aufmerksamkeit als auch Beherrschung signalisieren. Die geschlossenen Lippen drücken Abwehr, aber auch Zurückhaltung aus. Insgesamt wird vermieden, sich vorbehaltlos hinzuwenden. Die Spannung und der Lippenverschluss lassen auf erhöhte Aufmerksamkeit und eigene Meinung zum Erlebten schließen. Schweigendes Mitgehen ohne ausdrücklich positive Einstellung drückt sich so aus. Oft beinhaltet das Schmunzeln einen verschmitzten Ausdruck. Dann wird es zu einem mimischen Ausdruck der Freude über etwas, was geheim gehalten werden soll.

Das Feixen

Vorsicht! Ihr Kunde hat etwas vor – er will wahrscheinlich einen Erfolg auf Ihre Kosten. Das Feixen ist eine grimassierende Art des Lächelns. Es ähnelt der Sauerreaktion. Die sich im Feixen ausdrückende kräftige Spannung verrät, dass der Kunde etwas im Schilde führt. Diese Art des Lächelns lässt den Frechen, Abgefeimten und provozierend Hämischen erkennen. Die heruntergezogenen Mundwinkel (Sauerreaktion) zeigen einen hohntriefenden Ausdruck.

Das entwürdigende Lächeln

Haben Sie an Würde verloren? Ist es Ihrem Kunden gelungen sich zu profilieren? Das entwürdigende Lächeln zeigt es. Bei diesem Lächeln sind die Mundwinkel etwas heruntergezogen. Diese Mundstellung drückt zugleich Bejahung und Verneinung aus. Das entwertende Lächeln ist eine schwache Ausdrucksform des Feixens. So lächelt der auf Galgenhumor Gestimmte, Entsagende, aber auch der Blasiert-Ironische, der Besserwisser und der Schadenfrohe.

Das aufgelockerte Lächeln

Jetzt stimmt die Beziehung zwischen Ihrem Kunden und Ihnen. Je lockerer und spannungsärmer sich sein Lächeln darstellt, desto mehr ist es Ausdruck naiv erlebter Freude. Mit Bewegungsrichtung nach außen zeigt es vorbehaltlose Anerkennung eines Fremdwertes. Dieses Lächeln ist die reizvollste Form des mimischen Repertoires und besitzt ausschließlich liebenswürdigen Inhalt.

Das schiefe Lächeln

Haben Sie Ihren Kunden in einen Konflikt gebracht? Weiß er im Moment nicht was er tun soll? Beim schiefen Lächeln (oder Lachen) wird nur ein Mundwinkel nach oben beziehungsweise ein Mundwinkel nach unten gezogen. Dieses organische Durcheinander drückt den inneren Zwiespalt aus. Der Drang zur Abwertung steht im Konflikt mit Nützlichkeitserwägungen. So wird die wahre Meinung hinter gemachter Freundlichkeit verborgen.

Wer zum Schaden auch noch den Spott ertragen muss, reagiert so. Es gelingt ihm nicht, die Situation humorvoll zu verarbeiten. Die gequälte Grimasse mit einem vom echten Erleben abgespalteten, nicht fließenden Bewegungsablauf drückt den Konflikt aus. Dieses Lächeln habe ich oft beobachtet, wenn Vorgesetzte oder Respektspersonen einen Witz erzählten und Zuhörer glaubten, höflich darüber lachen zu müssen, obwohl der Witz selbst bekannt war oder keinen Anlass zum Lachen bot.

Wird dieses Lächeln zum generellen Ausdruck eines in der Grundstimmung vorhandenen inneren Zwiespalts, kann sich die Grundhaltung des Mundes so verändern, dass ein Mundwinkel mehr nach oben, der andere mehr nach unten zeigt. Der Volksmund spricht dann vom „schiefen Maul“. Auch hier ist jedoch einige Vorsicht geboten, da diese Mundstellung auch in einseitiger Muskelbehinderung begründet sein kann.

Das ängstliche Lächeln

Dies könnte eher das Lächeln eines Neulings im Verkauf sein, der von seinem seitherigen Gesprächspartner ohne Vorwarnung einem Gremium vorgestellt wird, vor dem er sein Produkt präsentieren soll. Lächelt er jetzt ängstlich, sind seine Lippen in die Breite gezogen. Der Mund ist etwas geöffnet. Die Mundwinkel sind angehoben und zeigen in Richtung der Ohren.

Das nachgiebige, resignierende Lächeln

Je nachdem, wie die Präsentation gelingt, wird das Lächeln des neuen Verkäufers mit vor- und oft hochgestülpter Unterlippe ausgeführt. Oft ist dieses Lächeln mit nach rechts schief gelegtem Kopf und/oder hochgezogenen Schultern beziehungsweise Schulterzucken verbunden.

Das Lachen

Nur Menschen können lachen. Lachen gleicht Spannung aus. Es kommt zustande durch kurze, entsprechend der Lebhaftigkeit der Gemütsbewegung mehr oder weniger zahlreiche, schnell aufeinander folgende Ausatmungen durch die angespannte Stimmritze. Der Mund wird dabei durch den Lach- und Jochbeinmuskel in die Breite und die Mundwinkel etwas mehr nach oben gezogen. Die vergleichende Verhaltensforschung sieht im Lachen eine angeborene Grundform der menschlichen Ausdrucksmöglichkeiten (Instinktverhalten), die bei den Menschenaffen vorgeformt ist. Wahrscheinlich ist das hektische Atmen gekitzelter Schimpansen eine Vorstufe des Lachens. Lachen steht besonders im Dienst des sozialen Zusammenlebens. Depressive lachen nie, Kinder mindestens zehnmal mehr als Erwachsene. Die möglichen Variationen des Lachens und des Lächelns zeigen größte Vielfalt. Aggressives, zynisches, befreiendes, blasiertes und verzweifeltes Lachen werden beschrieben. Die auslösenden Momente reichen vom wohlwollenden Einverständnis, von Reaktion auf bestimmte Grundgestalten des Komischen, von aggressiver Herabsetzung bis zur Verlegenheit usw. Erst die Fähigkeit über sich zu lachen, gibt dem Lachen über andere jenen ‚Ton', der vom Ausgelachten akzeptiert werden kann. Gerade unsichere Menschen fragen sich immer wieder „Was für ein Bild gebe ich ab?“, „Wie wirke ich jetzt?“ „Werde ich ausgelacht?“ Lachen hat verschiedene im Menschen programmierte Reaktionsmuster. In einer Komödie und im Leben lachen Menschen, ihren Werturteilen entsprechend, an unterschiedlichen Stellen und über verschiedene Situationen. Als soziales Phänomen kann Lachen über die gleiche Situation auch unter Unbekannten ein unmittelbares Einverständnis herstellen oder als Lachen über verschiedene Situationen zum Teil erhebliche Konflikte auslösen.

Das Auslachen ist eines der am meisten gebrauchten Verletzungssignale. Deshalb ist es in den meisten Gesellschaften verpönt über Mütter und hierarchisch höher Gestellte Witze zu machen und zu lachen. Wird über hierarchisch höhere Personen trotzdem gelacht, hebt dies die Hierarchie auf. Lächerlichkeit tötet!

Dass aber Lachen auch heilsam sein kann, wird in einem Kölner Krankenhaus genutzt. Dort treten im Rahmen der Hilfsorganisation KIK (Kinder und Krebs) in der Kinderabteilung Clowns auf, um die an Tumoren erkrankten Kinder zum Lachen zu bringen.

Von der Definition her ist Lachen das Zeichen des Erstaunens über etwas Unerwartetes. Ein Sprichwort sagt: „Am vielen Lachen erkennt man den Narren.“ Dieses Sprichwort geht auf das adäquat passende und inadäquat unpassende Lachen ein und drückt aus, dass ein Narr auch dort noch lacht, wo es gar nichts zu lachen gibt. Solches Lachen kann ausdrücken, dass der Lachende mit den Situationen, in denen er lebt, nicht zurechtkommt. Es kann aber auch sagen, dass eine schwierige Situation durchlebt ist. Wahrscheinlich haben unsere Urahnen nach lebensgefährlichen Kämpfen ihren Körper instinktiv mit Gelächter gelockert und so ihre Immunabwehr wieder aufgedreht. Möglicherweise war das Lachen auf „a“ aber auch ein Signal an die im Versteck wartende Sippe, dass eine Gefahr überstanden war. So war Lachen vielleicht ein Vorläufer der ersten Worte.

Lachen entsteht aus einer Vorbereitung zur Gegenwehr. Ist man beunruhigt, weil man den Ausgang einer Geschichte, eines Witzes, einer Situation noch nicht kennt oder wird man gekitzelt, wird Luft eingesaugt, um sich auf die Gegenwehr vorzubereiten. Der, weil Gegenwehr nicht nötig ist, folgende „Erleichterungsschrei“ bildet das Lachgeräusch.

Die Bedeutung der verschiedenen Vokale beim Lachen

Lautanalysen ergaben, dass die Vokale a, e, i, o, u das Lachen in Ton und Klang bestimmen. Auch bei den einzelnen Vokalen geben der Spannungsgrad und die Lautstärke wichtige Zusatzinformationen über die Echtheit und den Erlebnisgehalt im Lachen.

Das Lachen auf „a“

Beim Lachen auf „a“ wird der Mund weit geöffnet, also im Sinne einer auswärts gerichteten Bewegung. Dieses Lachen klingt offen, befreiend und herzhaft. Es zeigt naives Frohsein und reine ungetrübte Freude im Einvernehmen mit der Umwelt. Dieses Lachen kennzeichnet Kunden, die sich vorbehaltlos freuen können und sich und den anderen nichts vormachen. Das „ha“ ist ein Teil des „aha“ und erinnert auch an den Aha-Effekt des plötzlichen Begreifens.

Das Lachen auf „e“ oder „ä“

Der meckernde Klang dieses Lachens drückt Spott und Überheblichkeit aus. Lachen auf „e“ beinhaltet eine gewisse Distanz, die aus der Situation oder aus eigenen Komplexen resultieren kann. Es ist ein mehr im Munde befindliches Lachen, das weniger für die Außenwelt bestimmt ist. Soll es für die Außenwelt bestimmt sein, ist das Lachen lauter. Dann steht dahinter die Absicht, aufzufallen und zu treffen. Es wirkt dann kess und herausfordernd. Mehr auf „ä“ gebildet, bekommt es einen schadenfrohen, hämischen Ausdruck und lässt auf Verächtlichkeit schließen.

Das Lachen auf „i“

Dieses Lachen klingt echt oder geheuchelt, naiv-kindlich kichernd. Es ist besonders bei jungen Menschen oder Menschen, die jung scheinen möchten, beobachtbar. Mitunter klingt beim Lachen auf „i“ auch Schadenfreude durch, die allerdings nicht so negativ zu verstehen ist wie beim Lachen auf „e“.

Wer so lacht, ist froh, dass dem Geschädigten nichts passiert ist und lässt entspannt in diesem Lachen „Luft ab“. Gleichzeitig „freut“ er sich gegebenenfalls über die Komik der Situation. Dieser Zusammenhang begründet auch, dass das „schadenfrohe“ Lachen erst nach einer kurzen Verzögerung, die zum Verarbeiten der Situation (Hilfe notwendig/nicht notwendig?) entsteht.

Das kichernde Lachen auf „i“ klingt nicht frei nach außen. Die Lautbildung entsteht oben am vorderen Gaumenrand. Das Lachen bleibt so im Mund eingeschlossen. Deshalb spricht man beim ‚Auf-i-Lachen‘ auch von einem „In-sich-hinein-Lachen“, davon, dass sich jemand „ins Fäustchen lacht“, von einem Lachen also, das vor der Außenwelt verborgen bleiben soll. Es ist ein verschmitztes, heimliches Lachen mit ironischer, schadenfroher Beimischung. Oft ist die so ausgedrückte Freude durch Absichten modifiziert.

Das Lachen auf „o“

Auf „o“ Lachende zeigen verspannte, verwunderte Reaktionen. Dieses Lachen ist oft auch die Abwehrreaktion eines Kunden, der durch irgendetwas peinlich berührt wurde. Es ist der Ausdruck für „das sollte man doch nicht für möglich halten“. Dieses Lachen ist nur mit einem Schnutenmund hervorzubringen. Schon diese Mundstellung zeigt etwas Wegschiebendes, sodass auch hieraus die zweifelnde Einstellung des Lachenden deutbar wird.

Auf „o“ Lachen drückt bei entsprechender Lautstärke Trotz, Protest oder Hohn aus. Es reicht bis zum dröhnend auftrumpfenden Hoho-Gelächter.

Das Lachen auf „u“

So lacht jemand, der einen echten oder vorgetäuschten Schauder heiter auffängt. Verstärkte Ängstlichkeit und Furchtsamkeit werden in diesem Lachen ausgedrückt. Da auch dieses Lachen nur durch einen Schnutenmund abgegeben werden kann, ist auch hier der weg schiebende, distanzierte Gehalt erkennbar.

Beobachtungen und Übungen:	**Bemerkungen und Erfahrungen:**
Während Ihr Kunde Ihnen zuhört, bildet sich eine senkrechte Falte über seiner Nasenwurzel.	
Während Ihr Kunde Ihnen zuhört, bilden sich waagrechte Falten auf seiner Stirn.	
Während Ihr Kunde Ihnen zuhört, bilden sich krause Falten auf seiner Stirn.	
Während Sie reden, zieht Ihr Zuhörer beide Augenbrauen hoch.	
Sie informieren Ihren Kunden über eine Preiserhöhung. Als Reaktion bilden sich gleichzeitig waagrechte und senkrechte Stirnfalten.	
Die Augen Ihres Kunden sind:	
• weit geöffnet	
• verhängt	
• abgedeckt	
• zugekniffen	
• weit geöffnet	
• verengt	
Erklären Sie den Unterschied zwischen ‚blicken' und ‚schauen' und den jeweiligen Nutzen!	
Was schließen Sie daraus, dass Ihr Kunde Sie nur selten anschaut?	

Beobachtungen und Übungen:	**Bemerkungen und Erfahrungen:**
Formulieren Sie Fragen nach den jeweiligen Bereichen zum Beispiel: Wie *sieht* der Ihnen vorliegende Prospekt aus? Was hat der Kollege *gesagt*? Weshalb war das für Sie *wichtig*?	
Beobachten Sie die Blickrichtungen Ihres Kunden als Reaktion auf Ihre Fragen und nutzen Sie den erkannten Zugangskanal (sehen, hören, fühlen)!	
Während Sie reden, öffnet sich der Mund Ihres Gesprächspartners langsam.	
Während Sie reden öffnet sich der Mund Ihres Gesprächspartners schnell, dabei beugt er sich vor.	
Achten Sie auf Zungenbotschaften wie zum Beispiel: - Lecken der Oberlippe - Herausschieben der Zunge - Lecken der Unterlippe	
Formen Sie die beschriebenen Schnuten und beobachten Sie, welche Gefühle sich dann einstellen.	
Beobachten Sie die Mundstellungen Ihrer Kunden insbesondere in Bezug auf Schnuten.	

Der Hals und die Schultern

Der Hals

Die Halsmuskulatur umschließt die lebenswichtige Schlagader, die Luft- und die Speiseröhre, ohne diesen jedoch besonderen Schutz bieten zu können. Eine Sicherung des Halses ist also überlebenswichtig. So leicht wie die Schildkröte, bei der dieses Problem ideal gelöst ist, hat es der Mensch nicht. Er kann zwar auch den Kopf ‚einziehen', muss aber zusätzliche Schutzmechanismen aktivieren, um eine möglichst umfassende Deckung zu erreichen: das Kinn anziehen, die Schultern hochziehen und sich zusätzlich ducken – den Rücken krümmen.

Wird Gefahr von hinten erwartet, wird der Nacken gedeckt, indem der Kopf nach hinten geworfen wird. Eine Reflexbewegung, die sich sehr schnell überprüfen lässt. Wird jemand unerwartet und unbemerkt mit dem Finger am Nacken berührt, reagiert er mit dieser Schutzreaktion. Er deckt den Nacken. Dies immer dann, wenn ein Bedrohtheitsgefühl entstanden ist. Man spricht dann von „zusammenfahren". Häufiger Gebrauch der eingesetzten Muskulatur führt zu einer muskulösen Durchbildung der Hals- und Nackenpartie. Extreme Unterschiede zeigen sich im ‚Schwanenhals' und im ‚Stiernacken'.

Die Schultern

Die Schultern werden hauptsächlich zur Unterstreichung und Verdeutlichung von sonstigen Signalen benutzt. Hauptsächlich dienen die hochgezogenen Schultern dem Schutz des Halses. Schultern signalisieren üblicherweise, wenn sie breit und ausladend sind, Stärke, wenn sie schmal gebaut sind, Schwäche. So einfach ist dies allerdings auch hier nicht. Es gibt auch kraftvolle, zähe, drahtige, aber mit relativ schmalen Schultern ausgestattete und breitschultrige, aber relativ schwache Personen.

Ihr Kunde kann seine Schultern:

- hochziehen, wenn aus allgemeinem Bedrohtsein und Unsicherheit ein Schutz des Halses notwendig erscheint;
- senken, wenn der Hals frei angeboten werden soll, um Freiheit und Selbstsicherheit zu signalisieren;

- heben und senken, wenn Zweifel und Bedenklichkeit, ein Wechsel zwischen Schutz und Freigabe des Halses ausgedrückt werden;
- einseitig heben beziehungsweise senken, wenn das „Ich weiß nicht" mit dem stärkeren Gefühl des Bedauerns ausgedrückt wird. Dann wird signalisiert, dass nicht Deckungsverhalten aus Furcht vor negativer Reaktion, sondern offenes oder teiloffenes Verhalten gewählt wird.
- zurückdrücken, wenn die Brust vorgeschoben werden soll, um Unternehmungslust, Kraftgefühl und Mut zu zeigen;
- nach vorne fallen lassen, wenn er in sich zusammensinkt und wie ein „Häufchen Elend" Resignation und Schwächegefühl ausdrückt;
- vorpressen, wenn Angst und Schrecken zu einer Verkleinerung der Angriffsfläche führen sollen;
- Die gerade in Bezug auf die Schulterpartie interessante „Ich-weiß-nicht"-Geste, ist oft mit einer Vielzahl von weiteren Verhaltensweisen gekoppelt:
  - Die Schultern werden ein- oder beidseitig hochgezogen;
  - Die Arme werden seitlich vom Körper weggestreckt, damit wird die Brust schutzlos angeboten;
  - Die Hände werden so gedreht, dass die Handflächen als Ausdruck der Waffenlosigkeit nach oben zeigen;
  - Die Augenbrauen werden nach oben gezogen und erzeugen dadurch eine Sorgen durchfurchte Stirn.

Die Vielzahl dieser Bewegungen zeigt, dass das „Ich weiß nicht" bedauernd erlebt wird (sofern nicht gerade eine Übertreibung das Gegenteil signalisiert). Jede der Einzelbewegungen, außer dem Neigen des Kopfes, stellt für sich genommen eine „Ich-weiß-nicht"-Gestik dar. Zeigt Ihr Kunde alle Bewegungen, will er die Wirkung verstärken. Neigt Ihr Kunde den Kopf seitlich nach rechts will er zusätzlich Sympathie ausdrücken.

Die Bewegungen des Oberkörpers und der Brust

Der Oberkörper kann drehend oder neigend zu- oder abgewendet werden. Die in der Bewegung sichtbare Spannung und die Schnelligkeit der Ausführung zeigen die individuelle Bedeutung. Wird der Oberkörper zugewendet, bedeutet dies Interesse, Furchtlosigkeit und Aufgeschlossenheit, insbesondere wenn das Gesicht gleichzeitig zugewendet wird.

Wird der Oberkörper abgewendet, kann daraus Desinteresse, Weggehenwollen und Abwendung gefolgert werden, insbesondere wenn auch das Gesicht gleichzeitig abgewendet wird. Mit Spannung und schnell ausgeführt, kann dieses Abwenden eine Flucht einleiten oder ein Ausweichmanöver sein. Zu- und Abwendungsverhalten des Oberkörpers, Zuneigung und Rückzug können durch viele zusätzliche Signale in der individuellen Bedeutung verändert werden.

Neben diesen Bewegungen stellen sich auch Bewegungen des Oberkörpers zur Distanzverringerung oder -erweiterung ein. Zuneigung und „Sich-näher-Kommen" finden im Zuneigen des Oberkörpers eine Erklärung. Abneigung und „Sich-Distanzieren" erklären sich aus der Neigung des Oberkörpers nach hinten.

Vorneigender Oberkörper:	**Zurückneigender Oberkörper:**
Annäherung – Ihr Kunde interessiert ich für das Angebot	Rückzug – Ihr Kunde distanziert sich von Ihrem Angebot
Interesse – Ihr Kunde will dabei sein, möglichst viele Informationen aufnehmen und seine Bereitschaft dafür zeigen	Desinteresse, möglicherweise denkt Ihr Kunde nach oder weiter, sucht ablehnende und Zustimmung ermöglichende Argumente
bei schnellem Vorneigen Angriff oder Eile	Flucht oder verärgerten Rückzug
Aktivität geplant – will möglicherweise zugreifen	keine Aktivität in Bezug auf Partner geplant – will abwarten

Bei gemischten Verhaltensweisen, bei denen die einzelnen Bewegungen sich widersprechen, spricht man von ambivalentem, doppeldeutigem Verhalten. Grundsätzlich gilt, dass derjenige Körperteil, der am weitesten vom Kopf entfernt ist, am ehesten die wirklichen Gefühle oder Emotionen ausdrückt. Dies ist daraus zu verstehen, dass die Körperteile, die häufiger der Beobachtung – auch der eigenen Kontrolle – ausgesetzt sind, eher beachtet und kontrolliert werden.

Doppeldeutiges Verhalten drückt aus, dass zwei sich widersprechende Gefühlsrichtungen (Konflikte) an der Auslösung beteiligt waren.

Widersprechende Gefühle:	Beispiele für körpersprachliche Ausdrücke:
Furcht und Interesse	Der Kunde nimmt die Hände auf den Rücken, beugt sich aber gleichzeitig vor, um zum Beispiel ein problematisches Schriftstück besser betrachten zu können.
Missachtung und Interesse	Der Kunde wendet seinen Oberkörper ab und das Gesicht zu, um Sie noch zu sehen. Dieser Vorgang ist auch als „Schneiden" bekannt.

Der Brustkorb

Aus der Beziehung zur Atmung werden einige Bewegungsabläufe des Brustkorbs interpretierbar. Seine Ausdehnung bei kraftvoller Einatmung führt zu einer Zunahme an Kraftgefühl und Unternehmungslust.

Er „brüstet" sich – die Aussage assoziiert mehr als das prahlerische „Sich-in-die-Brust-Werfen" und erinnert an die ‚aufgeblasene' Wirkung im Sinne eines Droh- und/oder Imponierverhaltens.

Analog dazu ist die Einengung der Brust fast immer auf ein Abgeben der Luft zurückzuführen. Mit dem Ablassen der Luft geht eine Einbuße an Kraft- und Selbstgefühl einher. „Er sinkt in sich zusammen", kann man diesen Vorgang beschreiben.

Während sich beim ausgedehnten Brustkorb immer noch Restluft in den Lungen befindet, wird diese beim eingesunkenen Oberkörper ebenfalls abgegeben. Mit einer Gegenwehr braucht dann nicht gerechnet zu werden – die Luft würde nicht mehr reichen.

Die Arme und Hände

Arme und insbesondere Hände sind die eigentlichen Werkzeuge des Handelns. In natürlicher Ruhelage hängen Arme und Hände beim stehenden Menschen entspannt nach unten. In sitzender Haltung sind Unterarme und Hände locker in den Schoß gelegt oder liegen entspannt auf einer Armlehne.

Unterscheidbar sind hängende und getragene Arme und Hände. Hängende Arme und Hände zeigen Entspannung bis Passivität. Die getragenen, zwischen Hüfte und Schultern gehaltenen Arme und Hände signalisieren die Bereitschaft zum Handeln. So unterstreicht der Verkäufer seine Nutzenargumentationen und seine Aktivitäten.

Ein Umschwung der getragenen Arme und Hände in hängende Arme und Hände – ein Fallenlassen – wird deshalb unschwer als Umschlagen der Bereitschaft in einen Zustand des resignierten Entsagens verstanden. In umgekehrter Reihenfolge zeigen Arme und Hände, die aus Entspannung heraus plötzlich mehr oder weniger gespannt werden, vorbereitende Aktivität.

Im Unterschied zur Spannung, die Aktivität ausdrückt, ist die Versteifung Ausdruck von Scheu oder lähmender Angst.

Zusätzliche Botschaften über die genauere Bedeutung der jeweiligen Armhaltung und -bewegung ergeben sich aus dem Verhalten der Hände. Diese können in Verlängerung der Arme nach oben oder unten gerichtet oder im Handgelenk geknickt sein. Aus der Hand als Werkzeug für Hinweise resultiert auch deren Ausdrucksgehalt für das gewollte Streben. Nach oben zeigend, strebt sie zum Licht, zur Helligkeit, zum Himmel und drückt so das Schöne, Erhabene, Gute, Ideale und Ideelle aus. Nach unten zeigend, lässt sie den Ausdruck des Dunklen, Schmutzigen, Niedrigen, Bösen, Hässlichen und Minderwertigen assoziieren. Niedergeschlagenheit und Depression finden hier zusätzliche Ausdrucksmöglichkeiten.

Worte und Aussagen, wie zum Beispiel etwas handhaben, handeln, die Hände reiben, Handhabung und Ähnliches unterstreichen die Wichtigkeit der Hände.

Die Hand besitzt vielfältige Funktionen: Tasten, Fühlen, Packen, Kämpfen, Greifen, Streicheln und andere Verwendungsmöglichkeiten machen die Hand und die Handstellungen für die körpersprachliche Erklärung besonders interessant. Die Fläche der Hand bietet zusätzliche Einsatzmöglichkeiten für die Körpersprache: Decken, Auffangen, Wegschieben etc. Auch die jeweiligen Fingerhaltungen sind Ausdruck seelischer Vorgänge. Bei der Beurteilung und Deutung sind folgende Einzelheiten zu beachten:

- Aktivität der linken oder rechten Hand
- Hände vor dem Körper, hinter dem Körper oder in den Taschen

- Ebenen, in denen die Hände wirken:
  - Untere Ebene = unterhalb der Gürtellinie
  - Mittlere Ebene = zwischen Gürtellinie und Schultern
  - Obere Ebene = oberhalb der Schultern
- Spannungsgrad der gesamten Ausführung (entspannt, gespannt, verspannt)
- Schnelligkeit der Ausführung (zögernd, langsam, schnell, blitzartig)
- Haltung der Finger (geschlossen, gespreizt, gestreckt, gekrümmt)
- Darbietung der Handfläche (gewölbt, flach)
- Einsatz einer Hand oder beider Hände
- Stellung der Hand (Handfläche oben, senkrecht, nach vorn, nach unten)
- Abstand der Hand vom Körper (körpernah, körperfern)

Diese Beschreibungen gelten für den Gebrauch der Hände in stehender und sitzender Haltung.

Dem entspannten Herabhängen der Arme und Hände im Stehen entsprechen die lockeren, in den Schoss gelegten Hände im Sitzen. Der jeweilige Spannungsgrad zeigt an, ob Ruhe oder abwartende Bereitschaft die jeweilige Verhaltensweise motivieren.

Die linke oder rechte Hand

Fast jeder Mensch bevorzugt für bestimmte Aktivitäten eine der beiden Hände. So wie der Gebrauch der Hände sind auch weitere Teile des menschlichen Verhaltens einseitig: Welches Auge durch ein Fernrohr blickt, mit welchem Fuß etwas bewegt wird und Ähnliches.

Allerdings lässt sich rückschließen, ob die jeweilige Bewegung eher funktional-logisch oder ganzheitlich-analog unterlegt ist. Sie erinnern sich: Die linke Hirnhälfte, vor allem zuständig für die Logik, steuert die rechte Hand, die rechte Hirnhälfte, unter anderem zuständig für Ganzheit, steuert die linke Hand. Die Zuordnung von Rechts- oder Linksgebrauch bezieht sich meist nur auf den Gebrauch der Hände, insbesondere beim Schreiben. Bei unterschiedlichen Handlungen können unterschiedliche Seiten bevorzugt werden. Es kann also sein, dass jemand rechts schreibt, aber links malt beziehungsweise unterstreicht oder winkt. Zur Beurteilung der Körpersprache ist es wichtig, zu beobachten, welche Seite für welche Handlungen generell bevorzugt wird. Sonst könnten Botschaften, die mit einer bevorzugten Seite einem auf der anderen Seite Sitzenden gegeben werden, falsch interpretiert werden.

Die Hände vor dem Körper, Arme angewinkelt

So drückt sich die erhöhte Bereitschaft für geforderte Hantierungen aus. Die so zurechtgelegten Hände haben eine günstige Ausgangsposition für Aktivitäten, für Angriff und Verteidigung. Die Arme und Hände eines Redners warten so auf ihren Einsatz zum Unterstreichen, Ergänzen, Ersetzen oder auch Abschwächen seiner verbalen Aussagen. Dabei sind die Hände entsprechend der bereits vorhandenen Aktivitäten seitlich am Körper, vor dem Unterbauch, vor dem Bauch oder vor der Brust. Die Distanz der Hände zueinander zeigt den Grad der bereits vorhandenen Offenheit.

Je körpernäher eine Bewegung ausgeführt wird, desto kleiner ist der innewohnende Wunsch zu wirken. So drücken sich Bescheidenheit und Sachlichkeit aus. Körperferne Bewegungen wollen berühren und beeindrucken. Deren Bedeutungen reichen von hilfreichem Zugreifen bis zu aufdringlichem Festhaltenwollen.

Die Hände hinter dem Körper

Zurückhaltung drückt sich so im Sinne des Wortes (Zurück-Haltung) aus. Wer so steht, wartet. Oft ist diese Haltung bei Rednern vor deren Auftritt, bei Begleitpersonen während der Aktivitäten der Hauptperson und bei Gesprächsbeobachtern anzutreffen. Wer „alle Hände voll zu tun hat", verwendet diese Haltung nicht. Mit auf den Rücken gelegten Händen will man nicht stören. So hat man sich kurzfristig oder generell aus dem Getriebe der Welt zurückgezogen. Diese Haltung ist als Dauerhaltung oft bei zurückhaltenden, passiven und besinnlichen Menschen beobachtbar aber nur dort, wo sie sich sicher fühlen. Auf den Rücken gelegte Hände lassen die Vorderseite des Körpers ungeschützt.
Mut und Tatkraft, jedoch ohne momentan vorhandene Bereitschaft zur Ausführung, drücken auf den Rücken gelegte Hände dann aus, wenn gleichzeitig die Brust vorgewölbt oder der Oberkörper beim Gehen nach vorne geneigt ist.

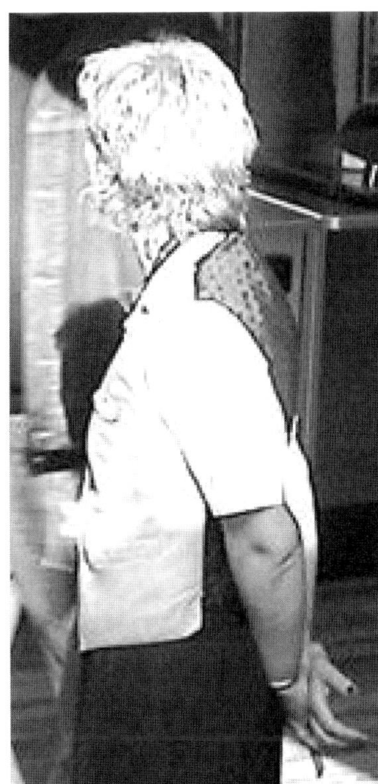

Die Hände oder eine Hand in den/der Tasche(n)

Werden die Hände in den Taschen verborgen – versteckt –, kann sich der Partner bedroht fühlen. Er kann so eventuelle Angriffsvorbereitungen nicht mehr erkennen. Die Haltung der Hände in den Taschen kann kompensatorische Bedeutung annehmen: innere Unsicherheit soll verdeckt oder überwunden werden.
In der Form der Überkompensation sagt dieses Verhalten: „Ich kann es mir erlauben, unhöflich zu sein, ich schaffe meine Zielgruppe ohne Hände, einfach mit dem Mund!" Wer die Hände in den Taschen hält, zeigt Desinteresse am Handeln. Auch dann, wenn er „die Faust in der Tasche ballt". Während des Gespräches würde dieses Verhalten zeigen, dass der Verkäufer nicht auf seinen Kunden eingehen will oder einzugehen braucht. Lockere Gespräche in positiver Beziehung können so unterstrichen werden. Wegen der gleichgültigen Wirkung werden Hände in den Taschen bei offiziellen Gesprächen als unhöflich empfunden. Am besten Sie stecken Ihre Hände nicht, oder frühestens in privaten Gesprächen mit dem Kunden und, nachdem dieser es vormachte, in die Taschen.

Werden die Hände abrupt in die Taschen gesteckt und bleibt die Spannung erhalten, wird eine oppositionelle Willenshaltung und der Entschluss zum Abbruch der Beziehung oder die Sammlung zum Widerspruch erkennbar.

Die Ebenen, auf denen die Hände wirken

Die Höhe, in der die Hände vor oder seitlich vom Körper agieren, zeigt das jeweils gegebene Engagement des Verkäufers oder Kunden.

Die untere Ebene

In der unteren Ebene unterstreichen die Hände die jeweiligen Aussagen unterhalb der Hüfte. Die so unterstrichenen Botschaften wirken wenig engagiert. Die untere Ebene ist für abwertende und wegwerfende Unterstreichungsgesten nutzbar, insbesondere, wenn bei diesen Gesten die

Handflächen nach unten zeigen. In dieser Ebene sollten Sie nur gestikulieren, wenn Sie Ihren Kunden warnen wollen.

Die mittlere Ebene

In dieser Ebene unterstreichen die Gesten zwischen Schulter und Hüfte. Es ist der in professionellen Gesprächen, bei Reden und Vorträgen am meisten genutzte Bereich. Falls Redekarten für Stichworte verwendet werden – sie eignen sich besser als DIN A4 Manuskriptseiten – werden sie in dieser Ebene gehalten. Innerhalb dieser Zone können drei Unterebenen genutzt werden. Dann liegt die untere Ebene zwischen Hüfte (oder beim Sitzen auf der Tischplatte) und unterem Rippenbogen, die mittlere Ebene zwischen unterem Rippenbogen und der Mitte des Brustbeins, die obere Ebene zwischen der Mitte des Brustbeins und den Schultern. Die Bedeutungen sind identisch mit den beschriebenen drei grundsätzlichen Ebenen, jedoch ist die Ab- und Aufwertung weniger drastisch und aufdringlich.

Die obere Ebene

Sie liegt geringfügig unterhalb bis weit oberhalb der Schultern. Damit gehört diese Ebene zum Ausdrucksbereich von Macht und Dominanz. Der Ausdruck von Begeisterung, Enthusiasmus und Triumph findet dort seine Unterstreichung. Häufig dienen Gesten, in dieser Ebene mit Fäusten ausgeführt, dazu, Macht zu demonstrieren.

Die Symbolik dieser Ebene ist anders, wenn jemand winkt. Dabei geht es nicht um Dominanz, sondern schlicht darum, vom anderen besser gesehen zu werden. Ihre verkäuferische Gestik bewegt sich nicht oder nur vor Massen in dieser oberen Ebene.

Der Spannungsgrad in der Ausführung

Bewegungen können entspannt, gespannt oder verspannt ausgeführt sein. Der Spannungsgrad zeigt das Engagement und die persönliche Energie und Kraft des Senders. Als Verkäufer legen Sie Spannung in Ihre Bewegungen. Ihr Kunde darf Sie – sofern das mit den von Ihnen zu repräsentierenden Werten übereinstimmt – kraftvoll erleben.

Die Schnelligkeit der Ausführung

Von zögernd über langsam, schnell, bis blitzartig reicht das Tempo der Bewegungen. Die Motivation für unterschiedliche Tempi liegt in der Dringlichkeit der Botschaft. Die Palette reicht vom langsam aufgenommenen Kontakt bis zum blitzschnellen Vorstoßen der Faust zum Angriff oder zur Verteidigung. Wechseln Sie das Tempo Ihrer Bewegungen, wenn Sie „lebendig" wirken wollen. Günstig kann es sein, wenn Sie das Bewegungstempo in etwa auf das Tempo der Bewegungen Ihres Kunden einstellen.

Mit einer Hand oder zwei Händen

Normalerweise reicht zur Unterstreichung von Botschaften eine Hand. Je mehr Engagement sich einstellt, desto eher wird mit beiden Händen unterstrichen. Dabei können sich die Hände in gleicher Art und Weise mit gleicher Fingerstellung oder ungleich mit unterschiedlicher Fingerstellung bewegen. Zu beachten ist, welche Hand welche Bewegung mit welcher Fingerstellung ausführt. Für die Gestaltung der Beziehung nutzen Sie die linke Hand (sie kommt von Herzen). Wenn Sie sachlich unterstreichen, tun Sie dies mit rechts. Beide Hände benutzen Sie für inhaltliche Darstellungen bei denen Sie Beziehung und Sache unterstreichen wollen.

Die Stellung der Hände

Wenn die Handfläche nach oben zeigt

Diese Handhaltung wird eingenommen, wenn etwas Wertvolles in Empfang genommen werden soll. Sie wird deshalb in der Pantomime als Bittbewegung und als Ausdruck der Bedürftigkeit genutzt.
Es ist aber auch die Geste des offenen Darlegens und Überreichens von positiven Ideen oder wertvollen Produkten an wertgeschätzte Empfänger. Je weiter die Hände so nach vorne gestreckt werden, desto größer ist der Aufforderungsgrad.
Bei gespreizten Fingern verstärkt die zusätzlich gewonnene Fläche die Aufforderung, etwas hineinzulegen beziehungsweise die Wertigkeit des Angebots. Sind die Finger nach oben gewölbt, so dass das Bild einer Schale entsteht, wird diese Aufforderung noch zusätzlich symbolisch verstärkt.
Eine noch größere Schale und damit der Ausdruck noch größerer Erwartungshaltung kann durch die Verwendung beider Hände gebildet werden. Dabei sind die Handkanten entweder aneinandergelegt oder haben entsprechend der Wölbung der Handflächen und der Spreizung der Finger mehr oder weniger großen Abstand voneinander.

In dieser Weise ausgestreckte, mit der Handfläche nach oben gerichtete und leicht gewölbte Hände sind oft bei Rednern zu beobachten, die damit dem Publikum etwas überreichen oder das Publikum auffordern, ihre Zustimmung zur Rede „hineinzulegen".

Das Zeigen der Handflächen und die positive Zuordnung dieses Verhaltens dürften auch entwicklungsgeschichtlich begründet sein. Wer die Handflächen zeigt, sagt damit „Ich komme ohne Waffen in friedlicher Absicht". Immer wenn Sie über sich, Ihr Unternehmen und Ihre Produkte sprechen sollten, Ihre Handflächen nach oben zeigen.

Wenn die Handfläche senkrecht steht

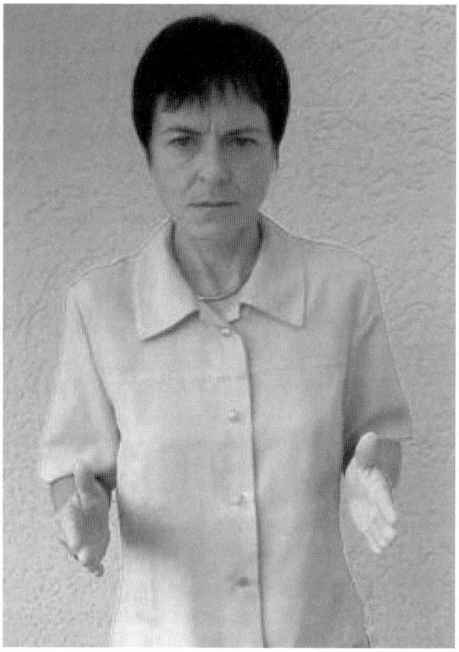

In dieser Haltung kann eine Hand benutzt werden, um einen Gegenstand oder symbolisch Probleme, wirre Gedanken, soziale Beziehungen oder Ähnliches zu durchschlagen. Bei geschlossenen Fingern soll mehr der Eindruck der genauen konsequenten Ausführung, bei gespreizten Fingern mehr Engagement ausgedrückt werden.
Werden für diesen Gestus beide Hände verwendet, wird damit entweder die Verstärkung des innewohnenden Gefühls gezeigt, oder die so verwendeten Hände werden nicht mehr als Schlag-, sondern als Begrenzungsinstrument verwendet. So kann ein Abstand zwischen der einen und der anderen Handfläche ein Größenmaß zeigen.
Dabei nehmen die Hände meist die Form ein, die dem darzustellenden Gegenstand oder dem abzugrenzenden Raum entspricht. Werden die Handflächen nach innen gehalten, bildet sich eine Barriere. Zeigen dabei auch die Finger nach innen, ist ein Hinwenden zu sich selbst sichtbar. Diese Gestik verwenden Sie, wenn Sie Beteuerungen, aber auch Erstaunen ausdrücken wollen. Die senkrechte Stellung Ihrer Hände hilft Ihnen, wenn Sie Ihrem Kunden neutrale Vergleiche und Maße zeigen wollen.

Wenn die Handfläche nach vorn zeigt

Zeigt die Handfläche nach vorn, wird sie zum Instrument des Wegschiebens. Diese zurückweisende Hand des Ablehnenden ist somit Grundaussage für Ablehnung und Zurückweisung überhaupt. Unangenehmes wird so abgewehrt.

Sind die Finger gespreizt oder werden beide Hände benutzt, wird auch hier die größere Fläche nutzbar, um die Wirkung zu steigern. Wahrscheinlich werden Sie Ihre Mitbewerber nicht als Feinde, sondern als Kollegen im Markt erleben. Dies schließt nicht aus, dass Sie zur Beeinflussung Ihres Kunden, wenn Sie Wettbewerber erwähnen, Ihre Handflächen nach vorne (oder nach unten) schieben können.

Wenn sich die Finger nach innen krümmen

Diese Haltung kommt der ursprünglichen Bedeutung der Hand als Greifwerkzeug am nächsten. Ergreifen-Wollen, symbolisches Begreifen und Chancen-wahrnehmen-Wollen geben dem körpersprachlichen Ausdruck des Greifens zusätzliche Aspekte. Die Greifhand kann so Ausdruck von Geiz und Raffgier, aber auch Bemühung, Worte zu finden und Gedanken festzuhalten, sein. Umklammernd und festhaltend, drückt die Greifhand ein Bedrohtheitsgefühl aus. Man klammert sich an einen Strohhalm, will sich an etwas halten was keinen Halt geben kann.

Das Festhalten wird so Symbol des Willens zur Selbstbehauptung, des Eigensinns, aber auch der Ängstlichkeit.

Wenn die Handflächen nach unten zeigen

Zeigen die Handflächen nach unten und werden die Finger nicht oder nur wenig gekrümmt, wirkt die Hand als Fläche zum Abwehren oder Niederdrücken. So wird die Flächenwirkung der Hand genutzt, um etwas außen oder innen Aufkeimendes niederzudrücken.
Mit wenig Spannung ausgeführt, ist diese Handhaltung Geste des Mahnend-Besonnenen und drückt das Bedürfnis aus, eine Stimmung zu dämpfen und unter Kontrolle zu bringen.
Werden die Finger gespreizt, soll die Flächenwirkung der Hand vergrößert werden. Die zum Wegschieben oder Unterdrücken verwendete Fläche wird so größer und wirksamer. Auch die Verwendung beider Hände in gleicher Haltung dient der Flächenvergrößerung und verstärkt so die Wirkung.
Wird die Hand oder werden die Hände mit der Handfläche nach unten geführt, sind die Bedeutungen folgende:

Verhaltensweise:	Wahrscheinliche Bedeutung:
gespreizte Finger (größere Flächen)	Niederhalten, Abwehren
gespannt und mit Nachdruck	herrische Unterdrückung fremder Willensäußerung, Ruhe gebietend
Behutsam von oben	Bannendes Beschwören von Geräuschen, negative Unterstreichung der sprachlichen Inhalte, insbesondere wenn der Verkäufer über Wettbewerber oder deren Produkte sprechen muss
Aufstützend	Wunsch nach widerstandsfähiger Verfassung, Festigung der eigenen Gedanken und der psychischen Situation

Anders zu verstehen sind die segnenden Hände der Priester. Dort wird die Handfläche zum „Strahler" für Geist.

Die verschiedenen und gemischten Handhaltungen

Linke Handfläche nach oben, rechte Handfläche nach unten	Die Beziehung zum Kunden wird wertvoll, die Sache abwertend dargestellt.
Rechte Handfläche nach oben, linke Handfläche nach unten	Die Sache wird aufgewertet, die Beziehung zum Wettbewerber abgewertet.
Linke Hand senkrecht, rechte Handfläche nach oben	Die Beziehung zu Gesprächsteilnehmern von Seiten des Kunden, die eine andere Meinung vertreten, wird neutral, die Sache positiv unterstrichen.

Rechte Hand senkrecht, linke Handfläche nach oben	Die Sache, wenn es sich um Alternativempfehlungen von Gesprächsteilnehmern der Kundenseite handelt, wird neutral, die Beziehung zum Kunden positiv unterstrichen.
Linke Handfläche nach unten, rechte Handfläche nach oben	Die Beziehung zu Mitbewerbern wird negativ, sie Sache positiv unterstrichen.
Rechte Handfläche nach unten, linke Handfläche nach oben	Die Sache – Empfehlungen der Mitbewerber – wird negativ, die Beziehung positiv unterstrichen.

Die Finger

Die Finger dienen als Teil der Hand wesentlich der Unterstreichung und Ausführung der Handgesten. Je nach Fingerhaltung bekommt die Handgeste dadurch oft erst die eigene Bedeutung. Es gibt aber auch Fingergesten, die allein auf die Finger begrenzt sind, zu deren Ausführung allein die Finger – ohne dass die Hand dabei eine Bedeutung gäbe – eingesetzt werden. Wie wichtig die Finger in der körpersprachlichen Kommunikation sind, weiß der Volksmund, wenn er sagt: „Dem muss man auf die Finger schauen!"

Gemäß dem Prinzip: Verhaltensweisen prägen Einstellung und Einstellungen lösen entsprechende Verhaltensweisen aus, werden die Programmierung des Gehirns und damit die jeweilige Körpersprache ständig reifegerecht gestaltet. So drückt sich jeder in seiner (Körper-) Sprache unter Nutzung seines Zeichenvorrats zwar spezifisch, aber im Sinne der Symbolik verstehbar aus.

Ich weiß noch, wie schwer es für mich im Kindesalter war, meine Finger dazu zu bringen, den Stift richtig zu halten und zu schreiben. Heute genügt der bloße Wunsch und schon bewegt sich die Hand automatisch richtig. In Wirklichkeit lagen Jahre des Übens und Trainierens zwischen der ersten Schulklasse und heute, und je nach Stimmung ändert sich die Schrift, aber mit der Änderung der Schrift ändert sich auch die Stimmung.

Die Haltung der Finger

Je nachdem, ob die Finger geschlossen, gespreizt, gestreckt oder gekrümmt sind, bekommt die verbale Aussage ihre Bedeutung. Mit geschlossen, nebeneinander gelegten Fingern wirken Sie als Verkäufer bescheidener, weniger aufdringlich, als mit gespreizten. Gestreckte Finger haben einen kleineren Aufforderungsgrad als gekrümmte.

Wenn die Finger gekrümmt sind

Eine Faust bildet sich, wenn die Finger zur Handmitte hin eingerollt werden. Diese einwärts gerichtete Bewegung wird je nach gefühlsmäßiger oder emotionaler Beteiligung mit zunehmender Spannung ausgeführt. So zeigt Ihr Kunde einen aktiven Willensvorgang, der von den Außenbedingungen ab- und dem eigenen Ich zugewendet ist. Im Ablauf dieser Bewegung ist übergangsweise eine Greifhaltung beobachtbar. Diese kann auch Ausdruck des Festhaltens von Gedanken sein.

Die Faust ist aber auch eine Waffe. In der Fauststellung ist die Hand so klein wie möglich ‚zusammengefaltet'. Die Knöchel und Gelenke der Fingerknochen schützen die weichere Handfläche und dienen als „Panzer". Die zweifache Bedeutung, nämlich die einwärts gerichtete Bewegung und die damit entstandene Faust, zeigt sich dann, wenn dem sich so Verhaltenden ein Angriff droht oder wenn er den Drang zur Aggression (Wut) verspürt.

Damit muss nicht zwingend auch der Wunsch zum Angriff oder zur Verteidigung gekoppelt sein. Die Einsicht in die Unabänderlichkeit einer Situation kann zwar zu Fausthaltungen führen, stoppt aber die Verwendung der Faust als Waffe. Deshalb Vorsicht, wenn sich die Finger Ihres Kunden nach innen rollen. Erinnern Sie sich, was Sie eben gesagt haben: könnte diese Botschaft negativ angekommen sein? Versuchen Sie, indem Sie klärend oder entschärfend weiter sprechen, die beim Kunden entstandene Spannung wieder aufzulösen.

Wenn sich die gekrümmten Finger strecken

Dann war die von Ihnen gewählte Vorgehensweise zur Entspannung Ihres Kunden positiv.

Wird die mit Bilden der Faust vorbereitete Angriffshaltung nicht in einem Angriff ausgelebt oder sind die Gründe für die Fausthaltung nicht mehr akut, lässt die Spannung der Faust nach. Die Hand öffnet sich mehr oder weniger schnell, mehr oder weniger kraftlos.

Die Öffnungsbewegung endet oft in einer halboffenen Form und in locker gehaltenen Händen und Fingern. So zeigen die Hände, wie ihnen etwas entgleitet, dass sie unfähig sind, etwas weiterhin festzuhalten. Die so entstandene Endform drückt deshalb oft Unentschiedenheit aus. Gekoppelt mit schlaff herabhängenden Armen und hochgezogenen Schultern, ist so der Gesamteindruck des schwächlichen Verzichts, der Skepsis oder Resignation entstanden. Öffnet sich die Hand schlagartig, zeigt der Handteller der dann offenen Hand nach innen. Wird der Handrücken dabei nach außen bewegt, wirkt dies so, als ob ein lästiges Insekt verscheucht werden soll.

Die Motivation des Vertreibenwollens ist auch gegeben, wenn die sich so öffnende Hand über den Tisch wischt und dabei nicht ein Insekt, sondern einen psychisch ärgerlichen Unlustzustand zu vertreiben wünscht. So werden oft auch „Argumente vom Tisch gewischt“.

Werden die eingerollten Finger wieder gestreckt, ist die Spannung mit der dies geschieht, wichtig. Je weniger Spannkraft der Ausführung innewohnt, desto kleiner ist die Hoffnung auf Erfolg. Wird die Hand mit kräftigem Schwung geöffnet und nimmt sie eine Endstellung mit gespreizten Fingern ein, drückt dieser Ablauf schroffe und verächtliche Einstellung aus.

Bleiben die geschlossenen Finger nach einem kurzen Öffnungsruck geradlinig stehen und zeigt dabei die Handfläche nach oben, zeigt dies demonstrativ, was vorher konkret oder abstrakt verborgen war. Abstrakt verwendet ein Redner diesen Ablauf, um auszudrücken: „es liegt doch auf der Hand“.

Öffnet sich die Faust und die Finger bleiben nach oben gebogen stehen, bildet sich eine Greifhand.

Die Bedeutung der einzelnen Finger

Der stärkste Finger, der Daumen

Der Daumen ist als Finger des „Drucks“ hinlänglich bekannt. Als Symbol für die Macht und Kraft wird der Daumen wichtiges Kennzeichen für die Dominanz eines Menschen.

Bei in Ruhelage auf dem Tisch liegender Hand ist der Daumen stets ein wenig von der Hand und den übrigen Fingern abgespreizt.

- Der aufgerichtete Daumen zeigt als gewollte Botschaft „o.k.". Kommt diese Botschaft ohne Wollen des Kunden zustande, ist sie fast immer eine Reaktion auf frustrierende Reize, Auflehnung und Durchsetzungsbereitschaft.
- Der aufliegende Daumen besitzt in Ruhestellung keinen Signalwert. Wird er vom Kunden bewusst angelegt, signalisiert er Vorsicht, Unterwerfung, zumindest aber momentane Zurückhaltung.
- Der eingeschlossene Daumen besagt, dass besondere Aktivitäten momentan unterdrückt oder wegen fehlenden Willens nicht geäußert werden sollen.

Kleine Kinder legen oft den Daumen in die Handfläche und umschließen diesen mit den Fingern. Dieses Zeichen offenbart wenig eigene Persönlichkeit und schwache Energie. Es kann noch nicht den eigenen Ansprüchen entsprechend gehandelt werden. Bei Erwachsenen lässt diese Geste darauf schließen, dass vorübergehend die Fähigkeit zu einer (schwierigen) Entscheidung verloren ist. Wurde dieser Zustand überwunden, wird der Daumen wieder freigelassen.

Diese Symbolik mag auch damit zusammenhängen, dass der Daumen als von der Hand abstehender Finger besonders gefährdet ist. Wird er frei gezeigt, wird keine Gefahr erwartet, denn bei Gefahr muss er zum Schutz versteckt werden.

Die „Macht" des Daumens zeigt sich auch beim „Daumendrücken". Damit soll dem anderen Glück gewünscht werden.

Der Zeigefinger

Der Zeigefinger symbolisiert die Willenshaltung und die initiative Aktion. So ist es verständlich, dass der Zeigefinger für Hinweissignale eingesetzt wird.

Er eignet sich am besten zum genauen Zeigen. Der Zeigefinger wirkt symbolisch wie ein Pfeil, der auf das Ziel abgeschossen wird. Er definiert genauer als die bei ungenauer Zielangabe ausreichende flache Hand.

Die Assoziation zu einer Waffe spielt auch eine Rolle bei der mit dem Zeigefinger ausgeführten Drohgeste. Hier wird der Zeigefinger als Waffe

(Messer o.a.) verwendet. Drohend oder mehrmals stoßend, vielleicht durchbohren wollend, wird dann der Zeigefinger in Richtung Objekt bewegt. Wird der Zeigefinger schlagend bewegt, erinnert er an einen Stock, mit dem auf den anderen eingeschlagen werden soll.

Oft ist zu beobachten, dass Gegenstände, wie zum Beispiel Kugelschreiber oder Ähnliches als Zeigefingerersatz verwendet werden. Auch damit können Melde-, Stech- und Schlaggesten ausgeführt werden. Aggression zeigt sich oft darin, dass mit dem Zeigefinger oder einem ähnlichen Gegenstand auf den anderen ‚losgegangen' wird. Im Bild wird der Kugelschreiber mit der linken Hand, sozusagen als ‚Beziehungsdrohung', gehalten, während der rechte Zeigefinger ebenfalls gestreckt ist. Diese Haltung kann ausdrücken, dass eine Sachfrage im Moment nicht beantwortet werden kann oder der nicht sichtbare Messebesucher nervt.
Als „Achtungszeichen" wird der erhobene, sich nicht bewegende Zeigefinger eingesetzt. Er wirkt so gleich zweifach: in seiner Grundbedeutung als Waffe und in Verlängerung der erhobenen Hand als Drohung und Vergrößerung.

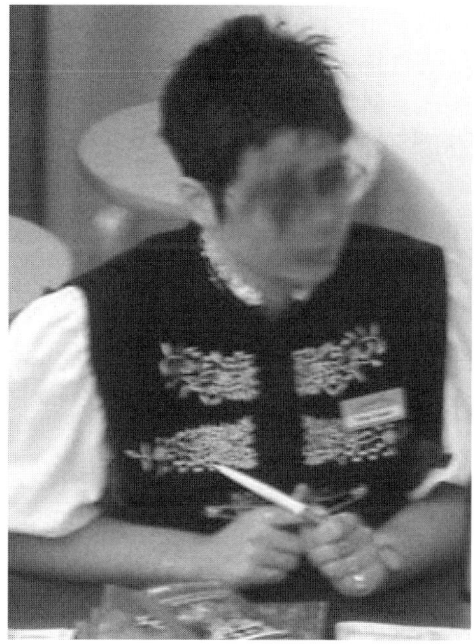

Während der gestreckt nach oben gerichtete Zeigefinger als Waffe warnend und drohend wirkt, gilt er als Hinweissignal, wenn er ein wenig gekrümmt ist.

Winkt jemand eine andere Person heran, wird die Bedeutung des Zeigefingers als „Anweisungsfinger" in einer befehlenden Art deutlich.

Weiter verbreitet als das Heranwinken mit dem Zeigefinger ist das Heranwinken mit der nach oben oder nach unten zeigenden Handfläche, wobei die Finger zum Körper hin gekrümmt werden. Die Richtung der Handfläche gibt dann eine Auf- oder Abwertung der Herangerufenen zu erkennen. In romanischen Ländern, insbesondere in Spanien, wurde das Heranwinken mit nach unten gerichteter Handfläche häufig beobachtet. Es ist sicher auch Ausdruck der dort vorwiegenden patriarchalischen Einstellung. Soll das Winken mit größerem Nachdruck erfolgen, wird statt des

Zeigefingers, der dann „nicht mehr ganz ausreicht“, mit dem ganzen Arm gewinkt.

Manchmal pickt oder hackt jemand mit dem Zeigefinger. Die Krümmung entspricht dabei einem Schnabel. Durch Picken oder Hacken auf den Tisch wird den Worten Nachdruck verliehen. So kann der Kunde auf Ihnen „herumhacken“. Nach oben gestreckt und hin und her pendelnd, ersetzt der Zeigefinger den verneinend hin und her wiegenden Kopf, er winkt so eine Handlung ab.

In Ihrer Verkäuferrolle werden Sie hellwach, wenn der Kunde den Zeigefinger streckt, ihn zum Schnabel formt oder zu einem Schreibgerät greift, es aber nicht in Schreibhaltung aufnimmt.

Der Mittelfinger

Als längster und nach dem Daumen stärkster Finger ist der Mittelfinger mit dem Selbstwertgefühl und dem Stolz assoziiert.

Seine Bedeutung wird zum Beispiel beim ‚Genauigkeitsgriff‘ interessant. Dieser Griff, mit dem ein kleiner Gegenstand vorsichtig gehalten werden soll, wird normalerweise mit Daumen und Zeigefinger ausgeführt. Dabei werden Daumen und Zeigefinger so gehalten, als wollten sie ein kleines Objekt sehr vorsichtig fassen. Wird nun statt des Zeigefingers der Mittelfinger benutzt, besagt dies, dass dem „Objekt“ persönliche Wichtigkeit beigemessen wird.

Auch als ‚Zeige-Finger‘ kann der Mittelfinger verwendet werden. Zeigt er in Unterlagen auf eine bestimmte Aussage oder ein Bild, besteht dazu fast immer persönliche Affinität. Einer Person, die eine Aussage so unterstreicht, dürfen Sie als Verkäufer nicht direkt widersprechen. Statuskonflikte wären die Folge.

Vor einigen Jahren hatte ich ein Gespräch über einen möglichen Auftrag für eine Personalentwicklungskonzeption bei einem bekannten Konzern. Am Gespräch nahmen der Schulungsleiter, mein seitheriger Gesprächspartner und der Personalvorstand teil. Der Schulungsleiter sagte: „Praxisnähe ist uns besonders wichtig.“ Dabei tippte er mit dem Mittelfinger der linken Hand auf den Tisch. Meine darauf bezogene Antwort: „Wenn Sie mit Ihrer Erfahrung in diesem Projekt mitwirken könnten, wäre das für den Erfolg sicher sehr nützlich.“ Kurz: Ich bekam den Auftrag. Jahre später fragte mich der Schulungsleiter, ob ich wisse, weshalb mein Team und ich den Auftrag bekamen. Er klärte mich auf. Dieses Projekt war von ihm als Sprungbrett für seine Karriere gedacht und er war inzwischen zum Verantwortlichen für die Personalentwicklung im Gesamtkonzern avanciert. Ob ich wohl den Auftrag bekommen hätte, wenn mir seine Mittelfingerbewegung entgangen wäre? Noch einmal unterstrichen: Streiten Sie nicht, wenn der Mittelfinger Ihres Kunden exponiert ist.

Der Ringfinger

Er wird dem Gefühlsleben zugeordnet. Seinen Namen erhielt er von seiner Bedeutung als Träger von schmückenden Ringen. Der Ringfinger bildet die passive Indifferenz zwischen dem längeren Mittelfinger und dem kleinen Finger.

Wird dieser Finger gerieben oder nimmt er eine exponierte Stellung ein. Achten Sie am besten darauf, ob in den sprachlichen Antworten Ihres Kunden Äußerungen enthalten sind, aus denen Sie auf für den Kunden wichtige gefühlsmäßige Kriterien schließen können.

Der kleine Finger

Dieser Finger ist leicht von der Hand abspreizbar. So bekommt er seine Bedeutung für ‚Extratouren'.

Der kleine Finger ist der Finger, der Informationen über die Qualität der Beziehung gibt. Zieht Ihr Kunde diesen unter die Hand, bedeutet dies fast immer eine Rücknahme von Beziehung. Das Gegenteil ist gegeben, wenn der kleine Finger seitlich von der Hand weg, möglicherweise sogar zu Ihnen hin, abgespreizt wird.

Ringe, besonders der Solitär, von Männern am kleinen Finger getragen, drücken den Wunsch nach Beziehung, nach Akzeptanz in der jeweiligen Zielgruppe aus.

Wird der kleine Finger zum Beispiel parallel zu negativen Äußerungen abgespreizt, sind diese zumindest nicht persönlich gemeint. Die Beziehung, will der Kunde damit sagen, ist nicht gestört, es geht mir nur um die Sache.

Der Gebrauch mehrerer Finger

Finger können zu Meta-Sprachen (zum Beispiel in der Taubstummensprache) benutzt werden. Einige Kombinationen, die auch in diesem Bereich unbewusste Gefühle ausdrücken, sollen hier beschrieben werden.

Bilden die Finger beider Hände ein „Spitzdach", soll etwas abgeschirmt werden. Bei einer solchen Fingerhaltung berühren sich die nach vorne gerichteten Fingerspitzen. Das Spitzdach gleicht dem Bug eines Schiffes. Ein solches Spitzdach kann:

- mit allen Fingern
- oder mit einzelnen Fingern ausgeführt werden.

Der Grad der Spannung und die Anzahl und Art der verwendeten Finger sowie deren Bedeutung und Spreizung lassen erkennen, was das Spitzdach ausdrücken soll. Generell dient ein Spitzdach zum Abschirmen, zum Durchbrechen und zum Vorbeifließenlassen von unangenehm erlebten Situationen.

Führt Ihr Kunde dieses Spitzdach mit gespreizten Fingern aus, ist entweder die Abwehr besonders groß oder die kommenden Botschaften sollen gesiebt werden. Abwehr, entsprechend eines Schirms, drückt es aus, wenn die Finger geschlossen sind und das Spitzdach sehr spitz zuläuft und mit Spannung ausgeführt wird. Wenn Sie diese Handstellung bei Ihrem Kunden sehen, überlegen Sie bitte, ob sich Ihr Weitersprechen noch lohnt oder ob es nicht besser ist, zu Schweigen.

Eine interessante Fingerstellung beobachtete ich bei einem Seminarteilnehmer. Dieser betrat den Seminarraum, ging auf einen freien Stuhl zu und blieb kurz vor dem Stuhl überlegend stehen. Der Mittelfinger seiner linken Hand streckte sich über die Kuppe des Ringfingers und drückte diesen leicht nach unten. Unter Berücksichtigung der Symbolik dieser Finger bedeutet diese Stellung, dass der „Finger des Selbstwertgefühls" den

„Finger des Gefühlsbereichs" unterdrückte. Er unterdrückte mit seinem Selbstwertgefühl die Unsicherheit, die durch die Frage: „Wo soll ich Platz nehmen?" aufgetaucht war.

Wird der Daumen nach oben und der Zeigefinger nach vorn gestreckt, entsteht die „Pistolengeste", die meist auf innere Aggressivität und noch zurückgehaltene Argumente („zum Abschuss bereit") schließen lässt. Sozusagen „doppelläufig" kann die Pistolengeste sein, wenn beide Zeigefinger aneinandergelegt auf den Partner zeigen und die beiden Daumen ebenfalls aneinandergelegt nach oben gerichtet sind.

So kann Ihr Kunde Abwehr gegen Ihre Argumentation zeigen, wenn Sie zum Beispiel das falsche Motiv aktivieren wollen.

Beobachtungen und Übungen:	**Bemerkungen und Erfahrungen:**
Während Sie Ihrem Kunden im Beisein Ihres seitherigen Gesprächspartners ein Zugeständnis machen, rollen sich die Finger der linken Hand Ihres seitherigen Gesprächspartners langsam nach innen.	
Sie bemerken, wie sich die Finger Ihres Partners nach innen einrollen. Deshalb weisen Sie darauf hin, dass Ihr Zugeständnis auf seine qualifizierte Argumentation zurückzuführen ist. Daraufhin öffnet sich dessen Faust.	
Während Ihr Kunde ein Zugeständnis fordert, zeigt sein rechter Daumen senkrecht nach oben.	
Ihr Kunde reklamiert eine verspätete Lieferung. Dabei sticht er mit dem gestreckten Zeigefinger der linken Hand in Ihre Richtung.	

Beobachtungen und Übungen:	Bemerkungen und Erfahrungen:
Ihr Kunde malt, während er Ihnen zuhört mit dem Ringfinger der rechten Hand auf dem Tisch.	
Während Sie Ihrem Kunden Ihr Unternehmen vorstellen, ist dessen kleiner Finger der linken Hand abgespreizt.	
Sie erklären Ihrem Kunden Zusammenhänge. Als Sie nach einer kleinen Pause weiter sprechen, berühren sich die Zeigefinger seiner Hände und er legt die Hände in Form eines Spitzdachs auf den Tisch.	

Hand-Gesichts- und Hand-Hand-Berührungen

Die Flächen unserer Hände eignen sich vorzüglich zum Verdecken – auch des Gesichts. Viele Hand-Gesichts-Berührungen entstehen aus dem Wunsch, etwas zu verbergen.

Oft sind Hand-Gesichts-Berührungen Übersprungshandlungen. Sie entstehen aus konfliktbegründeter Nervosität. Sie dienen sowohl als kurzfristige Barriere zum eigenen Schutz, als auch zum Verdecken von verräterischen mimischen Botschaften.

Vor einiger Zeit interviewte in einer Fernsehsendung der Literaturkritiker Marcel Reich-Ranicki einen als scheu bekannten, bedeutenden Autor. Körpersprachlich war die Scheu deutlich an Hand-Gesichtsberührungen zu erkennen. Er kratzte sich am Ohr und im Nacken, zupfte sich am Ohrläppchen, fuhr an seinem Nasenrücken entlang, betupfte mehrmals die Nasenflügel, griff sich an die Nasenspitze, wischte die Augen aus und legte den Handrücken auf Stirn und Augen. Mit den Fingern rieb er die Schläfen, hielt das Kinn zwischen Daumen und Zeigefinger. Was diese Bewegungen im Einzelnen bedeuten, können Sie aus der jeweiligen Symbolik der benutzten Extremitäten und der Gesichtsregionen deuten.

Lacht sich jemand ‚ins Fäustchen', besagt dies, dass sein Lachen nicht gesehen werden soll. Zu diesem Zweck legt er eine oder beide Hände vor den Mund. Auch Verlegenheit oder Scham, unangenehme oder erregende Reize führen zum Bedecken des Gesichts – sei es, dass die Reaktion nicht gezeigt wird oder dass die Reize abgeschirmt werden wollen.

Wer die Hände seitlich am Kopf entlang legt, will mit dieser Haltung weitere Reize abschirmen, um sich ganz auf eine vorhandene oder imaginäre Aufgabe zu konzentrieren. Legt Ihr Kunde, während Sie zu ihm sprechen, seine Handflächen seitlich an den Kopf, bildet er Scheuklappen, kann er so mitteilen, dass er sich voll auf Ihre Aussagen konzentriert, aber auch, dass Sie für ihn zu kompliziert formulieren.

Hand-Gesichts-Berührungen nehmen auffallend zu, wenn jemand lügt oder zu lügen versucht. In Seminaren ließ ich Teilnehmer Inhalte eines Berichtes wahrheitsgemäß und wahrheitswidrig darstellen. Allein daran, dass die Hand-Gesichts-Berührungen deutlich zunahmen, war erkennbar, welcher der Vortragenden seinen Bericht verfälscht hatte. Meist wurden die Bewegungen an den Stellen realisiert, an denen die Aussage von der Tatsache abwich.

Häufigste Bewegungen der ‚Lügner' waren: Kinnstreicheln, Bedecken des Mundes, Berühren der Nase, Reiben der Wange, Berühren der oder Streichen über die Haare, Ziehen am Ohrläppchen, Reiben oder Kratzen an den Augenbrauen, Zusammenpressen der Lippen, Herausschieben der Zunge, einen halben Schritt zurück und wieder vor und Ähnliches. In der Symbolik bedeuten diese Bewegungen entweder Selbstbestrafung, Beruhigung oder Distanzierung.

Wer den Kopf in die Hand stützt, zeigt den Wunsch nach Ruhe und Geborgenheit. Dieser Ausdruck enthält die Sehnsucht, den Kopf wieder in den Schoß elterlicher Geborgenheit zu legen. Auch Streicheln des Gesichts, die Fingerknöchel an die Lippen drücken sind Signale, die die Suche nach Zärtlichkeit ausdrücken. Untersuchungen zeigten, mit welchen Bewegungen sich Erwachsene am häufigsten beruhigen:

Stützen des Kiefers auf der Faust, in die Hand oder beide Hände. Die Kinnstütze im nebenstehenden Bild lässt auf Müdigkeit und darauf, dass die „Vorlesung" als Pflichtübung verstanden wird, schließen. Das bestätigen auch die Barriere des rechten Unterarms und das vom Publikum weg überschlagene rechte Bein.

- Stützen des Kinns in die Hand oder beide Hände;
- Berühren oder Streicheln der Haare;
- Stützen der Wange;
- Berühren des Mundes mit den Fingern oder Knöcheln;
- Stützen der Schläfe.

Als Verkäufer werden Sie die aufgezählten Verhaltensweisen meiden.

Die Hand-Stirn-Berührung

Folgende Ausführungen sind unterscheidbar:

- Die Hand wird seitlich an die Stirn gelegt und kann als „Scheuklappe" oder reibend, zum Ausdruck von Nachdenklichkeit dienen.
- Der ausgestreckte Zeigefinger berührt die Schläfe und zeigt, dass der Kunde kurz nachdenken will.
- Die Hand rahmt entlang dem Haaransatz die Stirn ein. Mit dieser Abschrankung will sich der Kunde auf sich zurückziehen.
- Die Hand streicht über die Stirn, möglicherweise um Gedanken oder zu viel Information zu verscheuchen.

Wird die Hand seitlich an die Stirn gelegt, soll eine Abschirmung von ungewollten Reizen erreicht werden. So wird diese Geste zum Ausdruck des Bemühens um Konzentration.

Der die Schläfe berührende ausgestreckte Zeigefinger ist das Zeichen für Beleidigungsgesten wie, „Du hast einen Vogel“ oder mit Drehbewegung, „Bei Dir ist eine Schraube locker“.

Wird der Zeigefinger entlang der Schläfe gelegt, wobei die restlichen Finger eingerollt an der Wange liegen, deutet dies ein Warnsignal an. So können der Zeigefinger und der dabei nach hinten abgespreizte Daumen blitzschnell zur Pistolengeste werden.

Die Hand-Augen-Berührung

Werden die Augen zugehalten, wird die Aufnahme unangenehmer Reize verhindert. Weiterentwickelt stellt dieses Verhalten auch eine Scheinablehnung zum Zwecke der Koketterie dar. Die Hände vor die Augen (vor's Gesicht) schlagen ist also Ausdruck von Unlust und Schmerz, zeigt aber auch, dass wenig differenzierte Antwortsignale zur Verfügung stehen. Werden die Augen (oder Ohren) gerieben, kann dies die Antwort auf einen Juckreiz sein. Aber auch der Ausdruck geringfügigen Unbehagens äußert sich so. Die Schuld für das Versagen wird dem Sinnesorgan zugeschoben. Das Reiben der Augen oder Ohren drückt Unbehagen, Ärger oder Befangenheit aus.

Wird mit dem Zeigefinger das untere Lid nach unten gezogen, dient dies einer Vergrößerung des Auges und dient somit als Symbol für „sei wachsam!“

Wenn „etwas ins Auge geht“, soll es möglichst schnell entfernt werden. Der Finger, mit dem hantiert wird, zeigt aus seiner Symbolik, welcher psychische Bereich ge- oder betroffen wurde.

Streicht die ganze Hand über ein Auge oder über beide Augen, kann dies als Ausdruck von ‚Augenwischerei‘ verstanden werden. Prüfen Sie, ob das, was Ihrem Kunden ‚ins Auge ging‘ von Ihnen kam.

Die Hand-Ohr-Berührung

Bei Hand-Ohr-Berührungen wird besonders deutlich, wie sich Erinnerungen und deren Symbole in der Körpersprache auswirken. Die Erinnerung an Äußerungen („… dem ziehe ich die Ohren lang ...“) oder an entsprechende Bestrafungen in der Kindheit lassen in jeweiligen Situationen entsprechende Verhaltensweisen entstehen.

Formulieren Sie als Verkäufer Reize, die von Ihrem Kunden bestrafend erlebt werden, kann sich dieser selbst die Ohren lang ziehen. Seine Finger greifen dann zum Ohrläppchen und ziehen es ein oder mehrmals nach unten.

Oft werden auch „Reinigungsgesten“ gezeigt. Dabei wird eine Fingerspitze, oft die des kleinen Fingers, in das Ohr eingeführt, dort bewegt und ohne dass eine tatsächliche Reinigung stattgefunden hat zurückgenommen. „Ich höre wohl nicht richtig“ oder ich mache mich hörbereit, kann diese Bewegung besagen.

Zweckgesten, die mit der Hand zum Ohr oder den Händen zu den Ohren ausgeführt werden, können der Vergrößerung der Ohrmuscheln dienen und mehr akustische Signale auffangen helfen. Das Gegenteil ist der Fall, wenn jemand seine Hände gegen die Ohren presst, um dem Lärm zu entgehen.

Symbolisch kann Ihr Kunde mit dem Zuhalten der Ohren aber auch eine Unterbrechung einer negativ erlebten Aussage wünschen: „Ich will gar nicht hören, was Sie sagen.“

Als ich vor einigen Jahren im Rahmen von On-the-job-Trainings mit einem Verkäufer zu dessen Kunden fuhr, erlebte ich diese Verhaltensweise: Der Verkäufer erzählt von einem Besuch beim Mitbewerber dieses Kunden und – ich traute meinen Augen nicht – der Kunde hielt sich kurz mit beiden Händen die Ohren zu. Obwohl der Verkäufer weiter erzählte, wiederholte sich diese Bewegung des Kunden nicht. Er griff vielmehr zu seinem Kugelschreiber und legte diesen waagrecht vor sich – eine Barriere bauend.

Die Hand-Nase-Berührung

„Da muss ich meine Nase zu Rate ziehen“, „Meine Nase hat mich betrogen“ – diese Aussagen zeigen, dass die Nase nicht nur als Geruchsorgan, sondern auch als Sinnesorgan symbolisch und zweckentfremdet für die Verarbeitung geruchsfremder Reize dient. Unsichere Menschen berühren wesentlich häufiger die Nase als Menschen, die als sicher eingestuft werden können. Sinnende Nachdenklichkeit, passive Hingabe an Außenreize oder freiwerdende Vorstellungen können mit dem Griff zur Nase verbunden sein.

Meist ist jedoch der Griff zur Nase ein Zeichen für Betroffenheit, für Ertapptsein oder für das Befürchten, ertappt zu werden. Nasenberührung und Lügen oder Betrugsmanöver fallen bemerkenswert oft zusammen.

Möglicherweise handelt es sich um eine Übersprungshandlung, bei der die zum Mund gehende Hand, die diesen verschließen soll, abgelenkt werden soll und deshalb an der Nase ankommt. Das Ablenkungsmanöver, der Übersprung, ist deshalb wahrscheinlich, weil die den Mund verschließende Hand sofort verraten würde, dass etwas entschlüpft ist, was nicht hätte entschlüpfen dürfen.

Menschen, die ich nach dem Grund für die Nasenberührung fragte, sagten mir, die Nase hätte gejuckt. Ist nur das Jucken der Grund für den Griff zur Nase, oder juckt die Nase, weil man dorthin fassen will? Oft wird ein Reiz erst dann bewusst, wenn unbewusst der Wunsch nach Bewegung entstanden ist. Diese Bewegung wird dann oft durch den Reiz gerechtfertigt.

Den Grund, warum die Nase dann zu kitzeln beginnt, wenn jemand lügt, haben Wissenschaftler herausgefunden. Im Moment einer bewussten Lüge erhöht sich die Spannung. Dies führt zu physiologischen Veränderungen in der Nase, die das Kitzeln verursachen. Kaum wahrnehmbares Kitzeln und der Wunsch, die Hand zum Mund zu führen, kommen zusammen und leiten den Bewegungsablauf ein, bei dem die Hand dann im Sinne der Übersprungshandlung an der Nase landet.

Das Festhalten der Nase, das „Sich-an-der-eigenen-Nase-Nehmen" ist ein Symbol der Betroffenheit. Hier wird geprüft, ob die Nase, die scheinbar getrogen hat, noch vorhanden ist. Gleichzeitig wird sie durch mehr oder weniger sanften Druck für den „Betrug" bestraft.

Nasenberührungen treten bevorzugt in Stress-Situationen auf, wenn also die Gedanken nicht der äußerlich bewahrten Ruhe entsprechen (gelogen wird!). Dies besonders dann, wenn die Nase zugehalten wird, weil es dem Empfänger „stinkt".

Die Hand-Mund-Berührung

Die Hand-Mund-Bewegung drückt Beherrschungstendenz aus. Unbewusst soll etwas zurückgehalten, kaschiert oder ein Gesichtsausdruck verborgen werden. Informationen werden unterbunden und Worte zurückgehalten. Bei Überraschung und Schreck soll verhindert werden, dass ein Ausruf entschlüpft.

„Den Mund halten“ und „die Lippen versiegeln“ sind sprachliche Ausdrücke für diese Verhaltensweisen. In der Verkaufspraxis wird diese Verhaltensweise beim Kunden dann beobachtbar sein, wenn der Verkäufer redet und der Kunde seine andere Meinung (zunächst noch) zurückhalten will.

Neben diesen Verschlusshaltungen ist die Mundberührung auch ein Symbol für die Suche nach Zärtlichkeit. Dies wird besonders dadurch ausgedrückt, dass die Knöchel oder Finger in Lippenkontakt treten.

Die Finger am und im Mund

Bei verwirrenden Reizen wollen auch Erwachsene den Geschmackssinn um Rat fragen. Wird dazu der Finger in den Mund gesteckt oder in unfertiger Ausführung der Geste an den Mundwinkel gelegt, zeigt dies einen Rückfall auf die Stufe der frühen Kindheit. Auch wenn Kugelschreiber, Bleistifte, Brillenbügel oder Ähnliches in den Mund genommen werden, ist diese Bedeutung anzunehmen.

Überraschung, Verwirrung, Staunen, Begriffsstutzigkeit, Naivität, diffuse Hingegebenheit an Außenreize beziehungsweise an Vorstellungen finden so Ausdruck. Wird der ausgestreckte Zeigefinger an den Lippenrand gelegt, soll unbewusst der Tast- und/oder Geschmackssinn zu Hilfe genommen werden. Mit dieser Andeutung wird Hilfesuchen, Unsicherheit und Hilflosigkeit gezeigt.

Werden ein oder mehrere Finger über den Mund gelegt, wird der Mund verriegelt. Entsprechend der Anzahl der Finger und der Spannung, mit der der Verschluss vorgenommen wird, ist der Verschluss schwächer oder stärker gemeint. Bei stärkerem Druck, mehreren Fingern und Überdecken des Mundes bis zur Nasenspitze soll ein Ausruf der Überraschung bei sich oder, wenn mit dem „Mund-Verriegeln“ jemand aufgefordert wird, bei ihm verhindert werden.

Wenn Ihr Kunde mit der Hand oder dem Zeigefinger vor dem Mund zeigen muss, dass er seinen Redewunsch unterdrückt, überlegen Sie bitte, ob Sie ihm mit Ihrem Schweigen nicht die Chance geben sollten, zu reden.

Im nebenstehenden Bild zeigt der Kunde, mit dem vor den Mund gelegten Mittelfinger, dass er seine eigene Meinung (Symbol des Mittelfingers) zurückhält. Die Skepsis wird noch unterstrichen durch den als Barriere gelegten linken Unterarm und den seitlichen Blick.

Die Hand-Hand-Berührungen

Das „Sich-selbst-die-Hand-Halten“ ist meist die unbewusste Nachahmung von Berührungen durch andere Menschen. Die Berührung des eigenen Körpers, bringt das Gefühl von Sicherheit und Geborgenheit. Es wirkt entspannend, sich selbst die Hand zu halten, die Hände zu falten, sie ineinander zulegen oder mit einer Hand die andere zu umfassen. Die mit beiden miteinander in Kontakt befindlichen Händen ausgeführten Bewegungen lassen weitere Schlüsse zu.

‚Händeringend‘ beschreibt den verzweifelten Versuch, eine Lösung zu finden. Spielen die Hände oder Finger miteinander, so kann dies in Nervosität, Erregung, Befangenheit oder Verwirrung und Verlegenheit begründet sein.

Das Reiben der Hände kann entsprechend der innewohnenden Spannung der Lockerung der Muskeln oder als Tastfunktion dienen. Sich vor Freude die Hände reiben, ist abgeleitet aus dem Sich-die-Hand-geben, dem Sich-selbst-Beglückwünschen. Sie als Verkäufer sollten eine solche Bewegung im Beisein Ihres Kunden nicht – und schon gar nicht nach einem Abschluss – ausführen. Sie könnte von Ihrem Kunden eindeutig verstanden werden. Möglicherweise ist auch der Wunsch, sich zu erwärmen, durch Händereiben warme Hände zu bekommen, enthalten. Die so gezeigte Hingabe an angenehme Vorstellungen und die Selbstzufriedenheit gehen dann Hand in Hand mit dem Wunsch nach Wärme und Entspannung.

Wichtig für die Deutung der verschiedenen Handhaltungen ist, welche der Finger wie an der jeweiligen Berührung beteiligt sind.

Beobachtungen und Übungen:	Bemerkungen und Erfahrungen:
Während Ihr Gesprächspartner sagt: „Ich weiß noch nicht, weshalb ich mich für Sie entscheiden soll", streichelt er mit der rechten Handfläche sein Kinn.	
Als Sie sagen: „Da haben Sie mich falsch verstanden", zieht sich Ihr Partner mit der linken Hand am rechten Ohrläppchen.	
Während Ihrer ausführlichen Beschreibung der qualitativen Unterschiede Ihrer Produkte legt Ihr Partner seine rechte Hand an die rechte Seite seines Gesichts.	
Ihr Kunde will Sie unterbrechen. Sie aber reden weiter. Er hält sich für einen kurzen Moment mit dem linken Daumen und Zeigefinger die Nase zu.	
Als Sie Ihrem Kunden die von ihm gewünschte, kürzere Lieferzeit bestätigen, reibt sich dieser die Hände.	

Die Berührungen des eigenen Körpers

Wer seinen eigenen Körper berührt, möchte entweder so von anderen berührt werden oder so andere berühren. Die häufigste Interpretation der Berührungskontakte mit dem eigenen Körper ist der Wunsch nach Schutz, Pflege und Zärtlichkeit. Oft wird eine einmal als angenehm empfundene

Berührung durch andere Menschen nachgeahmt. Die eigenen Arme sind dann Ersatz für die Arme der Eltern oder eines anderen geliebten Menschen. Während selbstbelohnende Kontakte oft beobachtbar sind, erscheinen Selbstbestrafungskontakte seltener. Dass sich jemand selbst auf die Finger schlägt, sich einen Stoß versetzt oder einen Klaps gibt, lässt erkennen, dass er die Rolle seiner Eltern annimmt und das Kind in sich bestraft.

Während einer Verkäuferkonferenz, die ich im Auftrag des Kunden zu moderieren hatte, beobachtete ich, wie ein Gebietsverkaufsleiter sich mit dem Kugelschreiber auf den linken Daumen schlug, während einer seiner Mitarbeiter vom Verkaufsleiter kritisiert wurde.

Bei den meisten Berührungskontakten mit dem eigenen Körper empfindet und verhält der Mensch sich so, als wäre er zwei Menschen. Einer, der tröstet, streichelt oder bestraft, und einer, der getröstet, gestreichelt oder bestraft wird, dessen Körpersprache ist eine Art körpersprachliches Selbstgespräch.

Mit der Hand oder den Händen zum Hals

Bei Gefahr muss der Hals geschützt, beim Wohlfühlen darf er frei gezeigt werden. Als schnellstmögliche Reaktion bei Angriffen funktioniert das Hochziehen der Schultern. Als Reaktion auf verbale Attacken ist eine solche Reaktion selten beobachtbar. Eher werden die Hand oder die Hände zum Schutz benutzt. Symbolisch kann eine Hand deren Zeigefinger und Daumen sich um den Hals legen auch ausdrücken, dass man sich bedroht fühlt. Die Symbolik des um den Hals liegenden Stricks oder der würgenden Hand kann sich so zeigen.

Vor der Brust gekreuzte Arme

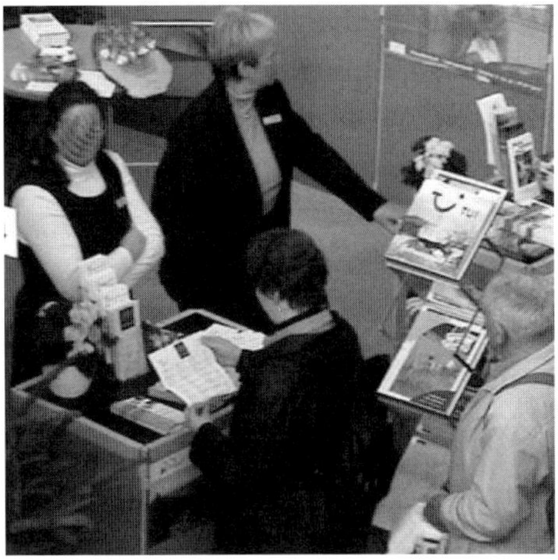

Das Kreuzen der Arme vor der Brust ist ein einwärts gerichteter Bewegungsablauf. Daraus erhält er die Bedeutung des Rückzugs. Arme und Hände fesseln sich selbst, so dass in diesem Rückzugsverhalten auch Inaktivität enthalten ist. Bei diesem Verhalten verwehrt sich der Kunde sein Handeln, seine Arme bilden eine Barriere, er wartet ab. Bei manchen Völkern ist dieses Verhaltensmuster Teil der Unterwerfung oder ehrerbietige Unterordnung, hat dort also auch konventionelle Bedeutung bekommen.
Ist nicht eine Hand unter dem gegenüberliegenden Oberarm, sondern sind beide Handflächen auf den Oberarmen oder am Oberkörper, entsteht eine Selbstumarmung. Diese Selbstumarmung wird auch zur Wärmung des Körpers genutzt. Wird diese Haltung gezeigt, ohne dass der Körper friert, signalisiert sie den Wunsch nach Schutz und Wärme.

Wichtig ist, mit welcher Spannung die Arme gekreuzt sind. Sind diese gespannt, kann daraus beherrschtes Sich-Zurückhalten-Müssen, geschlossen werden. Bei starker Spannung und enger Überkreuzung der Arme ist der Wunsch der Isolierung besonders deutlich sichtbar. „Ich will nicht mit dir kommunizieren“, sagen so gehaltene Arme; aber auch: „Ich bin gehemmt, ich bekomme nicht, was ich brauche, ich bin eingeschlossen und eingesperrt.“ Dann können so gehaltene Arme eine stille Aufforderung zum „Entblättern“ aussprechen.

Entspanntes Kreuzen der Arme wirkt eher beschaulich und entspringt dem gewollten, für die Umwelt bestrafungsfreien Rückzug.

Als Barriere-Signal wird die Arm-Kreuzhaltung nicht immer ganz ausgeführt. Es genügt dabei oft, mit der einen Hand den anderen Arm, Manschettenknopf oder die in der anderen Hand befindliche Tasche zu berühren.

Auch in sitzender Stellung ist das Armkreuzen zu beobachten. Steht ein Tisch zur Verfügung, werden die Arme oft auf dem Tisch gekreuzt. Die Bedeutung ändert sich dadurch jedoch nicht. Scheue Menschen, die gleichzeitig befürchten, ein vollständiger Verschluss könnte negativ rückwirken, haben ganze Paletten von Kreuzhaltungen entwickelt.

Vom Überkreuzen der Hände im Schoß bis zum Sich-selbst-an-den-Schultern-Halten reicht die Palette.

In die Hüfte gestützte Arme

So, wie die ausgepolsterten Schulterteile von (Uniform-)Jacken dazu dienen, die Schulterpartie zu verbreitern, um eine dominantere Wirkung – mehr Kraft und Macht – zu demonstrieren, dienen in stehender Haltung auch die in die Hüften gestützten Hände bei nach außen gewinkelten Ellbogen der Verbreiterung der Wirkung.

Oft sind bei dieser Haltung auch die Beine gespreizt. Der Wunsch nach Festigung und das Vorhaben, sich in einen stabilen Zustand zu bringen, werden so ausgedrückt.

Gleichzeitig sind die in die Hüfte gestemmten Hände nicht verwendungsbereit. Der so Stehende glaubt, diese nicht zu benötigen. Er meint, seine Ausdehnung würde genügend einschüchtern.

Mehr Platz als notwendig oder zustehend zu beanspruchen, Ausdehnungsverhalten und innewohnende Spannung lassen annehmen, dass eine derartige Ausdehnung nicht in freundlicher Absicht erfolgt. Für Verkäufer eignet sich diese Haltung nicht. Dass Messestandpersonal oft so steht, wirkt geradezu abschreckend.
Diese breitere Haltung wird besonders von Kecken, Herausfordernden eingenommen, die damit den Wunsch, einen überlegenen Eindruck zu machen, darstellen. Oft wird so Rollenautorität demonstriert. Als Verkäufer nehmen Sie solche Haltungen nicht ein. Sehen Sie diese bei Ihrem Kunden, werden Sie vorsichtig!

Eng an den Körper gepresste Arme und Hände

„Ich will meine Arme und Hände nicht gebrauchen, ich unterwerfe mich, ich bin artig“, sagt diese Haltung. Wo Unterwerfung und Artigkeit erwartet werden, wird diese Haltung erzwungen. Bei der Armee stehen einfache Soldaten „stramm“, während der Vorgesetzte bequeme Haltung einnehmen oder sogar die Hände in die Hüften stützen darf. An den Körper gelegte Arme und Hände zeigen aber nicht Unterwerfung schlechthin, sondern nur Unterwerfung in der Rolle und gegenüber dem Vorgesetzten in dieser Situation.

Wer sich so eng macht, signalisiert Angst. Hier wird die Wortverwandtschaft von Angst und Enge (Stammwort lateinisch ‚angustus') besonders deutlich.

Die Haltung, die Arme und Hände an den Körper zu pressen, dient auch der Verkleinerung der Angriffsfläche, dem Sich-schmaler-Machen. Diesem Streben entsprechen auch die flach auf den Tisch gelegten Hände. Sie waren früher Ausdruck von Artigsein. Bei dominanten Kunden kann Ihnen eine solche Haltung helfen. Damit will ich aber nicht dazu raten, diese einzunehmen. Ob Sie dies tun wollen, entscheiden Sie aus Ihren Zielen, und den von Ihnen zu repräsentierenden Werten.

Die Beine und Füße

Beine und Füße sind Gehwerkzeuge. Die Deutung der jeweiligen Stellungen und Bewegungen ergibt sich aus diesem Zweck.

Die Haltung entspricht dem jeweiligen seelischen Zustand des Menschen. Ändert sich die Einstellung, ändern sich auch die Art des Stehens und Gehens.

Das Stehen auf beiden Füßen mit gleichmäßig verteiltem Gewicht

Mit gespreizten Beinen steht derjenige, der sich auf einer schwankenden Unterlage fühlt, auf der es Schwierigkeiten bereitet, das Gleichgewicht zu halten. Dieses Verhalten wird dann übernommen, wenn das psychische Gleichgewicht bedroht oder gestört ist und wenn jemand seinen Standpunkt behaupten will.
Die Bedrohung kann von außen (Publikum) oder von innen (Minderwertigkeitsgefühle) erlebt werden. Sind die Knie bei dieser Art des Stehens durchgedrückt, kommt aus der eingesetzten Spannung statt der Beharrung – Starrheit, statt der Selbstbehauptung – Starrsinn zum Ausdruck. In derartiger Haltung äußert sich der Selbstbehauptungswille. Gleichzeitig entsteht aber auch ein Mangel an Wendigkeit. Worte wie „bodenverwurzelt", „standfest" und „standhaft" zeigen, dass festes, sicheres Stehen meist positiv bewertet wird.
Sicheres Stehen zeigt sich, wie im nebenstehenden Bild, im Mittelmaß zwischen breitbeinig und eng. Die Beine und Füße bilden dabei von der Hüfte abwärts eine Linie. So stehen die Füße in einem Abstand von 10 - 20 cm. Das Körpergewicht ist gleichmäßig auf beide Füße verteilt. Der Mensch steht „mit beiden Beinen im Leben".
Mit schlechter Haltung sehen Sie nicht nur unvorteilhaft aus, sie verbrauchen auch mehr Energie, als notwendig wäre. Wer in ungünstiger Haltung steht, steht in ständigem Kampf mit der Schwerkraft, anstatt sie zu nutzen. Eine schlechte Grundhaltung beeinflusst unter anderem auch die Thymusdrüse. Dieses in der Mitte der Brust, direkt hinter dem oberen Brustbein liegende Organ ist neuesten Forschungen zufolge im Zusammenhang mit Stress und der Entstehung vieler schwerer Krankheiten von fundamentaler Bedeutung. Eine schlechte Körperhaltung im Alltag schwächt die Leistung des Thymus und das Energiesystem. Wer sich richtig hält, richtig geht und steht, spart viel Energie. Viele Menschen aber drücken die Knie durch und gehorchen der Anweisung: „Bauch rein und Brust raus."

Moshe Feldenkrais, hat in langen Studien unter anderem Haltungen gefunden, die ermüdungsfreies Stehen (und Sitzen) ermöglichen. Wer ermüdungsfrei stehen will, steht auf Ferse und Ballen. Dies gelingt, wenn die Knie „offen" (nicht durchgedrückt) sind. Wenn gleichzeitig das Becken nach vorn gekippt wird, hängt das Körpergewicht anstrengungsarm im Skelett.

Werden die Füße eng aneinandergestellt, drückt dies (wie an den Körper gepresste Hände) Unterwürfigkeit und Angst aus. Das Ziel, sich schmaler zu machen, wird so zwar erreicht, aber gleichzeitig wird auch das „Stehvermögen“ schwächer. Der so Stehende wankt leichter „wie ein Halm im Wind“.

Das Stehen auf einem Bein

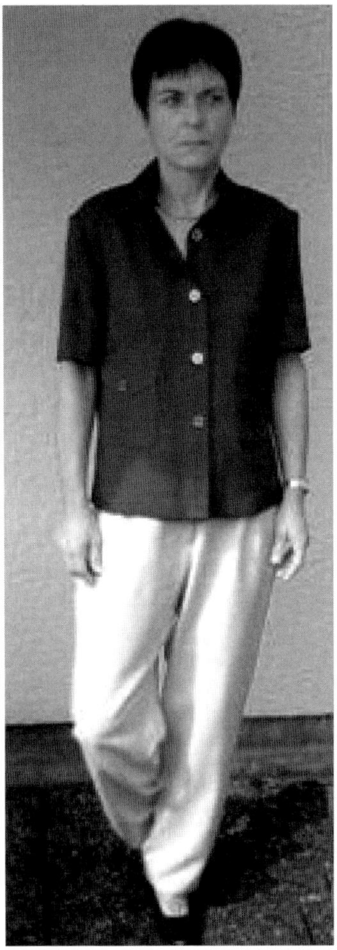

Das jeweilige Bein entspricht in seiner Symbolik der jeweils gegenüberliegenden Hirnhemisphäre. Das linke Bein der Beziehungsbereitschaft, das rechte der Sache. So manifestiert sich im wörtlichen Sinne die Ein-Stellung. Steht jemand auf dem rechten Bein, drückt er die Aktivitäten der linken Hirnhälfte: Struktur, Sachlichkeit, Analyse, Kritik, Logik usw. aus. Der Stand auf dem linken Bein lässt auf ganzheitliches, beziehungsbereites, analoges Gestimmtsein schließen. Wird dabei, wie im nebenstehenden Bild der rechte Fuß hinter das linke Standbein gehakt, soll (vernünftige) Aktivität zurückgehalten werden. Die erlebte Stimmung (linkes Bein) zeigt die, hier durch die Mimik unterstrichene negative Stimmung. Dass unterschiedliche Standbeine unterschiedliche Stimmungen signalisieren, kennt derjenige, der sagt, er habe jemand „auf dem falschen Bein erwischt“ oder er sei „mit dem falschen Bein aufgestanden“.
Spannungslos ausgeführt, das rechte Bein nur leicht eingeknickt, besagt diese Stellung freies, ungebundenes Zuwenden zur Umwelt. Wird das linke Bein leicht eingeknickt, ist also das rechte Bein das Standbein, können strukturiertes Wollen und Planen gefolgert werden. Psychische Wendigkeit oder Unsicherheit sind Gründe für häufigeren Standbeinwechsel.
Ändert Ihr Kunde seine Einstellung, ändert er fast immer auch sein Standbein. Wie oft habe ich erlebt, dass ein Verkäufer versuchte, einem Rat-Schlag zu folgen und zu Beginn eines Verkaufsgesprächs „Atmosphäre“ zu schaffen, indem er Nettigkeiten formulierte. Vom Ratschlag geblendet und diesem vertrauend merkte er nicht, dass sein Partner das Standbein wechselte und mit seinem Stehen auf dem rechten Bein den Wunsch signalisierte, dass der Verkäufer zur Sache kommen möge.

Wippendes Stehen

Um Wippen zu können, muss zunächst eine Aktionsspannung aufgebaut werden. Demnach ist das Wippen eine Aktivität, die, meist aus stärkeren Antrieben resultierend, mit mehr oder weniger Spannung ausgeführt, zu einer Vergrößerung des stehenden Menschen führt. Das Gewicht wird auf die Fußballen verlagert. Die Fersen heben vom Boden ab.

Diese Aktivität ist, wenn sie mit nur einem Fuß ausgeführt wird, die Vorbereitung eines Schrittes nach vorn, um entweder im aggressiven Sinne auf die Umwelt zuzugehen oder sie hilft, wenn beide Beine beteiligt sind, dabei sich zu vergrößern und dem Sich-Überheben. So interpretiert, zählt dieses Wippen auch zu den Drohgebärden. Die größer werdende Person will Kraft und Macht demonstrieren und den dann Verkleinerten einschüchtern. Auch im Sitzen kann dieses Wippen mit gleicher Bedeutung, logischerweise aber ohne sichtbare Vergrößerung, ausgeführt werden.

Das Gehen

Das Gehen als Art der Fortbewegung ist definiert als „sich in aufrechter Haltung auf den Füßen fortbewegen" oder „eine bestimmte Strecke zu Fuß zurücklegen". Die wichtigsten Beobachtungskriterien beim Gehen sind:

- Tempo, Schrittlänge, Spannungsgrad,
- Haltung des Oberkörpers und des Kopfes,
- Geradlinigkeit der Gehlinie beim Gehen,
- einhergehende Bewegungen, Stellung der Fußspitzen,
- Takt und Rhythmus.

Entsprechend der Ausprägung der einzelnen Merkmale ist Ziel- Werte- oder Umweltorientierung erkennbar. Eine Zunahme von Schrittlänge und Tempo fördern das schnelle Erreichen eines Zieles und zeigen Zielstrebigkeit. Andere Synonyme für Gehen sind Marschieren, Schreiten, Flanieren, Schlendern, Bummeln, Schlurfen und Hasten, Schleichen und Ähnliches Wie jemand seinen Weg geht, hängt davon ab, was er vor sich und vorhat!

Das rhythmische Gehen

Beim rhythmischen Gehen ist der Gang weniger zielstrebig und mehr beschwingt ausgeführt. So entsteht der wiegende Gang des froh Gestimmten. Dieses Gehen ist Ausdruck des Hingegebenseins an die augenblickliche Situation, das Bummeln oder Schlendern.

Das getaktete Gehen

Getaktetes Gehen kommt zustande, wenn Motive aktiviert werden, die das Ziel plötzlich wichtig erscheinen lassen. Der rhythmisch gehende Spaziergänger könnte so auf einen Reiz reagieren und gezielt und getaktet auf diesen zugehen. Auch wenn einem während des rhythmischen Gehens plötzlich einfällt, dass man noch etwas zu erledigen hat, verändert sich die Art des Gehens zum getakteten Gehen, zum Marschieren. Getaktetes Gehen kann, wenn die Zielerreichung nicht mehr im Vordergrund steht, rhythmisch aufgelockert und wieder zum Bummeln oder Schlendern werden.

Gehen mit steil aufgerichtetem Oberkörper

Gehen mit steil aufgerichtetem Oberkörper bei akzentuiertem Gang wirkt stelzend und stolzierend. So drückt sich Stolz und Hochmut aus. Werden die Schritte beherrscht gesetzt, sind sie kraftvoll und federnd und ist Gleichmaß in den Bewegungen erkennbar, zeigt sich Selbstsicherheit, und das Bewusstsein des eigenen Wertes. Wer so geht, schreitet. Nur wenig überzogen, wird dieses Schreiten zum gravitätisch stolzierenden Gang. Das gewollte und nicht gekonnte Schreiten gibt dieser Gangart etwas Theatralisches. Die zu wenig ausgeprägte Willensaktivität lässt die Schritte dann kleiner als beim Schreiten ausfallen und verrät so das gewollt Gemachte.

Schnelles oder langsames Gehen

Ob jemand schnell oder langsam geht, ist abhängig von der Antriebskraft und dem Temperament. Auch die kurzfristige Motivation, ein Ziel zu erreichen, wirkt sich auf die Gehgeschwindigkeit aus. Ziele, bei deren Erreichen Belohnung zu erwarten ist, werden schneller angestrebt, als solche, die Bestrafung befürchten lassen.

Gehen mit weit ausgreifenden, großen Schritten

Gehen mit weit ausgreifenden, großen Schritten lässt Extraversion, Zielstrebigkeit, Unternehmungslust, Eifer bis Rastlosigkeit und tatkräftiges Handeln erkennen. Ist dieses Gehen mit rhythmisch pendelnden Bewegungen der Arme und eventuell des Oberkörpers verbunden, kennzeichnet es den intuitiv Draufloslebenden, des Sich-nicht-beeinflussen-lassen-Wollenden.

Bewegen sich auch die Arme getaktet, entsteht Marschieren. Die größere Schrittlänge und die dadurch bei der relativ kleinen Geschwindigkeit auftretenden Gleichgewichtsprobleme werden durch entsprechendes Pendeln der Arme ausgeglichen. Da beim Marschieren somit der ganze Körper in Bewegung ist und ein harmonischerer Ablauf erreicht werden kann, ergibt sich eine Gangart, mit der relativ ermüdungsfrei auch weite Strecken zurückgelegt werden können. Fortbewegung die ständiges Ausweichen und den Wechsel von Geschwindigkeit und Gangart erfordern, ermüdet mehr als forsches Marschieren. Aus dem Marschieren wurde, um noch größere Schritte anzudeuten, um das eigene Besser- und Schnellersein zu zeigen, der Stechschritt entwickelt. Ursprünglich notwendig und entstanden, um Unebenheiten der Straßen und Hindernisse zu überwinden, hat dieser heute in Perfektion ausgeführte Schritt auch imponierende Wirkung. Imponieren zu wollen ist also die Motivation. Einen wirklichen Zweck besitzt dieser Stechschritt nicht mehr.

Gehen mit kurzen oder kleinen Schritten

Kurze oder kleine Schritte zeigen Introversion. Der so gehende Kunde „hält an sich“, zeigt Vorsicht, Berechnung, aber auch Wendigkeit. Unbewusst liegt dieser Gangart der Wunsch nach schneller Richtungsänderung zugrunde. Die Entscheidung über die endgültige Richtung kann bei diesem Gehen länger offen gehalten werden. Fehlt der klare Takt, entsteht bei dieser Gangart das Getrippel des Ängstlich-Nervösen, der jede Gefahr und jedem Risiko auf der Stelle ausweichen will.

Stockendes und holperndes Gehen

Stockender und stolpernder Gang zeigt, dass das Zielstreben mit Gegenimpulsen zu kämpfen hat. Ein lästiger Pflichtgang wird so ausgeführt. Dieses Gehen zeigt innere Zwiespältigkeit und Unsicherheit. Es drückt Befangenheit und Schüchternheit aus. So geht möglicherweise der Verkäufer zum Kunden, der weiß, dass er wegen einer mangelhaften Lieferung gerügt wird.

Spannungsarmes Gehen

Spannungsarmes Gehen kann daraus entstehen, dass der regelmäßige Wechsel zwischen Spannung und Lösung gestört ist und dass Spannung nicht aufgebaut werden kann oder will. So wird der Gang schleppend, langsam und ungegliedert. Ohne Spannung drückt er eher Interesselosigkeit aus. Auch eine traurige Grundstimmung kann zu diesem wenig motivierten Gehen Anlass sein. Mit wenig Spannung wirkt dieser Gang lässig. So kann sich Schlendern, Bummeln oder Flanieren zeigen. Ein bummelnder Kunde genießt die Umwelt. Bummeln ist ziellos. Synonyme sind Trödeln und langsames Arbeiten. Deshalb ist es negativ besetzt, wenn Mitarbeiter bummeln. Auch Bummelanten sind einem nicht so recht geheuer. Das Schlendern ist eine Art des langsamen Gehens, bei der kein Ziel angestrebt wird. Die Geschwindigkeit beim Schlendern entspricht normalerweise etwa einem Schritt pro Sekunde, während beim Gehen zwei Schritte pro Sekunde zurückgelegt werden. Wer schlendert, bewegt sich aus Freude an der Fortbewegung. Schlendern kann daher als gesellige Gangart bezeichnet werden. Flanieren schließlich ist langsames, zielloses, müßiges umherschlendern. Wer flaniert will sehen und gesehen werden.

Schwingender Oberkörper beim Gehen

Schwingt der Oberkörper bei jedem Schritt stark mit und werden dabei die Schultern und die Hüfte zusätzlich nach vorn geschoben, zeigt sich die demonstrative Gangart des Kraftmeiers, eine Gangart, die an die Bewegungen der Menschenaffen erinnert.

Schwingt der ganze Körper im Rhythmus des Gehens, wirkt der Gang meist affektiert. Spannungsreich ausgeführt, lässt er die selbstsicher-gewandte Natur erkennen, die unbekümmert starke Antriebskraft lebt und demonstriert.

Spannungsarm ausgeführt stellt sich der weiche, schwingende Gang dar. Lockere, gelöste Bewegungen stehen im Vordergrund.

Gehen mit betont großen Schritten und Schwung

Solches Gehen ist oft gekoppelt mit relativer Schnelligkeit und auffallendem Schwingen der Arme. Es scheint bei diesem Gehen, als ob die Bewegungen der tatsächlichen Energie vorauseilen wollten. So demonstriert sich inhaltsleere Geschäftigkeit und Betriebsamkeit, die jedoch oft des angestrebten Inhalts entbehrt.

Beobachtungen und Übungen:	Bemerkungen und Erfahrungen:
Während Ihr Kunde Ihnen zuhört, steht er auf seinem linken Bein. Unvermittelt wechselt er das Standbein und steht nun auf dem rechten Bein.	
Beobachten Sie die Art und Weise, wie Sie in verschiedenen Rollen und Situation gehen.	
Beobachten Sie Ihre Mitmenschen, wie sie sich bewegen und welche Vorhaben sie damit ausdrücken.	

Das Sitzen

Die stehende Haltung ist recht anstrengend. Ruhehaltungen ermöglichen es, die mit der Aufrechthaltung des Körpers verbundene Muskelarbeit zu reduzieren. Auch wenn dies nicht sofort bewusst wird, erfordert die aufrechte Haltung ein ständiges Bemühen um Balance. Standbeinwechsel, Stehen auf einem Bein, eventuelles Anwinkeln des angezogenen Beines und Abstützen an Gegenständen, Anlehnen, Knien auf einem und auf beiden Knien etc. sind Haltungen, die eine kurze Entspannung ermöglichen. Ideal ist es, wenn der Verkäufer so gut trainiert ist, dass er solche Entspannungen nicht braucht.

Das Sitzen schließlich ist vor dem Liegen die günstigste Ruhehaltung. Besteht beim Sitzen auf dem Boden eine Möglichkeit, den Rücken anzulehnen, können die Beine weiter gestreckt werden. Ohne Anlehnen ist es anstrengend, aufrecht zu sitzen. Zur Balance werden dann eventuell die angezogenen Knie umfasst.

Desmond Morris schreibt in seinem Buch „Der nackte Affe“: „Die Vorstellung von Macht, die von der sitzenden Person ausgeht, findet ihre feste Ausprägung in unserem Verhalten. Niemand darf sitzen bleiben, wenn der König steht. Wenn der König sich erhebt, stehen alle auf. Das ist eine bemerkenswerte Ausnahme von der Regel, die der Vertikalität aggressiven Charakter zuspricht und die besagt, dass die Unterwerfung in gleichem

Maße wächst, wie die Höhe abnimmt.“ Daraus lässt sich ableiten: Wer unsicher ist und nicht weiß, wer in seiner Gruppe den Status des „Königs“ hat, sollte beobachten, wer steht und wer sitzt.

Berufstätige, von denen stehende Aktivitäten erwartet werden, dürfen sich auch dann nicht setzen, wenn sie im Moment nichts zu tun haben (zum Beispiel Kellner, Messestandpersonal und Ähnliches).

Sitzen mit gekreuzten Beinen

Wer sich selbst ein Bein stellt, zeigt, dass er möglicherweise aus sachlichem Interesse verweilen will oder glaubt bleiben zu müssen. Wenn sich Ihr Kunde wohlfühlt und sich entspannen will und darf, ist wahrscheinlich, dass er seine Füße nebeneinander stellt, die Beine streckt und möglicherweise sogar spreizt.

Breit, schwer und behaglich sitzen

Sitzt Ihr Kunde so, möchte er Ruhe und Erholung genießen. Er vertraut darauf, dass seine momentane Umwelt ihm wohlgesonnen ist. Meist ist bei dieser Sitzhaltung die Muskulatur gelockert und entspannt. Die Beine sind oft bequem, gerade oder gespreizt ausgestreckt. So zeigt Ihr Kunde, dass er einige Zeit sitzen bleiben will. Um aufstehen zu können, müsste er die Beine erst in eine andere Stellung bringen. Die Spannungsarmut bei dieser Art zu sitzen spricht auch dafür, dass er seine Ruhe will, dass Störungen unangenehm erlebt würden. Diese Haltung kann auch zeigen, dass der so Sitzende glaubt mit Schwierigkeiten spielend, im Sitzen fertig werden zu können.

Derartige Formlosigkeit kann abgeschwächt werden, wenn die Umwelt Korrekturen verlangt. Dann bekommt die Haltung des Sitzenden oder erfahren einzelne seiner Körperteile (zum Beispiel Kopf) etwas mehr Spannung. Oft werden dann auch die Füße unter den Körperschwerpunkt gezogen.

Gerader oder leicht vorgebeugter Oberkörper

Oft wird bei diesem Sitzen die Sitzfläche nur teilweise besetzt. So zeigt sich in dieser Sitzhaltung Spannung und der Wunsch nach Aktivität. Je nachdem, in welche Richtung der Oberkörper, der Kopf, die Arme oder die Hände und Füße zeigen, drückt diese Haltung interessierte Zuwendung oder desinteressierte Abwendung (gespieltes Interesse) aus. Angriffslust als Folge von Verärgerung oder Wut führt zu starker Aktionsspannung und einem noch weiteren oft impulsiven Vorbeugen des Oberkörpers.

Der gerade oder vorgebeugte Oberkörper verhindert das genüsslich-gemütliche Verbleiben und Entspannung. Mangelndes Vertrauen zur Umwelt motiviert oft diese alarmbereite Sitzweise – das Sitzen auf Abruf – insbesondere dann, wenn auch die Sitzfläche nur teilweise belegt ist. So sitzen auch selbstbewusste Kunden, wenn sie aufpassen wollen oder müssen. Meist sind dann auch die Füße etwas unter die Sitzgelegenheit zurückgezogen, da nur mit dieser Stellung ein schnelles Aufstehen möglich wird. Steht ein Fuß auf dem Ballen unmittelbar unter oder nahe dem Körperschwerpunkt und steht der andere Fuß davor in Bewegungsrichtung, wird die Sprunghaltung besonders deutlich.

Mit dieser Haltung wird das Aufstehen am Ende von Besprechungen eingeleitet. Oft umfassen die Hand oder die Hände zusätzlich im Aufstehstützgriff die Stuhllehne(n) oder den/die Oberschenkel, um den Aufstehvorgang zu unterstützen.

Sitzen mit gestreckten Beinen

Weit von sich gestreckte Beine besagen, dass der so Sitzende hier seine Ruhe gefunden hat, dass er nicht vorhat, bald wieder aufzustehen. Diese Sitzhaltung macht es unmöglich, schnell zu fliehen. Der so Sitzende fühlt sich sicher.

Sitzen mit angewinkelten Beinen

Je näher ein Fuß oder beide Füße zum Körperschwerpunkt hin angezogen werden, desto größer ist der oft unbewusste Wunsch, aktionsbereit zu sein. Ist ein Fuß oder sind beide Füße um das Stuhlbein gehakt, wird Sicherheit und Halt gesucht.

Aneinander gelegte oder -gepresste Beine und Füße

So sitzt der hilflose Untertan oder Schüler. Er engt sich ein, macht sich schmaler oder will penibel korrekt wirken.

Gespreizte Beine

Die Oberschenkel sind gespreizt und die Füße mehr oder weniger weit auseinandergestellt. Der Grad der Spreizung gibt Informationen über die Unbekümmertheit. Je weiter gespreizt, desto größer sind die Unbekümmertheit, der Wunsch nach Behaglichkeit, der Mangel an Disziplin, manchmal auch die Ungezogenheit und die gleichgültig-primitive Rücksichtslosigkeit, die den üblichen Verhaltensnormen widerspricht.

Die Spreizung wird oft durch die Zusammenstellung der Füße abgeschwächt. Diese Stellung, bei der die Beine ein Oval beschreiben, lässt zwar bequemes und behagliches Sitzen zu, will aber diese Spreizung mit den Füße beenden beziehungsweise aufheben und so (gerade noch) der Form entsprechen.

Bei Frauen ist das Spreizen der Beine sehr viel seltener zu beobachten als bei Männern.

Übereinander geschlagene Beine

Bedeutend ist, in welche Richtung der Oberschenkel des übergeschlagenen Beins zeigt und an welcher Stelle sich die Beine berühren.

Generell zeigt die Richtung des übergeschlagenen Beines die Richtung, in die sich jemand wendet, der er seine Zu-Wendung gibt. Mit dem Überschlagen des Beines dreht sich auch der Oberkörper ein wenig mit, so dass die Zu- oder Abwendung deutlicher erkennbar wird.

In Seminaren habe ich Gelegenheit, „Kreuzfeuer-Interviews“ üben zu lassen. Dabei sitzt der zu befragende Teilnehmer zwischen zwei Befragern, die links und rechts seitlich vor ihm sitzen. Auf der einen Seite ist der

Moderator, der die angenehmen, hilfreichen Fragen stellt, auf der anderen Seite ist der Aggressor, der angreifend und verletzend agiert. In mehr als 80 Prozent der Fälle nahm der zu Befragende dann, wenn er wusste welche Rollen die Befrager einnahmen, schon zu Beginn der Übung, wenn er überhaupt die Beine übereinander schlug, die Beine so übereinander, dass das übergeschlagene Knie in Richtung des Moderators zeigte.

Wird der Knöchel auf dem Knie aufgelegt, ergibt sich eine weite Spreizung der Oberschenkel die vom Unterschenkel des aufgelegten Beines begrenzt wird. So wird zumindest bei Männern aus einem unhöflichen Sitzen ein meist toleriertes Sitzen in bequemer, sicherer und sorgloser Haltung. Der Unterschenkel wirkt jedoch auch als Barriere, weshalb überlegt werden muss, ob der so Sitzende sich nicht gegen irgendetwas isolieren will.

‚Die kühle Schulter zeigen' läuft ebenfalls oft so ab, dass zwar das Knie noch in Richtung Gesprächspartner zeigt, der Oberkörper aber in die andere Richtung weist. Gekoppelt mit Lächeln entsteht so auch ein Koketterieverhalten. Es besagt, ich tue nur so, als ob ich mich von dir abwenden wolle. Sind sowohl Knie als auch Schulter und sogar das Gesicht abgewendet, sagt dieses Verhaltensmuster deutlich, dass man nichts mit dem so Abgelehnten zu tun haben will.

Kniekehle oberhalb des Knies aufgelegt

Bei dieser Beinhaltung sind die Oberschenkel mehr oder weniger eng zusammengepresst.

Wegen der geschlossenen Oberschenkel wird diese Sitzhaltung als eng, kontaktscheu und verschlossen verstanden. Auch hier spielen jedoch die enthaltene Spannung und die Zusatzsignale eine wichtige Rolle für die endgültige Beurteilung.

Im Bereich der Knöchel gekreuzte Beine

Diese Haltung wirkt weniger stark verschlossen. Möglicherweise sollen die Beine so am zu starken Spreizen gehindert werden. Je nachdem, ob die Beine weiter nach vorn gestreckt oder mehr zurückgezogen sind, ob mehr oder weniger Spannung enthalten ist, reicht die Bedeutung von noch höflichem sich Entspannen bis zur Selbstverhinderung der Aktivität. Bei zurückgezogenen Füßen wirkt diese Beinstellung, als wolle man sich selbst ein Bein stellen, um sich am Weglaufen zu hindern.

Nimmt der Wunsch wegzulaufen, die Situation zu verlassen zu, werden die Füße wieder nebeneinander oder in Schrittstellung gebracht. Dann sind oft zusätzlich Geh- oder Wippbewegungen zu beobachten.

Bei einem Empfang konnte ich ein zu diesem Thema interessantes Gespräch beobachten. Ein Verkäufer hatte sich zu einem seiner Kunden gesetzt. Er nickte häufig zu den Ausführungen und lächelte auch hin und wieder. Seine Beine und Füße bewegten sich jedoch unaufhörlich auf und ab. So signalisierte er, dass sein Nicken und Lächeln Höflichkeitssignale waren, er aber am liebsten weggegangen wäre.

Arme und Hände beim Sitzen

So wie die Beine und Füße geben auch Arme und Hände wichtige Hinweise über die jeweilige Befindlichkeit.

Arme und Hände unter dem Tisch

Entsprechend der enthaltenen Spannung, der Stellung und dem Abstand voneinander ergeben sich unterschiedliche Bedeutungen. Generell gilt, dass derjenige, der die Arme und Hände unter dem Tisch hält, nicht bereit oder in der Lage ist, seine Hände offen zu legen – sei es, dass er nicht in das Revier des Gesprächspartners eindringen will oder dass er befürchtet, mit den Händen oder Fingern Gefühle oder Emotionen zu verraten.

Arme und Hände auf dem Tisch

Sind die Arme und/oder Hände auf dem Tisch, zeigt dies die Fähigkeit und Bereitschaft, aktiv zu werden. Eine oft beobachtbare Anfangsstellung, sofort nach dem Platznehmen, ist die Verschlusshaltung der auf dem Tisch liegenden oder vor der Brust gekreuzten Arme, eine Barriere also.

Solche Barrieren, bei denen die Arme vor der Brust oder auf dem Tisch gekreuzt werden, oder eine breite Abgrenzung bilden, können zum Selbstschutz und zur Abwehr aufgebaut werden. Als Reaktion auf positive Reize wird Ihr Kunde die Barriere oft aufgeben und seine Haltung offener gestalten.

Befindet sich eine Hand auf dem Tisch und die andere darunter, ist wichtig, welche Hand auf dem Tisch beziehungsweise darunter liegt. Erinnern Sie bitte die Ausführungen über die Hirnhemisphären und die Steuerung der jeweils gegenüberliegenden Extremitäten. Liegt die linke Hand auf dem Tisch, deutet dies darauf hin, dass persönliche Beziehung gesucht wird. Die rechte drückt aus, dass der Gesprächspartner die Angelegenheit sachlich gestalten will. Ob dies in jedem Fall so ist, prüfen Sie bitte, indem Sie vor Ihrer Deutung beobachten, mit welcher Hand der Partner sachliche oder persönliche, gefühlsunterlegte Aussagen unterstreicht.

Liegt der Unterarm zwischen den Gesprächspartnern oder sind die Arme gekreuzt, so ist dies als Barrieresignal zu deuten. Im nebenstehenden Bild wird dieses Barrieresignal mit dem zum Tisch, also weg vom Publikum, übergeschlagenen Bein verstärkt. An der linken Hand spreizen sich der Zeige- und Mittelfinger etwas vom Ring- und kleinen Finger ab, dies lässt zusätzlich auf einen Beziehungskonflikt schließen.
Bildet der partnerferne Arm Ihres Kunden einen Bogen zu Ihnen, drückt dies den Wunsch nach Verbindung, nach einem vertraulichen Gespräch und nach Isolierung von der Umwelt aus.
Auch hier können Haltungen anderer Körperteile und der Ausdruck der Mimik die Bedeutung verändern oder zusätzliche Informationen für die Deutung geben.

Arme und Hände ohne Ablagemöglichkeit

Ist kein Tisch vorhanden oder kann beziehungsweise will dieser nicht zur Ablage der Hände benutzt werden, sind Armlehnen willkommene Hilfen. Fehlen auch diese, liegen die Hände meist auf dem Oberschenkel oder locker im Schoss.

Entsprechend dem Erleben der jeweiligen Situation werden die jeweilige Arm-, Hand- und Fingerhaltung aktiviert.

Auswahl des Sitzplatzes

Wer wird sich wohl auf welchen der sechs um den Tisch gruppierten Stühle setzen?

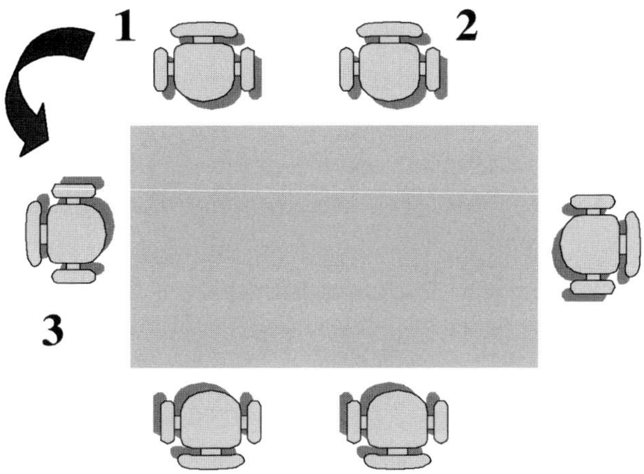

Instinkte und Ängste motivieren die meisten Menschen dazu, einen Platz zu wählen, von dem aus der freie Raum überblickt werden kann. Das ist der Grund, weshalb eine einzelne Person nur selten die nicht mit Nummern bezeichneten Stühle besetzen wird, so lange die nummerierten Stühle frei sind. Die jeweilige Einstellung und Stimmung und auch das Vorhaben entscheiden, welchen Stuhl nun wer besetzt.

Stuhl 1 wird von denjenigen besetzt, die lieber allein bleiben möchten. Um dies abzusichern, wird der Stuhl möglicherweise an die Tischecke gestellt. Damit wird der Besitzanspruch für den ganzen Tisch signalisiert.

Stuhl 2 sucht sich derjenige aus, der demonstrieren will, dass ihm dieser Tisch ‚gehört'. Er kann es sich leisten, die wichtigen Plätze anderen zu überlassen.

Stuhl 3 schließlich besetzt derjenige, der Führungsanspruch anmeldet. „Sie können sich zwar zu mir setzen, aber der ‚Boss' bin ich", sagt sein Platz.

Setzen sich Mitglieder einer Gruppe an den Tisch, ist der einzelne Teil eines Ganzen (der Gruppe) und misst der Absicherung keine Bedeutung mehr zu. Er verlässt sich dann unbewusst darauf, dass diejenigen, die den Raum übersehen können, bei Gefahr rechtzeitig warnen werden.

In der überwiegenden Mehrzahl der Fälle konnte ich solche Verhaltensweisen in Besprechungssituationen beim Besetzen von Gruppenarbeitstischen und beim Besetzen der Sitzplätze im Seminarraum beobachten und die geäußerte Einstellung in weiteren Verhaltensweisen der Teilnehmer bestätigt finden.

Im eigenen Revier, wird der Chef Platz 3 eingenommen haben. Seinem Besucher bietet er Platz 1 oder den gegenüberliegenden Platz an. Seinen Gegner wird er an das andere Kopfende verbannen.

„Runder" Tisch

Die genannten Probleme reduzieren sich beim „runden Tisch". Dann ist der „Vorsitzende" wenn überhaupt, nur noch daran erkennbar, dass auf einen Stuhl mit höherer Lehne sitzt und so maximal als „Primus inter pares" wirkt, wenn er nicht auch auf dieses Statussymbol verzichtet.

So eignet sich der „runde Tisch" zum Austausch von Gedanken und Ideen und für offene Gespräche. Er verhindert die bei Verhandlungen üblichen gegnerischen Stellungnahmen und stellt das Thema in den Mittelpunkt.

Sitzen am Schreibtisch

Verkaufsgespräche finden oft am Schreibtisch des Besuchten statt. Für Verkäufer ist deshalb die Sitzordnung um einen Schreibtisch besonders wichtig.

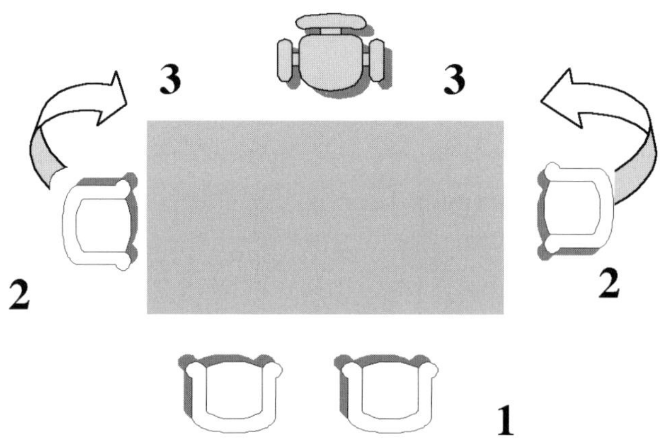

Diese Zeichnung verdeutlicht die einnehmbaren Plätze. Werden die Plätze am Schreibtisch gewählt, werden sie meist wie folgt benutzt: Platz 1, gegenüber dem Gesprächspartner, wird derjenige einnehmen, der Distanz einhalten muss oder will. In Verkaufsgesprächen ist dies der Platz, der fast immer dem Verkäufer angeboten wird. Der Schreibtisch dient in diesem Fall als Barriere. Platz 2 sucht sich derjenige aus, der näher kommen will beziehungsweise darf. Dieser Platz wird einem guten Bekannten oder Freund, oder dem Verkäufer, zu dem eine gute Beziehung besteht, angeboten.

Platz 3 darf nicht ohne Zustimmung eingenommen werden. Er wird auch nur dann angeboten beziehungsweise seine Benutzung erlaubt, wenn gemeinsame Arbeiten dies erfordern. Dieser Platz signalisiert ein hohes Maß an menschlicher oder sachlicher Gemeinsamkeit beziehungsweise gemeinsamem Interesse.

Es ist zu empfehlen, dass sich der Verkäufer zunächst mit Platz 1 begnügt, um nicht aufdringlich zu wirken. Im Verlaufe des Gesprächs, insbesondere dann, wenn eine Demonstration ein gemeinsames Betrachten erfordert, kann mehr Nähe (Platz 2 oder 3) angestrebt werden. Es bietet sich an, vor dem näherkommen zu klären, ob dies toleriert wird.

Eine noch ungezwungenere Atmosphäre entsteht, wenn sich der Besuchte ganz vom Schreibtisch weg begibt. Zu diesem Zweck befindet sich in Büros die oft zu Besprechungen genutzt werden, ein Besprechungstisch (oft ein runder Tisch) oder eine Sitzgarnitur mit einem Couchtisch. Wer Geschäftliches in einem solchen Rahmen bespricht, zeigt seinen Besuchern, dass er sie gleichberechtigt erlebt.

Sitzen mit dem Rücken zum Licht

Soll sich der Verkäufer mit dem Rücken zum Licht setzen, wenn er die Wahl hat? In vielen Besprechungssituationen bietet der Gastgeber den Platz nicht direkt an, sondern überlässt es dem Besucher, sich einen Platz auszuwählen.

Der Verkäufer bedenke: Nimmt er den Platz mit dem Rücken zum Fenster, muss der Kunde möglicherweise den Platz mit dem Gesicht zum Fenster einnehmen. Zwar ist der Verkäufer dann in der „besseren" Position, weil er nicht gegen das Licht blicken muss und die Reaktionen des Kunden besser erkennen kann, nimmt aber den Nachteil einer möglichen Verärgerung des Gesprächspartners in Kauf. In vielen Lehrbüchern wird empfohlen, der Verkäufer solle den Platz mit dem Rücken zum Fenster einnehmen. Möglicherweise kennt der Kunde diese Empfehlung auch und prüft mit seinem Angebot der freien Platzwahl, das Verhalten (die Absicht) des Besuchers.

Wie viele heikle Situationen, ist auch diese lösbar, indem man darüber spricht. Ich pflege in solchen Situationen zu sagen: „Darf ich diesen Platz (mit dem Gesicht zum Licht) nehmen, dann brauchen Sie nicht immer ins Licht zu schauen und Sie können auch besser mein Verhalten beobachten." (ich habe ja nichts zu verbergen).

Verkäufer, die sich nur zögernd und nur halb auf die Sitzfläche setzen, zeigen damit, dass es ihnen an Mut oder Sicherheit fehlt, den ganzen Stuhl zu besitzen, dass sie sich (übermäßig) bescheiden mit einem kleinen Stückchen zufrieden geben werden. Wer sich nur auf den vorderen Rand seines Stuhles setzt, will entweder nicht lange bleiben, nicht aktiv werden, oder er ist sich der Sache beziehungsweise seiner Person nicht ganz sicher.

Benutzt der Verkäufer die ganze Sitzfläche, zeigt er, dass er genügend Sicherheit mitbringt, um sich Raum (Platz) zu nehmen und sich nicht mit einem kleinen Stück zufrieden geben will.

Beobachtungen und Übungen:	**Bemerkungen und Erfahrungen:**
Als Sie fachkundig und rhetorisch qualifiziert argumentieren, ändert Ihr Kunde die Sitzhaltung. Er zieht seine vorher gestreckt-gespreizten Beine unter den Körperschwerpunkt.	
Sie sehen, wie der Vorgesetzte Ihres Gesprächspartners mit Ihrem Gesprächspartner redet. Er hat ein Bein so übergeschlagen, dass der Oberschenkel weg vom Gesprächspartner zeigt. Außerdem ist sein Oberkörper weggewendet. Deshalb kann er seinen Mitarbeiter nur über seine Schulter anschauen.	
Zu Beginn Ihres Gesprächs hat Ihr Ihnen gegenüber sitzender Kunde beide Unterarme auf dem Tisch und hält mit der rechten Hand das Handgelenk der linken Hand. Als Sie Ihr Unternehmen vorstellen, bewegt sich der rechte Unterarm Ihres Kunden so, dass seine rechte Hand zu Ihnen zeigt.	

Fragen zur Selbstanalyse und Übungsbeispiele

Die willens- und verstandesgesteuerte Gestaltung der Körpersprache ist, von eingeübten Bewegungsabläufen zum Beispiel im Sport abgesehen, nahezu unmöglich. Deutlich wurde dies auch im so genannten Kanzlerduell im vergangenen Jahr. Der Herausforderer hatte sich einige für positiv gehaltene Verhaltensweisen angewöhnt, aber authentisch wirkten die meisten der aufgesetzten Verhaltensweisen, nach Meinung der Kommentatoren und der Presse, nicht. Gewollte Verhaltensweisen führen, zumindest zu Beginn, fast immer zu gewollten, verkrampften Bewegungen, die vom Betrachter auch als solche erkannt werden. Sie als Verkäufer sollten auch in Ihrer Verkäuferrolle authentisch wirken. Das meint, dass Sie sich zielorientiert, wertebestimmt und zielgruppenbezogen verhalten können. Gelingt Ihnen dies nicht, würden Sie, bevor Sie „aus der Rolle fallen“ überlegen, ob Sie Ihre Ziele überdenken, das Unternehmen (wegen der Werte) verlassen oder sich eine andere Zielgruppe suchen. Werden Sie sich Ihres Eigenverhaltens, idealerweise indem Sie Videoaufnahmen von sich anschauen, bewusst und konfrontieren Sie sich mit diesem so, als würden Sie es bei einem Ihnen fremden Menschen erleben. Würden Sie ihn in Ihrer Verkäuferrolle authentisch erleben? Denken Sie mit Hilfe der in diesem Buch gegebenen Anregungen über die Bedeutung und Hintergründe einzelner Verhaltensweisen nach. Fragen Sie auch Ihnen nahe stehende Menschen wie Ihre verkäuferischen Verhaltensweisen auf diese wirken.

Wollen Sie nach entsprechender Erkenntnis einzelne Verhaltensweisen verändern, kann es sinnvoll sein, vorher mit den Menschen, die davon betroffen sein werden, vielleicht sogar mit Kunden, zu denen Sie eine besonders vertrauliche Beziehung haben, darüber zu sprechen. Erst wenn Sie dann zur Entscheidung kommen, bestimmte Verhaltensweisen zu verändern, sollten Sie sich die Hintergründe, die das jeweilige Verhalten herbeiführen, bewusst machen und damit und mit entsprechendem Training negativ erlebte Verhaltensweisen meiden oder positive Verhaltensweisen verstärken.

Beobachten Sie Ihre Mitmenschen! Fragen Sie sich, welche Hintergründe das von Ihnen beobachtete Verhalten haben kann. Betrachten Sie Fernsehsendungen nicht mehr nur um der sachlichen Information willen, sondern auch, um Körpersprache erkennen und deuten zu lernen, achten

Sie auch auf das gezeigte körpersprachliche Verhalten der Akteure. Sicher wird Ihnen anfangs nur wenig auffallen. Je mehr Sie sich jedoch damit beschäftigen, desto öfter können Sie aus den früher pauschal aufgenommenen Eindrücken Details aufnehmen und desto eher fallen Ihnen Ungereimtheiten auf.

So analysieren Sie

Legen Sie sich folgende Fragen vor:

- Weshalb verhalte ich mich – oder verhält der Beobachtete sich – jetzt so?
- Passen meine Verhaltensweisen zu meinen jeweiligen Rollen?
- Weshalb passe ich mich – oder passt der Beobachtete sich – oder weshalb passen sich andere mir – oder ihm – an?
- Wie verhalte ich mich in bestimmten sozialen Situationen?
  - Im Gespräch mit meinem Kunden, Vorgesetzten, Geschäftspartner?
  - Im Gespräch im privaten Bereich, mit meinem Partnern, Freunden und Kindern?
  - Im Gespräch mit meinen Kindern?
- Welches Gefühl hat die jetzt gemachte Bewegung ausgelöst beziehungsweise war mit ihr gekoppelt oder ist danach entstanden?
- Welche meiner/seiner Aussagen oder welche meiner/seiner Verhaltensweisen könnte das Verhalten meines/seines Gesprächspartners hervorgerufen haben (Reiz-Reaktion)?
- Welche Verhaltensweise meines (seines) Gesprächspartners, welches Wort könnte meine (seine) körpersprachliche Reaktion hervorgerufen haben?
- Was könnten zwei Menschen, deren Worte ich nicht höre, deren Verhalten ich aber beobachten kann, gerade empfinden?
- Diese und andere Fragen und die daraus folgende aktive Beobachtung schärft Ihre Beobachtungsgabe. Übung macht den Meister. Übung ermöglicht es Ihnen, aus gegebenen Verhaltensweisen Ihrer Kunden immer schneller die richtigen Schlüsse zu ziehen. Sie werden merken, dass dieser Lernprozess den Weg des Versuchens und Irrens geht. Lassen Sie sich nicht dadurch negativ beeinflussen, dass Sie sich bei einzelnen Interpretationen noch irren. Je länger Sie üben, desto schneller und sicherer werden Sie Situationen sicher beurteilen und erfolgreich reagieren können.

So sensibilisieren Sie sich für die Körpersprache anderer

Zeitungsberichte, Nachrichten, aber auch Romane und Erzählungen enthalten oft neben der reinen Sachinformation, Beschreibungen von körpersprachlichen Verhaltensweisen um Stimmungen zu aktivieren.

Beim Lesen von Zeitungsberichten, Hören von Nachrichten, Lesen von Romanen und Erzählungen, aber auch beim Lesen von Beurteilungen und Zeugnissen werden Ihnen mehr und mehr solche Beschreibungen körpersprachlicher Verhaltensweisen auffallen.

Sie können solche Botschaften nutzen, um sich für Körpersprache beschreibende Begriffe zu sensibilisieren.

So gehen Sie auf die Körpersprache anderer ein

Sie beobachten bei Ihrem Kunden Verhaltensweisen, auf die Sie eingehen möchten.

Sprechen Sie die Verhaltensweise nicht direkt an! Sie würden möglicherweise Erstaunen, Verwunderung, Verunsicherung und Abwehr auslösen.

Mit den Gesprächswerkzeugen der Frage, der Interpretation, der Ich-Aussage oder der Verbalisierung können Sie absichern, ob Sie die Verhaltensweise richtig deuten, ohne Risiken auf sich zu nehmen.

Ein Beispiel:

Wenn Sie beobachten, dass sich Ihr Kunde auf Ihre Aussage: „Wir können nächste Wochen liefern", zurücklehnt, könnten Sie folgende Reaktionsmöglichkeiten nutzen:

- Geschlossene Frage: Ist Ihnen das zu früh?
- Interpretation: Ihnen wäre ein anderer Liefertermin angenehmer?
- Ich-Aussage: Ich nannte die nächste Woche, weil …
- Verbalisierung: Sie sind überrascht?

Aus der Reaktion Ihres Gesprächspartners erkennen Sie, wie gut Sie seine Körpersprache verstanden haben. Haben Sie die Bewegung richtig gedeutet, bekommen Sie eine bestätigende Antwort. Falls Sie sich getäuscht haben, wird Ihnen Ihr Kunde weitere Informationen geben, weil er Ihre Absicht ihn zu verstehen als Belohnung erlebt und will, dass Sie ihn nicht miss-, sondern richtig verstehen. Daraus können Sie wiederum lernen und die jetzige Information als ebenfalls mögliche Deutung der ursprünglichen Verhaltensweise nutzen.

So üben Sie das Deuten von körpersprachlichen Verhaltensweisen

Die folgende Darstellung fasst noch einmal zusammen, wie Körpersprache entsteht:

Reiz → **trifft auf momentane Verhaltensweisen**

führt zu: ↓

Verarbeitung des Reizes mit vorhandenen Programmen, Gefühlen oder Emotionen

und produziert ↓

(sprachliche oder) körpersprachliche Reaktionen

Die folgenden Übungsblätter erleichtern es Ihnen gezielt zu beobachten und Ihre Beobachtungen systematisch zu notieren. Aus der Gesamtheit der Bewegungen können Sie dann, indem Sie in den einzelnen Kapiteln nachlesen leicht, die wahrscheinliche Bedeutung der Ausdrücke deuten.

Der Verkäufer sagt zu seinem Kunden bzw. verhält sich wie folgt:	Körpersprachliche Reaktion bzw. begleitende Körpersprache:	Wahrscheinliche Bedeutung:
„Sie scheinen mich falsch verstanden zu haben."	Der Kunde greift zur Nase und blickt nach unten.	
„Entschuldigen Sie bitte, dass uns bei der Planung ein Fehler unterlaufen ist."	Dabei hält er den Kopf gesenkt und blickt zu Boden.	
„Die mikroscharf geschliffene Doppelwischlippe mit speziell in langwierigen Verfahren entwickelter Elastizität …"	Der Kunde reibt sich an der Nasenseitenwand und zieht die Augenbrauen hoch.	
„Ja, also wir haben uns sehr bemüht – es tut mir Leid – aber glauben Sie mir …"	Dabei hält er die Hände so vor dem Körper, dass sich die Fingerspitzen berühren und die Handballen einen Abstand von ca. 5 cm zueinander einnehmen (Bug oder Spitzdach).	
„Sie meinen also, wenn wir Ihre Mitarbeiter entsprechend schulen, steht einer Einführung dieses Produkts nichts im Wege?"	Der Kunde schlägt das Bein so über, dass der Oberschenkel des übergeschlagenen Beines zum Sprechenden zeigt.	

Der Verkäufer sagt zu seinem Kunden bzw. verhält sich wie folgt:	**Körpersprachliche Reaktion bzw. begleitende Körpersprache:**	**Wahrscheinliche Bedeutung:**
Der Verkäufer trifft die Verständigungsebene nicht und sendet verbale Negativreize: „So dürfen Sie das nicht verstehen…, Sie müssen nämlich wissen …“	Der Empfänger schlägt das Bein so über das andere, dass der oben liegende Oberschenkel vom Partner weg zeigt. Gleichzeitig hebt er den Kopf.	
Der Verkäufer hält einen langen Monolog mit vielen Schachtelsätzen.	Der Kunde lehnt sich zurück und spielt mit Schreibgerät.	
Der Verkäufer zeigt ein Produkt und sagt: „Die besonders glatte Oberfläche erspart Nacharbeiten.“	De Der Kunde beugt den Oberkörper nach vorn. Seine linke Hand greift nach dem Gegenstand.	
Der Verkäufer erkennt eine Ablehnung signalisierende Körpersprache nicht und wird verbal vom Kunden unterbrochen	Er reagiert darauf indem er zum Kugelschreiber greift und diesen quer zwischen sich und den Gesprächsführer legt.	

Die Lösung zum Vergleich mit Ihren Ergebnissen finden Sie auf Seite 256f.

Abgebildete Verhaltensweisen analysieren und deuten

Eine Analyse und Deutung von auf eigenen oder der Presse entnommenen Fotografien dargestellten Verhaltensweisen, können Sie mit den Seiten „Verhaltensbeobachtung“ vornehmen. In die einzelnen Spalten tragen Sie das Beobachtbare ein und ziehen dann anhand der im Buch gegebenen Beschreibungen Folgerungen für Ihre Deutung.

Sie werden feststellen, dass sich Einzelausdrücke gegenseitig widersprechen oder ergänzen können. Bei sich widersprechenden Verhaltensweisen werden die Ausdrücke der weiter vom Kopf entfernten Körperteile wichtiger. Bei sich ergänzenden Verhaltensweisen ergibt sich eine additive Wirkung.

Lfd. Nr.	**Körperbereich:**	**Beobachtbare Verhaltensweise/ Position:**	**Deutung:**
1	Kopf		
1.1	Haare		
1.2	Stirn		
1.3	Augenbrauen		
1.4	Auge(n)		
1.5	Nase		
1.6	Wange(n)		

Lfd. Nr.	**Körperbereich:**	**Beobachtbare Verhaltensweise/ Position:**	**Deutung:**
1.8	Mund		
1.8.1	Lipp(en)		
1.8.2	Zunge		
1.8.3	Zähne		
1.9	Kinn		
2	Hals		

Lfd. Nr.	**Körperbereich:**	**Beobachtbare Verhaltensweise/ Position:**	**Deutung:**
3	Nacken		
4	Schultern		
5	Arm(e)		
5.1	Oberarm(e)		
5.2	Ellbogen		
5.3	Unterarme		

Lfd. Nr.	**Körperbereich:**	**Beobachtbare Verhaltensweise/ Position:**	**Deutung:**
6	Hand/ Hände		
6.1	Handfläch(en)		
6.2	Handrücken		
6.3	Faust		
7	Finger		
7.1	Fingerhaltung		

Lfd. Nr.	**Körperbereich:**	**Beobachtbare Verhaltensweise/ Position:**	**Deutung:**
7.2	Daumen		
7.3	Zeigefinger		
7.4	Mittelfinger		
7.5	Ringfinger		
7.6	Kleiner Finger		
7.7	Finger gestreckt		

Lfd. Nr.	**Körperbereich:**	**Beobachtbare Verhaltensweise/ Position:**	**Deutung:**
7.8	Finger gespreizt		
7.9	Finger gekrümmt		
7.10	Finger geschlossen		
8	Brust		
9	Rücken		
10	Bauch		

Lfd. Nr.	**Körperbereich:**	**Beobachtbare Verhaltensweise/ Position:**	**Deutung:**
11	Becken		
12	Gesäß		
13	Oberschenkel		
14	Knie		
15	Unterschenkel		
16	Fuß/Füße		

Lösungsbeispiel der Übungsaufgabe von Seite 251f.

Der Verkäufer sagt zu seinem Kunden bzw. verhält sich wie folgt:	**Körpersprachliche Reaktion:**	**Wahrscheinliche Bedeutung:**
„Sie scheinen mich falsch verstanden zu haben."	Der Kunde greift zur Nase und blickt nach unten.	Der Griff zur Nase zählt zu den Übersprungshandlungen. Er zeigt Betroffenheit. Der Blick nach unten wird aktiviert durch Empfindungen.
„Entschuldigen Sie bitte, dass uns bei der Planung ein Fehler unterlaufen ist."	Dabei hält er den Kopf gesenkt und blickt zu Boden.	Der hängende Kopf zeigt, dass sich der Entschuldigende unterwirft, sich in sein Schicksal ergibt. Da auch der Blickkontakt abgebrochen ist, zeigt der Gesamtausdruck auch Selbstaufgabe.
„Die mikroscharf geschliffene Doppelwischlippe mit speziell in langwierigen Verfahren entwickelter Elastizität …"	Der Kunde reibt sich an der Nasenseitenwand und zieht die Augenbrauen hoch.	Das Reiben an der Nasenseitenwand dient und Ähnliches der Stimulation der Nase. Sie soll sozusagen „zu Rate gezogen werden". Die hochgezogenen Augenbrauen weiten die Aufnahmefähigkeit der Augen und drücken den Wunsch nach Aufnahme zusätzlicher Informationen aus. Wer sich so verhält, will verstehen.

Der Verkäufer sagt zu seinem Kunden bzw. verhält sich wie folgt:	**Körpersprachliche Reaktion:**	**Wahrscheinliche Bedeutung:**
„Ja, also wir haben uns sehr bemüht – es tut mir Leid – aber glauben Sie mir …“	Dabei hält er die Hände so vor dem Körper, dass sich die Fingerspitzen berühren und die Handballen einen Abstand von ca. 5 cm zueinander einnahmen (Bug oder Spitzdach).	Das Spitzdach dient der Abwehr. Diese Handhaltung will erreichen, dass befürchtete Angriffe am Körper vorbeigeleitet werden.
„Sie meinen also, wenn wir Ihre Mitarbeiter entsprechend schulen, steht einer Einführung dieses Produkts nichts im Wege?“	Der Kunde schlägt das Bein so über, dass der Oberschenkel des übergeschlagenen Beines zum Sprechenden zeigt.	Die Richtung, in die das Bein übergeschlagen ist, zeigt die Richtung in die Interesse (Zu-Wendung) gesendet wird.
Der Verkäufer trifft die Verständigungsebene nicht und sendet verbale Negativreize: „So dürfen Sie das nicht verstehen…, Sie müssen nämlich wissen …“	Der Empfänger schlägt das Bein so über das andere, dass der oben liegende Oberschenkel vom Partner weg zeigt. Gleichzeitig hebt er den Kopf.	Das vom Partner weg übergeschlagene Bein zeigt Ab-Wendung. Das Anheben des Kopfes drückt Überheblichkeit und Herausforderung aus.
Der Verkäufer hält einen langen Monolog mit vielen Schachtelsätzen.	Der Kunde lehnt sich zurück und spielt mit Schreibgerät.	Die Distanz zum Sprechenden wird vergrößert. Das Spielen mit Schreibgerät zeigt Langeweile und Desinteresse.

Der Verkäufer sagt zu seinem Kunden bzw. verhält sich wie folgt:	**Körpersprachliche Reaktion:**	**Wahrscheinliche Bedeutung:**
Der Verkäufer zeigt ein Produkt und sagt: „Die besonders glatte Oberfläche erspart Nacharbeiten."	Der Kunde beugt den Oberkörper nach vorn. Seine linke Hand greift nach dem Gegenstand.	Wer dem Gegenstand näher kommt, zeigt so sein Interesse. Dass die linke Hand nach dem Gegenstand greift kann Beziehung ausdrücken. Es kann sich aber auch um einen Linkshänder handeln.
Der Verkäufer erkennt eine Ablehnung signalisierende Körpersprache nicht und wird verbal vom Kunden unterbrochen.	Er reagiert darauf indem er zum Kugelschreiber greift und diesen quer zwischen sich und den Gesprächsführer legt.	Werden Gegenstände zwischen sich und andere gelegt, dienen diese meist der Abgrenzung. Wie ein Zaun sollen sie den Anderen ausgrenzen, ihm seine Grenzen aufzeigen.

So üben Sie sukzessiv

Es ist schwierig, alle Bewegungen gleichzeitig zu beobachten. Dieses Unterfangen erinnert mich an meine Ausbildung zum Privatpiloten. Ich machte den häufigen Anfängerfehler, das gesamte Paneel, alle Instrumente gleichzeitig anzuschauen. Dies gelang nicht. Schaute ich auf den Höhenmesser übersah ich den künstlichen Horizont. Deshalb lernte ich Abweichungen zu registrieren. Sobald der Zeiger eines Instruments aus dem Normalbereich auswanderte, weckte dies meine Aufmerksamkeit. Genauso gehe ich mit körpersprachlichen Zeichen um. Ich registriere Abweichungen vom üblichen, normalen Verhalten. Das können Sie auch lernen. Wenn Sie die Beobachtung einzelner Signalbereiche so lange üben, bis Sie deren Äußerungen kennen und die jeweiligen Veränderungen wahrnehmen.

- Konkret können Sie wie folgt vorgehen:
- Beobachten Sie während eines Tages jeweils nur einen Bereich der körpersprachlichen Ausdrucksmöglichkeiten, zum Beispiel die Stirnfalten Ihrer Kunden und Gesprächspartner und versuchen Sie diese zu deuten. Damit Ihnen dies leichter fällt, können Sie sich für den jeweiligen Tag mit den theoretischen Grundlagen des jeweiligen Ausdrucksbereichs beschäftigen. Lesen Sie dazu einfach das entsprechende Kapitel dieses Buches.
- An den folgenden Tagen beobachten Sie die Augenausdrücke, die Blickrichtungen, die Mundbewegungen, die Kopfbewegungen, die Bewegungen des Oberkörpers, der Arme und Hände usw.
- Wenn Sie alle Beobachtungsbereiche jeweils einen Tag lang bevorzugt beobachtet haben, können Sie diese Übung wiederholen und wieder mit dem Beobachten der Stirnfalten beginnen.
- Sie werden feststellen, dass Ihnen die Beobachtungen von mal zu mal leichter fallen. Es fallen Ihnen jetzt auch Bewegungen auf, die gar nicht zum momentanen Tages-Übungsbereich gehören.
- Nach einiger Zeit verhalten Sie sich wie ein Pilot: Sie werden bei wichtigen Bewegungen Ihrer Partner aufmerksam, können diese deuten und reagieren sprachlich und/oder körpersprachlich richtig.
- So werden Sie, symbolisch gesprochen, jederzeit einen sicheren Start und eine sichere Landung am Ziel haben!

Videoaufzeichnungen sind sehr hilfreich

Da heute in vielen Unternehmen und auch im privaten Bereich Videorecorder oder Camcorder zur Verfügung stehen, bieten sich hervorragende Trainingsmöglichkeiten.

Viele meiner Teilnehmer bringen zu den Seminaren und/oder Coachinggesprächen Videoaufzeichnungen von Originalsituationen oder auch Mitschnitte von Fernsehsendungen, in denen Sie aufgetreten sind, mit. Selbstverständlich sind die evtl. an der Aufnahme beteiligten Partner informiert und mit der Bearbeitung einverstanden oder die Bearbeitung erfolgt unter äußerster Geheimhaltung.

Mit solchen Praxissituationen lässt sich ganz konkret arbeiten. Die Beispiele reichen von Fernsehauftritten (Moderatoren, Politiker) über Aktiengesellschafts-Hauptversammlungen (Vorstandsvorsitzende und Vorstände) bis hin zu Gesprächen im Kreis der Familie (Konfliktklärung in einem Familienunternehmen), Verhalten auf Messen und in anderen konkreten Verkaufssituationen.

Auch ohne Coach oder Trainer ist es möglich, die jeweiligen Aufnahmen zu Trainingszwecken zu nutzen, wenn Sie wie folgt vorgehen:

- Schauen Sie die aufgenommenen Szenen an, beobachten Sie die einzelnen Bewegungen der Person deren Verhaltensweisen Sie besser verstehen möchten.
- Halten Sie das Videoband jeweils an den Stellen an, die Ihre besondere Aufmerksamkeit erregen.
- Beschreiben Sie die jeweiligen Bewegungen möglichst genau. Schauen Sie wie eine Kamera! Registrieren Sie alle Einzelheiten!
- Was die jeweils beschriebenen Bewegungen bedeuten, können Sie jetzt im vorliegenden Buch nachlesen.
- Nach einigen, so konsequent realisierten Übungen wird Ihnen mehr und mehr direkt auffallen. Betrachten Sie dann auch die Verhaltensweisen, die Ihre Aufmerksamkeit nicht spontan erregt haben.

So reagieren Sie mit Analogien

Analogien sind Entsprechungen. Verhaltensweisen drücken symbolisch aus, was im Inneren abläuft. Mit Analogien können Sie diesen Hintergrund direkt ansprechen ohne die körpersprachliche Verhaltensweise direkt zu erwähnen.

Wenn zum Beispiel ein Kunde sagt: „Das muss ich mir noch überlegen“ und dabei einen Unterschenkel auf das Knie des anderen Beines gelegt hat (Barriere), könnten Sie antworten: „Man soll wichtige Entscheidungen wirklich nicht *übers Knie brechen*“. Wahrscheinlich verändert Ihr Kunde seine Haltung und wird „offener“.

Mit solchen indirekten Rückmeldungen, die natürlich in den Gesprächsverlauf passen müssen, erreichen Sie eine unter dem Verstand liegende Ebene und, dort wo es hilft, Veränderungen. – Weitere Beispiele als Anregungen:

Körpersprachliche Ausdrücke:	**Mögliche sprachliche Reaktionen:**
Der Kunde tippt mit dem Mittelfinger auf, während er sagt: „So nicht!“	Es ist Ihnen wichtig, dass *Ihre ganz speziellen* Anforderungen berücksichtigt werden?
Der Mitarbeiter des Kunden richtet den Oberkörper auf, während er sagt: „Für diese Prüfung habe ich intensiv gearbeitet.“	Sie haben sich den Schwierigkeiten *gestellt* und sind jetzt auf das Ergebnis *stolz*.
Der Kunde neigt den Kopf nach rechts, als er sagt: „Ich erwarte, dass Ihre Monteure sich in Ihrer Wortwahl auf die Gepflogenheiten unserer Kultur einstellen“.	Dann werde ich gerne dafür sorgen, dass unsere Monteure Ihre *Zuneigung* verdienen.

Die jeweiligen Antworten gelten als Beispiele. Die *kursiv* geschriebenen Worte deuten die Analogie an. Je nach Situation, Vorerfahrungen mit dem Gesprächspartner und insbesondere weiteren körpersprachlichen Ausdrücken muss die Aussage umformuliert werden.

Für Sie erschließen sich neue Reaktionsmöglichkeiten. Selbst wenn Ihre Antwort im Einzelfall nicht passt – Ihr Gesprächspartner merkt, dass Sie ihn verstehen wollen und reagiert mit hoher Wahrscheinlichkeit mit weiteren Informationen, auch um Missverständnisse klarzustellen.

Beobachtete körpersprachliche Verhaltensweisen und ihre Reaktionen können Sie in einer entsprechenden Tabelle sammeln.

Beobachten und gestalten Sie Ihre eigene Körpersprache

Mit diesem Thema habe ich bis zum Schluss gewartet, weil ich nicht dazu beitragen will, dass Sie unecht, im negativ verstandenen Sinne Schauspieler oder Pantomime werden. Das meint nicht, dass Sie nicht Ihre jeweilige Rolle möglichst gut spielen sollten, aber dafür gibt es kein Richtig oder Falsch. Ratschläge sind Schläge! Die häufigste Frage nach „richtiger“ Körpersprache kann ich seriöserweise nur beantworten mit: „Es kommt darauf an“. Sie wissen: Die von Ihnen vertretenen Werte, das von Ihnen akzeptierte Ziel und die Zielgruppe bei oder mit der Sie kommunizieren oder Maßnahmen gestalten, sind die Grundlagen des dann die Zielerreichung fördernden Verhaltens. Wenn Sie dabei noch die Situation beachten, sind Sie auf dem besten Weg.

Ihre Körpersprache (und Sprache) führt beim Empfänger zu Reaktionen. Fragen Sie sich:

- Wollte ich diese Reaktion? Hilft sie mir das gewünschte Ergebnis zu erreichen?
- Welche Gefühle (oder Emotionen) erlebte ich zum Zeitpunkt der Formulierung?
- Welche (verbalen und) nonverbalen Zeichen habe ich gesendet?

Je mehr Ihnen über sich bewusst wird, desto leichter können Sie sich managen.

Oft hilft die Technik der paradoxen Intervention. Dabei verstärken Sie den Körperausdruck, den Sie verändern möchten extrem. So können Sie Sorgenfalten oder Lächeln so lange und so intensiv verstärken, bis Ihre Muskeln die Spannung nicht mehr aushalten und erschlaffen. Diese Entspannung wirkt zurück auf den Körper und den Geist. Verdrängte Gefühle und Emotionen können aufsteigen und bearbeitet werden. Bei tief sitzenden Konfliktpotenzialen empfiehlt es sich, derartige Übungen mit einem Therapeuten zu realisieren.

Andere Möglichkeiten der Arbeit am eigenen Ausdruck sind:

- Angewöhnen von werteentsprechenden, zielorientierten und zielgruppentauglichen Verhaltensweisen.
- Abgewöhnen von situativ schädlichen Verhaltensweisen (wobei es stattdessen vernünftiger sein kann, sich hilfreiche Verhaltensweisen anzugewöhnen!).
- Arbeiten mit Glaubenssätzen. Dabei formulieren Sie diese in bejahender Form. Glaubenssätze entwickeln Einstellungen, diese wiederum führen zu Verhaltensweisen. Wer an einzelnen Ausdrücken arbeiten wollte, unterliegt schnell dem Tausenfüßler-Syndrom. Würde der Tausendfüßler nämlich auf ein einzelnes Bein achten, wäre er vermutlich zu keiner Fortbewegung mehr fähig. Hilfreiche Glaubenssätze (so genannte Affirmationen) können sein: „Ich beobachte die Körpersprache meiner Partner und reagiere ergebnisorientiert!“ oder: „Ich bin realis-

tisch – so kann ich mit positiven und negativen Reaktionen meiner Kunden konstruktiv umgehen!“

- Körperliche Übungen zur Lockerheit und Entspannung zum Beispiel Gymnastik, Yoga, Eurhythmie, Qui Gong und Ähnliches

Ein Wort zum Schluss

Körpersprache zeigt auch, was der Sender verbergen möchte. Nutzen Sie bitte Ihr Wissen um die Symbole verantwortungsbewusst, denn …

… wer die Seele eines Menschen berührt, betritt heiligen Boden![7]

---

[7] Novalis (Georg Friedrich Philipp Freiherr von Hardenberg, 1772-1801)

Quellenverzeichnis

Bildmaterial

Das verwendete Bildmaterial wurde von Unternehmen, Verlagen sowie Forschungsinstituten und Privatpersonen zur Verfügung gestellt. Einige Originalsituationen auf Messen und in Verkaufssituationen habe ich ohne Wissen der Betroffenen fotografiert oder aufgenommen und vom Bildschirm abfotografiert. Um Persönlichkeitsschutz zu gewährleisten habe ich die Personen, von denen mir keine ausdrückliche Erlaubnis vorlag unkenntlich gemacht. Die Originalsituation war mir wichtiger, als die Qualität der Abbildungen. Ich danke allen Produzenten und den abgebildeten Personen von denen ich das Einverständnis bekam. Ich habe die jeweiligen Bilder so ausgewählt, dass sie die jeweiligen schriftlichen Erklärungen unterstützen. Wenn ich dabei die jeweilige Körpersprache der abgebildeten Personen deutete, lag es nicht in meiner Absicht ein Werturteil über die Person zu fällen. Eine Fotografie drückt einen momentanen Zustand aus. Gerade deshalb waren die Bilder für meine Arbeit so wertvoll.

Literatur

Den Autoren der folgenden, Bücher, aus denen ich wichtige Informationen für meine Arbeit nehmen konnte, will ich an dieser Stelle herzlich danken. Folgende Werke erleichterten mir meine Arbeit und sind zum vertiefenden Weiterstudium empfohlen:

Apeltauer, E.: Kultur – nonverbale Kommunikation und Zweitspracherwerb. In: Rosenbusch/Schober (Hrsg.)

Argyle, M.: Körpersprache und Kommunikation, Jungfermann, Paderborn, 1979

Blakeslee, Thomas R.: Das rechte Gehirn – das Unbewusste und seine schöpferischen Kräfte, Aurum-Verlag, 2. Aufl., 1988

Calvin, William H.: Die Symphonie des Denkens, Carl Hanser Verlag, München Wien, 1993

Cohen, David: Körpersprache in Beziehungen, Rowohlt, 1995

Delacour, Jean-Baptiste: Das große Lexikon der Charakterkunde, ESKA-Verlag GmbH, Bielefeld, 1977

Eibl-Eibesfeldt, I.: Grundriss der vergleichenden Verhaltensforschung, Ethnologie, Piper München, 1967

Ekman, P.: Gesichtsausdruck und Gefühl, Jungfermann, Paderborn, 1988

Ekman, P./Friesen, W. V.: Handbewegungen. In: Scherer/Wallbott

Ekman, P.: Bewegungen mit kodierter Bedeutung. Gestische Embleme. In: Posner, R./Reinecke, H.-P. (Hrsg.): Zeichenprozesse. Semiotische Forschung in den Einzelwissenschaften, Seite 180 - 188, Akademische Verlagsgesellschaft Athenaion, Wiesbaden, 1977

Fast, J.: Versteckte Signale - Körpersprache im Beruf, ECON-Verlag, Düsseldorf, 1992

Frey, S.: Die nonverbale Kommunikation, SEL-Stiftungsreihe I, Stuttgart, 1984

Lüscher, Max: Signale der Persönlichkeit, Deutsche Verlagsanstalt, Stuttgart, 1973

Mehribian, Albert: Measure of emotional empathy, 1972

Molcho, Samy: Körpersprache, Goldmann, München, 1996

Molcho, Samy: Partnerschaft und Körpersprache, Goldmann, München, 1996

Morris, Desmond: Körpersprache, Gesten und Gebärden, Heyne, München, 1995

Mutafoff/Glatz: Ziele vereinbaren und Strategien realisieren, verlag moderne industrie, Landsberg, 2001

Mutafoff/Riekehof: Die sieben Seiten des perfekten Managers, verlag moderne industrie, Landsberg, 1999

Plessner, Hellmuth: Philosophische Anthropologie, Frankfurt, 1970

Püttjer/Schnierda: Körpersprache im Assessment-Center, Campus Verlag GmbH, Frankfurt/Main, 2001

Schefflen, A. E.: Körpersprache und soziale Ordnung, Ernst Klett Verlag, Stuttgart, 1972/1976

Schober: Körpersprache – Schlüssel zum Verhalten, Wilhelm Heyne Verlag, München, 1989

Schubert, Venanz (Hrsg.): Wissenschaft und Philosophie, Interdisziplinäre Studien, EOS-Verlag, Erzabtei St. Ottilien, 1985

Stangl, Anton: Die Sprache des Körpers, ECON-Verlag, Düsseldorf/Wien, 1977

Strehle, Hermann: Mienen, Gesten und Gebärden, 5. Auflage, München/Basel, 1974

Watzlawick, P. u. a.: Menschliche Kommunikation. Formen, Störungen, Paradoxien, Verlag Hans Huber, Bern, 1969

Wlodarek, Eva: „Was das Gesicht über den Charakter verrät", „Warum", Nr. 29, 1978

Aus den folgenden eigenen Büchern konnte ich Grundlagen nutzen:

Rückle, H. (1970): Macht, Einfluss, Erfolg durch Selbsterkenntnis, Ulrich-Verlag, Regen

Rückle, H. (1976): Verkäufertraining – Überzeugungstechnik, Fernlehrgang, Verlag für Berufsfortbildung, Mörfelden

Horst Rückle Team, (1979): Handbuch der täglichen Verkaufspraxis, verlag moderne industrie, München

Rückle, H. (1979): Der Verkäufer als Problemlöser. Eine Fallstudie zum firmeninternen Training, verlag moderne industrie, München

Rückle, H. (1992): Körpersprache für Manager, verlag moderne industrie, München

Rückle, H. (1994): Mit Visionen an die Spitze, Gabler Verlag, Wiesbaden

Rückle/Stumber (Hrsg) (1994): Verkaufen eine Herausforderung, verlag moderne industrie, Landsberg

Rückle/Mutafoff/Riekehof (1994): Personalentwicklung, ECON-Verlag, Düsseldorf/Wien/New York/Moskau

Rückle, H. (1995): Körpersprache verstehen und deuten mit Video, Falken Verlag, Wiesbaden

Rückle, H. (2000): Coaching, Verlag moderne industrie, München

Rückle, H. (2002): Von den Besten profizieren: Verkauf und Körpersprache, Gabal Verlag, Frankfurt

Rückle, H. (2002): Nutzen bieten – Kunden gewinnen, Gabal Verlag, Frankfurt

Rückle Team, H.: Lehrbriefe zum Fernlehrgang Verkaufen, Gabler-Verlag, Wiesbaden

Rückle, H.: Video „Rhetorik“, Falken-Verlag

Rückle Team: Scripte und Seminarunterlagen für das Top-Management, Führungskräfte und Verkäufer

Seminarhinweis

Vielleicht möchten Sie Ihr Wissen und Können in einem Seminar vertiefen.

Sollten Sie die Inhalte dieses Buches angesprochen haben, möchten Sie möglicherweise ein Training bei mir oder einem der Trainer unseres Team absolvieren oder einzeln gecoacht werden.

Dort vertiefen und trainieren Sie folgende, für Ihren Beruf als Verkäufer relevante Themen:

- Entstehung, Darstellung und Wirkung von Verhaltensweisen
- Die Wahrnehmung, ihre Bedeutung und Auswirkung auf das beobachtbare Verhalten
- Mimik, Gestik und übrige Verhaltensweisen und ihre Auswirkungen und Bedeutung auf den Kommunikationsprozess
- Verräterische Körpersprache
- Die Körpersprache in sozialen Situationen
- Körpersprache differenziert „wahrnehmen"
- Körpersprachliche Signale erkennen, deuten und richtig interpretieren
- Körpersprachliche Reaktionen als Spiegel des eigenen Verhaltens

Auch wenn Sie in sich schlüssige und aufeinander aufbauende Maßnahmen suchen und eine konzeptionelle Weiterentwicklung realisieren wollen, sind wir gerne Ihre Partner.

Fordern Sie unsere Broschüre „Offene Seminare“ an oder besuchen Sie uns im Internet unter www.hrteam.de

Die Adresse:

Horst Rückle c/o hr TEAM, Horst Rückle Team, Röhrer Weg 7, 71032 Böblingen

Telefon: 07031/72 65-41, Telefax: 07031/72 65 50

Auch freue ich mich über eine E-mail von Ihnen. Ihre Fragen und Wünsche senden Sie an Horst_Rueckle@hrteam.de.

Stichwortverzeichnis

C

D

E

F

G

H

R

S

T

U

V

W

Z